JN440503

비 오는 날의 감상感想

국립중앙도서관 출판시도서목록(CIP)

비오는 날의 감상 = Feeling an rainy day : 인생의 희노애락이 담긴 에세이 / 지은이: 김상주. -- 대전 : 오늘의 문학사, 2013
p. ; cm

ISBN 978-89-5669-574-7 03810 : ₩12000

한국 현대 수필[韓國現代隨筆]

814.7-KDC5
895.745-DDC21 CIP2013020004

비 오는 날의 感想

| 김상주 수필집 |

오늘의문학사

김상주 수필집

제1부 길에서 만나는 가족

제2부 바다의 표정(表情)

제3부 신발에 대하여

제4부 햇볕 1℃의 기적

제1부

길에서 만나는 가족

건망증健忘症

아마도 건망증이 없는 사람은 없을 것이다. 그렇게 사람마다 가지고 있는 크고 작은 건망증은 우리들의 삶에 실망을 안겨주며, 때론 웃음을 선사하기도 한다. 건망증이란 기억력이 부실하여 잘 잊어버리는 증세이기는 하나, 특별한 경우를 제외하고는 일상생활에 그렇게 지장을 받는 것은 아니다. 오히려 개개인의 경미한 건망증에 의한 실수는 웃음을 안겨주며 생활에 활력을 준다. 특히 건망증은 서로 실수를 인정하는 계기를 만들어주며 너와 내가 서로 같은 평범한 인간임을 확인해 준다. 하지만, 경미한 건망증이라 하더라도 이해관계가 있는 일에 있어서는 일생에 후회를 남길만한 실수를 저지를 수도 있는 것이 불행한 일이다. 특히 시간을 다투는 일에는 더욱 그렇다. 가령, 중요한 사업을 성사시키는데 서류를 두고 나온다든지, 꼭 만나기로 약속한 시간과 장소를 잊어버리고 나가지 못한다든지, 반드시 정해진 비행기를 타야하는데 여권을 잊어버리고 간다든지, 생사가 갈린 다급한 시각에 자동차 키를 어디에 두었는지 모르고 헤맨다든지 한다면 평생 후회가 되거나, 이해당사자로부터 질책과 원망이 대상이 되기도 할 것이다. 결과에 따라서는 일생의 방향이 달라질 수 있다. 이와 같은 사실로 인하여 건망증은 소설의 복선으로 많이 이용되기도 하지만, 우리 주변에서 이런 건망증에 의하여 극단적인 결과가 일어나지 않기를 바랄 뿐이다.

우리가 경험하는 바로는 반드시 기억력이 부실하여 건망증이 생기는 것만은 아닐 성 싶다. 특히 세계적 천재들의 건망증에 대한 이야기가 꽤 많이 전래되고 있는 것을 보면, 기억력과 건망증은 서로 관계되는 것은 아닌 모양이다. 나의 친구 중에 비상한 머리를 가진 친구가 있었다. 머리가 비상한 만큼 기억력도 뛰어났다. 그런 그가 유독 만년필, 라이터 등 소지품에 한하여서는 건망증이 도를 넘어, 가는 곳마다 만지작거리다가 그냥 놓고 다녔다. 그리곤 어디에 두고 나왔는지 전연 기억하지 못하였다. 한번은 그런 그에게 연수교육을 받기 위하여 미국으로 갈 기회가 주어졌다. 주위 사람들은 필경 그가 미국으로 떠나는 날에 무엇인가 중요한 것을 잊어버릴 것이라고 단정하고 있었다. 아니나 다를까 그는 여권을 집에다 두고 출발하였던 것이다. 다행히 일찍 출발하여 여권을 찾는 시간적 여유가 있었기에 다행이었다. 나에게도 건망증은 있다. 그렇게 기억력이 나쁜 편은 아닌데도 유독 사람의 얼굴을 기억하는데 만큼은 자신이 없다. 한번 인사한 사람을 며칠 뒤 다시 만난다면 낯은 익은데 누군지 얼른 알아보지 못한다. 장소를 달리하여 만나는 날이면 더욱 그 증세가 심하였다. 그렇다고 대인관계에 지장이 있을 정도는 아니지만 당황할 순간은 여러 번 있었다. 한번은 우리 사무실에 자주 출입하는 인사를 시내 길거리에서 본 적이 있었다. 분명 낯은 익은데 그 분이 누구인지 도무지 기억이 나지 않았다. 이 분인가 저 분인가 생각이 날 듯 하면서도 누군지 얼른 떠오르지 않았다. 서로 마주치면 인사를 해야 할 처지지만, 혹시 실수나 하지 않을까 하는 생각에 그냥 피하여 지나치고 말았다. 지나치고 난 한참 뒤에야 그 분이 누구인지 생각이 떠올랐다. 이런 건망증을 무슨 건망증이라고 해야 옳은 것인지?

건망증에는 한 가지 일에 집중하다보면 그 밖의 일에는 전연 무관심하여 기억되지 않는 일과성(一過性)이 있는가 하면, 회상하고 싶지 않은 지난날의 일을 기억하지 못하는 심인성(心因性)도 있다. 심인성 건망증은 일상생활에서 기억하고 싶지 않는 과거의 충격적인 경험이 크게 작용했던 소위, 찌들게 고생했던 시절이나, 불행하게 살았던 지역, 자신에게 고통을 안겨주었던 인물, 그리고 수모를 당하였던 사건으로 인하여 그 시절이나 그 지역, 그 인물, 그 사건을 다시는 기억하고 싶지 않은 경우다. 그러나 내가 사람을 기억하지 못하는 것은, 일정한 장소에서만 기억되던 사람이 그 장소를 떠나 다른 장소에서 만났을 때에 얼른 기억되지 않는 형상에 불과한 것뿐이다. A란 장소에 있어야 할 사람이 전연 생각지 못한 B란 장소에서 만났을 때, 같은 사람이라는 것을 전연 기억하지 못한다. 다만 얼굴이 익숙하다는 것만 희미하게 느낄 뿐, 그가 여기에 있을 것이라는 것을 처음부터 거부하여버리는 심리적 상태이기 때문이다. 이런 일이 한 사람에 국한되는 것이 아니라 여러 사람에게 반복된다. 물론 내가 사람의 얼굴을 잘 기억하지 못하는 것과, 내 친구가 소지품을 어디에 두고 기억하지 못하는 것을 같은 현상으로는 보기 어렵지만, 어쩌면 한정된 범위거나, 고정적으로 습관화된 행동에서만 일어나는 극히 제약적인 건망증일 수도 있다는 생각이다.

어떤 이는 건망증을 해소하는 방법으로 메모하는 습관을 길러라 하지만, 그 메모한 것마저 잊어버리는 예가 허다하니 무슨 의미가 있겠는가? 이제 내 나이 노년에 이르러 모든 기능이 저하됨에 따라 건망증도 점점 심해져 간다. 건망증에 의한 경험을 서로 웃음으로 나누던 시절이 옛날이오, 건망증이 있다고 호들갑을 떨며 걱정하던 때도 한 시절이다. 지금은 수습할 수 없는 건망증이 다반사로 일어나니 웃음으로 지나치기엔 너무 깊이 병으로 접어들었다. 경미한 건망증도 자주 반복하다보면 치욕거리가 되어, 여생에 대한 회의와 두려움이 앞서 올 뿐이다.

계단階段의 의미

우리는 어느 곳에 가든지 계단을 만난다. 도심과 야외 그리고 실내에서까지 계단이 없는 곳이 없다. 적게는 3, 4단 짜리로부터 많게 천여 개에 이르는 곳도 있다. 계단의 구조도 여러 가지다. 돌을 대충 놓아 만들어진 계단이 있는가 하면, 짝을 잘 맞추어 쌓은 계단도 있다. 나무로 만들어진 계단과 철판으로 이어진 계단, 그리고 일정한 간격과 규격으로 놓인 시멘트계단도 있고, 잘 다듬어진 화강암이나 대리석의 고급스런 계단도 있다. 그리고 직선으로 이어진 계단이 있는가 하면 곡선 또는 나선형으로 이어진 계단도 있다. 계단이란 일반적인 개념은 낮은 곳과 높은 곳을 연결하고 급경사로 접근하기 어려운 곳에 놓여 목표물을 쉽게 접근할 수 있도록 만들어진 기하학적 구조물이다. 그렇지만 한편으론 권위와 존엄성의 상징이기도 하다. 공공기관이나 기념관, 저택과 같은 권위의 대상과, 신전과 같이 경건함이 요구되는 사찰과 교회 등은 높은 곳에 자리하며 계단을 거치지 않고서는 들어설 수가 없다. 그렇게 계단이란 그 놓인 목적과 상징하는 의미가 각기 다르듯이 그 계단을 밟으며 느끼는 의미 또한 각기 다를 수밖에 없다. 개인에 따라서는 어떤 목표에 도달하기 위한 첩경의 길, 또는 고난의 길이 되기도 하려니와, 한편으론 누구나 반드시 밟고 지나가야 할 인생의 길이기에 소망의 길, 회개의 길, 통한의 길이 될 수도 있다.

어렸을 적, 집골목에 몇 개의 계단이 있고 그 위에 대문이 있는 기와집 한 채가 있었다. 그 대문을 따라 붉은 벽돌로 담장이 높게 처져있었다. 그 집의 대문을 열고 계단을 밟으며 내려오는 사람을 보면 분명 우리와는 다른 사람처럼 보였다. 가끔 그 집의 대문 안을 들여다 보면, 넓은 마당에 나무와 화단이 잘 꾸며져 있었고, 그 주위로 잘 다듬어진 화강석 계단이 4, 5단 더 놓인 위에 깨끗한 한옥이 기역 자로 정결하게 서 있었다. 이웃집들과는 그 분위기가 사뭇 다른 가옥이었다. 위엄과 계단은 정비례하였다. 계단이 있는 집, 계단 위에 지어진 집, 계단은 평민의 지위와는 다른 사람들이 사는 집의 상징이라는 것을 느끼게 하였다. 건물 밖의 계단도 계단이려니와 건물 안의 계단도 부러움의 대상이 아닐 수 없었다. 2층집에 사는 친구가 있었다. 집 내부에 계단이 놓여있고 그 계단을 밟아보는 기분은 사뭇 설레기만 하였다. 2층으로 올라가는 계단뿐만이 아니라, 2층에서 다시 다락방으로 이어지는 비좁은 계단은 더욱 신비함을 안겨 주었다. 그 때부터 나는 몇 개의 계단에 담은 소박한 소망이 이루어지기를 꿈꾸었다. 그리고 대리석 계단이 있는 넓은 건물을 왕래하는 꿈도 꾸었었다. 그러나 그런 소망도 지금은 큰 의미가 없어졌다. 많은 아파트와 높은 빌딩이 즐비하다보니 건물 내의 계단은 엘리베이터와 에스컬레이터라는 승강기에 의하여 그 의미가 희석되고 말았기 때문이다.

나이가 들면서 산에 오르는 기회가 잦아졌다. 가파른 산등성을 오르다 보면 고통과 두려움은 물론 현기증까지 나곤 하였다. 그 고통을 이기며 정상에 이르면 세상이 발아래 펼쳐지고 희열이 찾아왔다. 이것을 호연지기라 하였던가? 정상으로 가는 길, 산의 정상으로 도달하는 길, 분명히 고달픈 길이었다. 그러나 요즘엔 등산 코스마다 계단이 놓여있어 그 편함은 이루 말할 수가 없다. 어쩌면 그 계단이 놓여있는 곳이 정규 코스이며 지름길이기도 하다. 정상에 안전하게 도착할 수 있도록 놓인 계단이기 때문이다. 서울에 올라와서 먼저 남산으로 오르는 계단을 밟았다. 남산의 계단은 그렇게 높은 계단은 아니지만, 우리나라의 수도를 상징하는 대표적인 계단이며 꿈의 계단이었기 때문이다. 그 정상에 오르면 서울 시내가 한눈에 들어왔다. 마음이 후련하게 트였다. 대한민국의 정치 경제 사회 문화가 한꺼번에 발아래 놓였다. 그래서 젊은이들은 원대한 포부를 안고 남산을 찾아든다. 누구나 그 계단을 한 계단 한 계단 오르다보면 바로 목표한 바에 이른다는 것을 알기 때문이다. 그러기에 계단에 서기만 하면 무의식중에서라도 경쟁심리가 발동하여 서로 빨리 오르려 한다. 어떤 친구는 계단을 둘 셋씩 건너뛰기도 하고, 어떤 친구는 둘이서 가위바위보 게임으로 상대를 저지하면서 오른다. 계단은 경쟁의 길이다. 그러나 계단의 끝은 무지개처럼 우리를 유혹할 뿐 쉽게 다가오지 않는다. 고달픈 것이 계단이다. 계단은 이미 물질적 구조물이 아니라 내가 지금 가고 있는 인생의 길임을 뒤늦게 알게 한다.

나이가 든다고 계단을 벗어날 수 있는 것도 아닌 모양이다. 돌이켜보면 나는 한 번도 목표한 계단의 정상에 발을 디뎌보지 못한 채, 계단 가운데서 오르내리며 서성거리고만 있었다. 그 위대하였던 목표는 이미 희석되어 아무런 회한도 없이 사라지고 말았다. 한낱 밀려왔다 밀려가는 물결 같은 인생의 기복이라 생각하면 그만이겠지만, 그 피곤한 여정도 계단

한가운데서 어쩔 수 없게 되었다. 어느 날 갑자기 계단은 이미 나에게 주어진 현실의 길이 아닌 것으로 다가왔다. 어쩌면 계단이란 미지의 세계를 연결하는 영적인 길, 다시 말하면 올라가는 계단은 천국과 극락으로 가는 길이요, 내려가는 계단은 연옥과 지옥으로 가는 종교적 길임을 연상하게 되었다. 나는 순간마다 계단의 한가운데서 방향을 잃고 외로이 서 있다는 것을 느끼곤 한다. 어느 쪽으로 가게 될는지에 대하여선 나는 전연 알 길이 없다. 내 스스로 택할 수 있는 길도 아니려니와, 언젠가는 주어진 방향으로 갈 수밖에 없다는 생각이 늘 머리를 무겁게 한다. 다만 지금, 나는 자신을 돌이켜보며 겸허하게 그 때를 기다릴 수밖에 없다. 계단이란 각자 앞에 놓인 처지에 따라 그 갖는 의미도 다양하겠지만, 분명한 것은 인생의 상징적 의미를 가지고 있는 구조물의 하나라는 것이다.

(문학사랑 2010. 봄호)

고려장을 생각하며

고려장(高麗葬)은 고구려 때의 장례법이다. 다시 말하면 늙어서 쇠약한 노부모를 산 채로 묘실에 옮겨 두었다가 돌아가신 뒤에 장사를 지내는 풍습이다. 우리는 이 풍습을 부모를 버리는 불효의 표본으로 삼아 기피한다. 그런데 그 고려장이 새삼스럽게 떠오르는 것은 웬일일까? 역사 속에 묻혀야 할 옛 풍습이 자꾸만 회상이 되는 것은, 어쩌면 지금도 그 고려장이 존재하고 있다는 사실 때문인지도 모른다. 한동안, 가족여행을 갔다가 여행지에 노부모를 몰래 버리고 돌아오는 자식들이 있어 비난의 대상이 된 적이 있었다. 이것을 보고 현대판 고려장이라 하였다. 파렴치하고 부도덕하고 비윤리적인 행위라 지탄하였다. 요즘은 이런 사례가 있다는 말은 별로 들리지 않으니 다행이다. 그렇다고 자식들이 노부모를 잘 모시며 잘 지내는 것도 아닌 듯싶은데 말이다. 다만, 사회적 환경이 달라져서 자식이 부모를 버린다는 개념만 사라졌을 뿐, 노인들 스스로 버려지는 현실에 누구 하나 책임지려는 사람이 없다. 그러기에 고려장이란 반드시 노부모가 자식에 의하여 버려지는 것만 아니라, 어떠한 이유에서든지 노동력이나 생산성이 없는 노인들이 사회에서 소외되고 방치되는 것 자체도 고려장이 아닐 수 있다.

옛 민담이나 전설에 의하여 전해지는 고려장은 우리에게 많은 것을 생각게 한다. 고려장이란 얼핏 듣고 보면 노부모를 생매장하는 비인도적인 관습으로 보기 쉬우나, 그 이야기 속엔 노부모의 지혜와 자식에 대한 사랑이 있고, 자식의 효심과 부모에 대한 연민이 담겨져 있음을 느낄 수 있다. 다시 생각해보면 그 시대에 사회적으로 그렇게 밖에 할 수 없는, 절박하였던 어느 한 때가 있었기 때문이 아닌가 한다. 여러 해 가뭄이 들어 누구나 호구지책이 어렵게 되고 나라에서조차 기근을 구휼할 수 없는 형편이었다면, 식구를 줄이기 위하여서는 자연히 노동력이 없는 노부모가 우선순위로 그 대상이 되었을 것이다. 또한 그것이 사회적 묵인 아래 널리 행해졌을는지도 모를 일이다. 이와 같은 풍습이 비단 고구려뿐만이 아니라 주변의 여러 나라에서도 있을 수 있었고, 뒤로 고려와 조선시대에 이르기까지 암암리에 계속 이어져 왔을 것으로 믿어진다. 그럼에도 불구하고 일반적으로 고려장하면 고구려의, 다시 말하면 우리나라의 나쁜 관습이나 불효의 표본처럼 알려져 오고 있다는 사실은 매우 유감스러운 일이다. 여기에는 다분히 의도적인 면이 있다고 보는 경우가 있다. 일제(日帝)가 우리의 민족문화를 비하하기 위하여 조작했다는 설과, 효(孝)사상을 고취하기 위하여 역설적으로 지어낸 것이라는 설이 바로 그것이다. 그러나 먼저 생각하여야 할 문제는 어느 시대건 먹고 살기가 어려워진 극한상황에 이르면 알게 모르게 이와 같은 행위가 행해진다는 사실이다. 특히 농경사회를 이루던 과거에는 노동력이 절대 필요하였을 것이며, 또한 그 만큼 일하지 않고서는 먹고 살기가 어렵다는 것은 뻔한 일이었다. 특히 가뭄과 기근이 들면 한 식구라도 줄여야 하는 것이 최선이며, 그 대상은 항상 노동력이 없는 자일 수밖에 없는 것이다. 그래서 어린 자녀 중에서도 딸이 먼저 남의 집에 팔려나가고, 다음이 거동이 불편한 노부모가 대상이 되었던 것이다. 이와 같은 현상은 지금도 세계 곳곳 가난한 지역에서 벌어지고 있다. 기근에 의하여 팔려나가는 어린이와 그냥 버려져 죽어가는 노약자가 얼마나 많은가? 이와 같은 비윤리적인 행위는 예나 지금이나 자행되기는 마찬가지다. 그러나 우리의 전설이나 민담 속의 고려장은 노부모를 그냥 버려지는 것이 아니라, 당사자인 노부모의 양해 아래 이루어졌을 것이라는 느낌을 갖게 한다. 그렇다면 고려장이란 비윤리적 비도덕적인 행위만은 아니라는 생각이다. 그러나 그 이유야 어떻든 고려장은 생명 존엄성의 유기란 사회적 윤리에서 용서될 일은 아니다.

지금 우리 사회를 돌아보면, 우리는 민주적이며 인권을 존중하는 사회에 살고 있다. 그리고 고도성장에 의하여 식생활과 의료혜택이 향상되어 우리의 평균수명은 급속히 연장되고, 따라서 노인인구의 증가를 가져왔다. 반면에 급격한 사회적 발전은 모든 분야에서 기존질서의 파괴와 세대적 불균형을 조장하여 노인과의 괴리감을 낳게 하였다. 대가족제도는 핵가족으로, 가족공동체는 개인의 능력위주의 무한경쟁시대로, 그리고 남녀평등과 여자의 사회참여로, 다량생산과 소비시대로 이어졌다. 잘 산다고 하지만 저출산으로 인한 젊은 층의 노동력 부족은 노인을 부양할 능력을 감당하지 못하고, 소득은 소비욕구를 따라가지 못한다. 결국, 개인의 능력에 의하여 빈부의 격차는 더욱 벌어지게 되었다. 따라서 기존의 사고에 의하여 자식에게 희생해 온 노부모는 상대적으로 반대급부마저 잃어버린 약자가 되고 말았다. 그렇다고 이에 대한 사회적 보장이 주어지는 현실도 아니다. 더구나 노인의 급격한 수명연장은 연장된 것만큼의 여생에 대한 대책은 물론, 목표와 자기가치관을 새로이 확립할 여유조차 갖지 못하였다. 그리고 급변하는 사회조류와 문화적 현실에도 적응하지 못하여 스스로 방황하는 소외계층으로 전락하고 말았다. 풍요 속의 빈곤이라고 했던가? 노년을 병 없이 행복하게 오래도록 살아보고자 하였던 인간의 욕구도 한 때의 소망에 불과할 뿐, 막상 연장된 수명은 오히려 회한만 남기는 꼴이 되고 만 셈이다. 가족의 어른으로 가족만을 생각하던 노부모는, 오래 산다는 자체가 자식과 사회에 짐이 될 뿐 아무런 도움도 되지 못한다는 체념으로 나약해진 마음을 달랜다. 그 체념 속에 갇혀진 노인들은 사회와 가족의 무책임 속에 그냥 버려지고 있는 것이 우리의 현실이다. 상대적 빈곤도 빈곤이려니와 가정적으로나 사회적으로 소외된 인간, 잉여인간으로써 노인 스스로 선택할 수밖에 없는 것이 고려장의 대상이 되고만 형국이다. 또한 당사자인 노부모의 뜻에 반해 유료노인복지시설로 보내지는 것도 예외는 아니다. 이것이 현대판 고려장이 아닌가 하는 생각이 나의 머리에서 떠나지 않는다.

이렇게 생각을 비약시키다보니 고려장이란 비단 한 가정이나 효에 국한된 문제만은 아니라는 사실과, 아울러 예나 지금이나 전적으로 그 시대가 만들어낸 사회적 현상이라는 결론에 이른다. 오래 산다는 것이 그저 좋은 것만도 아닌 듯싶다. 고려장에 관한 민담 중에, 아들의 등에 업혀서 마지막 길을 떠나는 노모가, 자식이 집으로 돌아갈 때 길을 잃지 않도록 지나가는 길목마다 나뭇가지를 꺾어놓았다는 이야기가 있다. 참으로 마음 아린 이야기다. 그래도 이 이야기 속에 연민의 인간미가 느껴지는 이유는 무엇일까?

공치사功致辭

공치사, 말하는 사람이야 쉽게 할 수 있을지 모르지만, 듣는 사람은 여간 듣기 거북한 말이 아닐 수 없다. 어차피 사람들이란 작은 일에도 낯을 세우기를 좋아하는 편이니 언제 어디서든 공치사는 있기 마련이다. 물론, 어려운 처지에 있는 사람이나 어려움에 처한 단체를 돕고, 그들이 처한 난처한 문제를 해결해 주었다면 그것처럼 고마운 일은 없을 것이다. 특히, 아주 모면하기 어려운 처지에 놓였을 때 누군가가 구세주처럼 나타나서, 그 문제를 해결해 주었다면 그 은혜를 평생을 두고 잊지 못할 것이며, 그 공치사를 듣는다 한들 그렇게 서운할 것도 없을 것이다. 그런데 알량한 도움을 주고선 두고두고 공치사하는 사람이나, 대수롭지 않은 일을 하고서 자신이 아니었으면 낭패나 당하였을 것처럼 침을 튀기는 사람이 있다. 그런가 하면 당사자를 앞에 두고 공치사를 늘어놓으므로 수혜 당사자를 곤혹스럽게 하거나, 보답이 끝났을만한 해묵은 일까지 들춰내어 듣는 이로 하여금 거북스럽게 하는 경우도 우리는 종종 보게 된다. 이런 공치사를 듣다보면 우선 고마움은 둘째로 치고 속이 메스꺼워진다.

한편 대인관계와는 달리, 단체에서나 조직에서도 공치사는 난무한다.

조직의 직무상 본인이 응당 처리해야할 작은 일을 가지고도 자기가 아니면 안 되는 것처럼, 더 나아가 자신이 아니었더라면 단체나 조직은 이미 존속되지 못하였을 것처럼, 동료나 후배에게 과장하여 자랑하는 사람이 한둘이 아니다. 이런 친구의 말을 듣고 있노라면 그가 속해 있는 단체나 조직에서 그는 없어선 안 될 공로자임에 틀림이 없겠으나, 실은 그렇지 못한 경우가 허다하다. 국회의원이나 지방의회의원이 의정활동보고서라는 것을 만들어 지역주민에게 배포한다. 그 보고서를 보면 활동업적이 그렇게 화려할 수가 없다. 지역을 위하여 이루어진 모든 결과가 본인의 공로며 노력의 결과다. 이미 지방자치단체에서 계획되어 시행하는 사업도 자신의 업적으로 포장되고, 지역주민이 전연 실감할 수 없는 의회발언 한마디도 당당히 활동성과로 과대 포장되어 있다. 또한 다른 의원의 업적도 소속 정당이란 이름 아래 자신의 활동업적으로 포장되기도 한다. 물론 국회의원이나 지방의회의원의 의정활동을 불성실하거나 폄하하여 하는 말이 아니다. 다만, 정치하는 사람들이 자기의 업적을 과시하는 것이 불가피한 생태적 현상이라 하지만, 자기의 소임을 지나치게 지역주민에게 공치사하는 자세로 보이는 것은 그리 환영할 만한 일이 아니기 때문이다.

나라와 나라 사이에도 공치사는 존재하는 것 같다. 사실 국가 간에는 정치적 이해에 의하여 공치사란 존재할 것 같지 않으나, 개인적으로 한마디씩 내뱉는 정치가의 공치사는 듣는 쪽으로 하여금 매우 불쾌하게 하여 국민감정을 자극한다. 일본이 우리나라를 침략하고도 침략의 잘못은 인정하지 않으면서, 우리나라의 근대화에 공헌하였다고 두고두고 뇌까리는 따위의 공치사는 도를 넘는다. 일본에 대하여 우리도 삼국시대는 물론, 임진란 이후에 통신사를 보내어 고도의 문화를 전수한 것을 지금에 와서 자랑한다면 그 무슨 의미가 있겠는가? 지난날의 공치사는 모두 불필요한 넋두리에 불과한 것이다. 6·25전쟁 당시, 미국은 수많은 국가재정을 소비하고 많은 미군 병사를 희생시키면서 우리 대한민국을 도와주었다. 우리나라 사람이라면 이 사실을 모르는 이는 아무도 없다. 그리고 그 고마움을 잊을 수도 없다. 그런데 미국의 몇몇 정치가나 사회지도층에서 최근 우리나라의 일부 계층에서 표출되는 반미감정을 빗대어 은혜를 모르는 나라라고 비아냥거린다. 한 마디로 우리나라가 어려웠을 때 도와주었다는 공치사다. 그렇지 않아도 우리나라는 지금까지 그 은혜로 인하여 미국에 고개 숙이고 있는 형편이 아닌가? 다시 말하면, 개인이든 국가든 간에 서로 도움을 주고받는 데는 그만한 조건과 반대급부가 있기 마련인데, 그 모든 것을 배제하고 도움 준 것만을 내세운다면 서로 할 말을 잃는다. 아무리 고마운 일이라도 거듭 반복하며 자랑하다보면 공치사가 되어버리고, 공치사가 되어버린 은혜는 그 값어치마저 잃기 마련이다.

공치사란 열등의식을 가진 사람이 자신의 열등감을 감추기 위하여 남에게 자기 과시를 표출하는 행위라 하였다. 따라서 이 비정상적인 행위인 공치사에는 체면도 기한도 찾아볼 수 없다. 해 묵은 일을 가지고 두고두고 하는 공치사도 듣기에 거북하지만, 좋은 관계에서 이루어진 은혜가 실없는 공치사 한마디로 그 고마움이 반감되고 마는 것은 서글픈 일이다. 남을 돕는다는 것은 물론 반대급부적인 대가를 바라고 하는 경우도 있지만, 은혜란 이름으로 베풀고도 그것을 큰 시혜처럼 말한다면 그것은 분명히 공치사다. 은혜란 드러나지 않게 베푸는 것이므로 고마운 수혜이며, 상호 격의 없는 정리의 표현이다. 이렇게 베풀어진 은혜가 훗날에 가서 공치사 되어 돌아온다면 그 무슨 의미가 있을 것인가? 우리가 살아가는 동안 공치사란 없으란 법은 없겠지만, 그로 인하여 많은 것을 잃어버리는 어리석은 일은 없어야 할 것이다. 따라서 공치사도 할 만한 말을 가려서 하는 지혜와, 때와 장소를 가려서 하는 현명함이 요구될 뿐이다.

꼭 닮은 부자父子와 모녀母女

한 가족이 얼굴이 닮는다는 것은 축복이 아닐 수 없다. 닮는다는 것은 가족의 일체성과 소속감을 확인하고 결속시키는데 중요한 역할을 한다. 우리는 가끔 이산가족을 찾는 프로그램을 접한다. 헤어진 지 너무 오래되어 서로 만났어도 긴가민가하고 가족을 알아보지 못하는 경우가 많은데, 얼굴이 서로 닮아있다면 그것으로 가족임을 즉시 확인하고 포옹한다. 우리는 남이라 할지라도 얼굴이 닮아있다는 것만으로도 친밀감을 갖곤 한다. 그렇다고 가족이라고 모두 다 닮는 것은 아니다. 아마도 닮는 쪽보다 닮지 않는 쪽이 더 많을는지 모른다. 혹시 가족끼리 닮았다 하더라도 눈이나 코, 입 등 안면의 어느 일부분이거나, 아니면 음성이나 걸음걸이 따위 등이다. 이것으로 확실하게 닮았다고 하기엔 어려움이 있다. 나의 형제만 해도 그렇다. 어쩌면 닮은 것 같기도 하고, 아닌 것 같기도 하다. 부모님과도 그렇다. 겉으로 봐선 그렇다. 굳이 찾는다면 삼부자의 목소리가 닮았다는 것과, 아버지와 나 사이에 대머리가 닮았다면 닮은 것 정도다. 이나마 닮아있지 않았다면 나는 가족으로부터 소외감을 가졌을는지 모른다. 한 집안 형제 중에서도 돌연변이가 있어 가족과 전연 달리 보이는 쪽이 있다. '너는 다리 밑에서 주워왔다' 라는 어린 시절에 무심코 듣던 어른들의 농담이 기억난다. 사춘기에 이르러 이 말을 사실로 받아들여 상처를 입는 예를 흔히 보아 왔다. 이렇게 가족들과 닮지 않았다는 것이 자신의 소속을 더욱 의심케 하는 원인을 제공하고 정통성에 혼란을 가져온다.

우리가 지나다 보면 닮은 가족 중에도 의외로 일란성 쌍둥이처럼 너무 닮은 얼굴을 발견한다. 특히 꼭 닮은 아버지와 아들, 어머니와 딸을 본다는 것은 신기할 정도다. 그들을 보고 있노라면 눈길이 떨어지지 않는다. 사람이란 일란성 쌍둥이를 제외하고는 형제라 할지라도 닮기란 극히 드문 일이다. 그럼에도 부자간이나 모녀간에 세대를 달리하고 일란성과 같은 얼굴을 본다는 것은, 신기하다 못해 경탄을 금치 못할 정도다. 물론 닮은 얼굴의 아버지와 딸, 어머니와 아들도 없는 것은 아니겠지만, 이런 경우에는 여자의 두발과 복식, 그리고 화장으로 꾸밈새가 남자와 다르므로 실감되지 않는다. 내가 본 사람 중에 기억이 남기로는, 늘 버스나 지하철을 탈 적마다 만나게 되는 30대 후반의 아버지와 초등학생인 아들, 그리고 50대로 보이는 어머니와 20대의 딸이다. 가끔 지하철 객차 내에서 우연히 만나게 되는 그들이지만, 앞자리에 나란히 앉아있는 이 부자의 얼굴과 모녀의 얼굴에서 나는 눈을 떼지 못할 때가 많다. 어쩌면 그렇게 닮았는지 도무지 부자간이나 모녀간으로 구분되지 않고 마치 한 사람의 두 얼굴로 보일 뿐이었다. 한 남자가 소년과 중년이 되어 한 자리에 같이 앉아 있으며, 또한 한쪽에는 한 여자가 처녀와 초로의 여인이 되어 나란히 앉아있다. 보통 우리가 이야기하기로는 부자와 모녀간의 닮은꼴을 판박이 또는 붕어빵이라고 한다. 그러나 그 판박이와는 사뭇 다른 양상이다. 아빠의 어릴 적 모습과 아들의 중년 모습이, 엄마의 처녀 적 모습과 처녀의 초로의 모습이 서로 중복되면서 내 눈을 어지럽힌다. 어쩌면 아빠가 아들이 되어 있거나 아니면 아들이 아빠가 되어 같이 앉아있는 것은 아닌지, 한편엔 엄마가 딸이 되어있거나 아니면 딸이 엄마가 되어 같이 앉아있는 것은 아닌지? 누가 아빠며 누가 아들인지, 또한 누가 엄마며 누가 딸인지? 한참 혼란에 잠기다가 결국엔 그 아빠와 그 엄마는 어렸을 모습이 지금 보는 소년과 처녀의 얼굴이었을 것이라는 것과, 소년과 처녀가 그 아빠와 그 엄마의 나이가 되면 지금 보는 각자 아빠 엄마의 얼굴일 것이라는 결론을 내리고 일단 생각을 마무리하지만, 부자의 얼굴과 모녀의 얼굴은 각기 둘이지만 결국은 하나로 보이는 것은 어쩔 수 없다.

나는 그들을 보게 되는 날이면, 그들에 대한 생각을 오랫동안 간직하게 된다. 아버지의 얼굴이 아들에게, 어머니의 얼굴이 딸에게, 그렇게 고스란히 유전될 수 있다는 것은 기막힌 기적이 아닐 수 없다. 세상에 이런 가족이 얼마나 될까? 그들이 서로 바라보는 마음은 어떠한 감정일까? 나에게도 나와 똑 같이 닮은 자식이 있다면 어떤 마음이 들까? 과거의 거울에 내 얼굴을 비쳐보듯 하는 그 마음은 어떨까? 일란성 쌍둥이가 서로 자기를 느끼듯이 다른 자식들보다 확실한 분신으로 다가오지는 않을는지? 어쩌면 그 자녀는 장차 부모와 같은 운명적 생활을 영위하게 되지는 않을는지? 부자와 모녀가 닮는다는 것이 오히려 행불행의 운명일 될 수 있는지 모르지만, 그래도 닮는다는 것은 혈육의 확실한 징표일 수밖에 없다. 그래서 서로 연민의 정이 더 다가올는지도 모를 일이다. 하다못해 발가락이라도 닮기를 바라는 마음이 인지상정일진데, 한 형제, 한 가족끼리 얼굴이 닮는다는 것은 얼마나 큰 축복인가를 다시 생각하게 한다. 한 유전자를 공유한다는 것, 한 가족임을 증명하는 것, 축복이 아닐 수 없다. 우리 형제도 좀 더 닮았더라면 하는 아쉬움이 있다. 왜냐하면 한 부모의 자식이며 한 형제이기 때문이다.

관악산과 청계산

앞으로는 관악산(冠岳山), 뒤로는 청계산(淸溪山)이 지척인 서울과 접경한 과천시(果川市) 문원동에 십여 년을 살았었다. 나는 두 산을 볼 적마다 든든한 마음이 들었다. 마치 두 산이 앞뒤로 마을을 보호해 주는 느낌이었다. 관악산과 청계산은 해발 629m와 618m로서 그 높이가 비슷하여 쌍벽을 이루고, 마치 아버지와 어머니의 자태로 과천을 보듬어 안은 현상이다. 그래서 나는 우리 집에 옥호를 붙인다면, 두 산의 이름을 따서 지을 것이라고 생각을 하였었다. 하지만, 나는 산에 오르는 것을 즐기는 편이 못되어 끝내 그 옥호의 작명을 단념하고 말았다. 그런데 두 산은 지척에 있어서 그런지 자꾸만 나를 유혹하였다. 하루는 그 유혹에 끌리어 먼저 청계산을 찾았다. 다음에 관악산을, 이렇게 가끔 산책삼아 두 산을 바꿔 가면서 가까이 다가갔다. 처음에는 중간까지 가다가 돌아오곤 하였으나, 그 정상까지 오르는 데는 그리 오랜 시일이 걸리지는 않았다.

그 후로 나는 시간이 있을 때마다 두 산을 올랐다. 그때마다 관악산은 남성에, 청계산은 여성에 비유될 만큼 두 산은 전연 다른 모습으로 다가왔다. 관악산은 바위산으로 날카로운 기상을 보였다. 관악산 입구로부터 정상까지 등산로는 계곡을 따라 바위와 돌로 이어져 있고, 게다가 경사가 심하여 오르는 길은 거의 계단을 밟는 것과 다름이 없었다. 아마도 수천 개의 돌계단을 계속 밟아서야 정상인 연주대(戀主臺)에 닿는 것이 아닌가 여겨질 정도였다. 꽤 힘이 들었다. 반면에 청계산은 흙산으로 흙을 밟는 기분도 부드럽고 온화한 느낌을 갖게 하였다. 길게 내려뻗은 완만한 능선을 따라 올라가다보면 정상인 이수봉이 이마에 와 닿았다. 그때부터 경사는 약간 심한 편이나 거리가 얼마 되지 않아 힘든 것은 잠깐이었다.

관악산과 청계산, 두 산의 사계절을 감상하기엔 내게 한계가 있었다. 나의 등산이란 늦은 봄부터 이른 가을까지가 전부며 그마저 가끔이었기 때문이다. 사실 겨울 산은 나의 경험대상이 아니었다. 그러나 계절 따라 민감하게 다가오는 것은 청계산이고, 늘 변함없이 의연한 자세를 보이는 것은 관악산이었다. 다시 말하면 관악산은 바위산이 되어 계절에 상관없이 항상 변화 없는 모습을 보였다. 바위틈에 자란 나무는 나무라기보다는 어쩌면 바위 위에 얹어놓은 분재를 보는 듯한 느낌이 앞섰다. 그렇다고 봄에 진달래꽃마저 없는 것은 아니지만, 이것 역시 누군가가 몇 그루의 꽃나무를 옮겨 심어놓은 것 같은 엉성한 느낌을 받게 하였다. 하지만 관악산과는 달리 나무가 무성한 청계산은 사계절을 완연히 구분해 놓았다. 소나무와 상수리나무, 그리고 여러 활엽수가 산을 덮어 그 색의 변화를 우리에게 보여주며 계절을 실감케 하였다. 나무 사이로 난 오솔길, 흙을 밟는 부드러움 —. 특히 봄이면 연하게 돋아나는 나뭇잎 사이로 들어오는 부드러운 햇빛, 여름이면 무성한 나무그늘과 능선을 넘어 불어오는 바람, 그리고 사방에서 들리는 뭇 새소리, 가을이면 청설모와 다람쥐가 바스락거리는 소리를 들으며 걷는 그 맛은 관악산과 아주 대조적이었다. 관악산은 햇볕을 가려줄 나무가 많지 않기 때문에 직사광선을 피하는데 어려움이 있었다. 그러므로 한여름 등산엔 그 더위를 감내하여야 하였다. 대신 관악산은 이를 달래줄 흐르는 계곡물이 있고, 생명의 소리같이 리드미컬하게 들려오는 물소리는 등산하는 이의 발걸음을 가볍게 하였다. 그리고 중간마다 바위틈에서 솟아나는 약수가 있어, 그 시원한 한 모금의 물은 모든 더위와 목마름을 한꺼번에 식혀주고, 그 맛 또한 무엇과도 바꿀 수 없을 청량감을 안겨주었다. 그러나 청계산 가는 길은 능선을 따라가기 때문에 나무그늘과 시원한 바람 대신 물은 주어지지 않았다. 그러므로 목마름을 참아야 하는 애로는 어쩔 수 없었다. 관악산과 청계산은 이렇게 대조를 이루며 우리에게 그 공평한 섭리를 변함없이 보여주고 있다.

관악산과 청계산의 정상에 오르면 발아래 과천 시가는 물론, 서울대공원과 서울대학교가 가깝게 다가오고, 다시 눈을 돌리면 서울의 건물과 그 넘어 멀리 들과 산이 펼쳐졌다. 그 풍경을 바라보면서 안도의 휴식을 잠시 취하고 나면 다시 산을 내려오는 길을 생각하곤 하였다. 정상엔 여러 곳으로 통하는 길이 있지만, 정상을 바로 넘으면 관악산은 서울대학교 옆 신림동으로 빠지고, 청계산은 성남시 옛골 마을로 빠졌다. 두 곳으로 빠지는 길은 모두 경사가 급하여 내려오는 발을 더욱 힘들게 하였다. 그러나 산의 정상을 넘는 기분은 한결 가벼웠다. 나는 거의 오른 길을 되돌아오는 쪽을 택하는 편이었지만, 과천은 두 산이 있어 참으로 좋은 도시였다. 문원동은 청계산이 품어 안은 서울대공원이 넓게 펼쳐진 마을이다.

이러다보니 서울대공원은 우리 집의 한 울타리 안의 넓은 정원이며, 관악산과 청계산은 그 울을 둘러싼 산이었다. 그 넓은 정원을 두고 나는 서울로 거처를 옮기고 말았다. 그러나 나는 관악산과 청계산은 마음속에 함께 안고 왔다. 그러므로 두 산은 과천의 산만이 아니라 서울의 산이 되었다. 주변의 여러 사람에게 건강과 위락을 안겨주는 아름다운 산이 되었다. 나는 그 산이 그리워질 때면 아버지와 어머니를 찾아 가듯이 가끔 서슴없이 찾아간다. 그리고 건강과 마음의 안정을 안고 돌아오곤 한다.

꿈에 대하여

나는 꿈을 자주 꾸는 편이다. 한때는 꿈에 호기심이 있어, 꿈을 바로 기록해 보고자 잠자기 전 머리맡에 필기도구를 두기도 했었다. 그러나 꿈은 그 환경, 사건, 행동이 수시로 변하여 하나의 줄거리를 찾아 기록하기에는 한계를 느끼지 않을 수 없었다. 뿐만 아니라, 잠을 깸과 동시에 쉬 잊어버리는 것도 문제였다. 따라서 우리가 꿈을 꾸었다는 것과 꿈을 꾸지 않았다는 차이는, 잠이 깬 뒤에 그 꿈을 기억하고 못함의 차이라는 것을 느꼈을 뿐이었다.

젊었을 때의 일이다. 나에게 기적적인 일이 있었다. 비록 1, 2개월에 불과한 짧은 기간이었지만 예시몽(豫示夢)이라 할 수 있는 꿈을 꾸었던 것이다. 꿈에 본 사건이 바로 다음날 똑같이 현실로 다가왔고, 전연 생각지도 않던 친구가 꿈에 나타나면 그가 바로 찾아오거나 소식을 전해 왔다. 이 일로 하여 나는 꿈에 대한 신비함에 가일층 격앙하였고 초능력에 대한 유혹에까지 이르렀다. 그러나 그 후로는 그 경험마저 거짓인 듯, 다시는 꿈을 신뢰할 수 있는 어떠한 경험도 일어나지 않았다. 다만 꿈의 관심에서 한 가지 확신할 수 있었던 것은, 잠을 자는 동안에 나를 자극하는 것들이 현실 상황과는 다르지만 꿈에서도 그 자극을 인식한다는 것이다. 소위 수면 중에 겪는 감각적인 자극은 꿈의 원천이 될 수 있다는 사실이다. 라디오나 TV를 켠 채 잠이 들었다면 꿈에서는 누군가가 수다스럽게 떠들고 있다든지, 구수한 음식 냄새가 나면 꿈에서는 식당에서 음식을 시키고 기다리고 있다든지, 자다가 이불을 걷어차서 한기를 느끼면 꿈에서는 바다에서 수영을 하고 있다든지 하는 현상 따위다.

사실, 꿈이란 잠재의식의 발로이며 미래에 있을 사건의 예시인지? 또한 억압된 욕망의 발현인지, 아니면 무의식인지? 그것도 아니라면 황당무계한 한 순간의 환상인지? 우리는 그 실체에 대하여 궁금해질 수밖에 없다. 꿈속에서 일어나는 상황은 융합성, 차환성, 상징성에 의하여 형성된다고도 하였다. 그래서 그런지 돌이켜보면, 꿈이란 때로는 황당하기도 하려니와 때로는 편리하고, 때로는 무치(無恥)하기 짝이 없다. 실로 꿈을 되새겨보면 그 황당함에 가소롭고, 상황에 따라 수시로 변하는 편리함에 감탄하고, 가끔 무치한 행위에 나를 낯부끄럽게 한다. 우리 일상생활에서는 도무지 일어날 수 없는 일들이 꿈에서는 일어나고, 그 꿈속에서 아무런 회의도 없이 그 상황을 담담하게 받아들인다. 꿈에서는 지성도 의지도 감약(減弱)상태가 되어 인간을 비사회적인 존재로 만든다 하더니 그 꼴이 분명하다.

조상 때부터 길흉을 예견하며 그것을 믿어왔듯이. 꿈은 현재 우리 일상생활에서도 그 신비성이 존재하고 있음을 부인할 수 없다. 학자에 따라서는 꿈에 대하여 기억의 회생, 원망의 실현, 미래에 대한 예지, 내부의 관찰, 그리고 현실에 대한 반항의 표현이라는 여러 가지 정의를 내리고 있듯이 해몽도 그만큼 복잡해질 수밖에 없다. 따라서 일관성 없이 잡다하게 보이는 모든 꿈이 현실로 무엇을 제시하는지를 알아내기란 여간 어려운 일이 아니다. 더욱 모호한 것은 어떠한 꿈이 어떠한 결과로 우리에게 다가오는가 하는 것이며, 우리에게 다가선 어떠한 현실이 생각하는 꿈의 내용과 반드시 연관되어 있는가 하는 확실성의 문제다. 사실 꿈의 해석이란 과학적이든 비과학적이든 귀걸이코걸이 식이라 여겨지며, 시중에 나도는 해몽서나 프로이드의 「꿈의 해석」이라 할지라도 실제 꿈을 대입시켜보기에는 거리가 있을 수밖에 없다. 바꾸어 말하면 주어진 꿈이 꿈의 해석과 반드시 일치한다고 믿을 수가 없다는 것이다. 그럼에도 많은 사람들은 기억하고 있는 꿈의 한 부분만 가지고 어디든 끼워 맞춰 보려하고, 또한 그 해석의 범위를 넓혀가고자 한다. 결국 꿈의 해석이란 '꿈보다 해몽'이란 우리의 속담처럼 꿈을 해석하거나 수용하는 자의 판단에 따라 이해할 수밖에 없는 것이 아닌가 한다.

사실, 나는 꿈에 대한 관심이 많은 것만큼, 내 스스로 꿈이 생활에 미치는 실체를 조금이나마 밝혀낸 것이 없다. 다만, 꿈이란 예부터 일상의 관심거리였던 것만큼 그렇게 우리에게 큰 의미가 주어지는 것은 아니라는 생각이 들뿐이나. 그렇다고 관심을 떨쳐버릴 수 있는 것도 아니며, 그 관심이 언젠가는 풀릴 것이라는 확신도 서지 않는다. 나는 요즘도 많은 꿈을 꾼다. 어찌 된 일인지 그 꿈이란 항상 현실과 괴리된 곤혹스런 상황의 연속이라서 마음의 부담이 될 뿐이다. 그러나 느끼기에 상쾌한 꿈이든 불쾌한 꿈이든 그 꿈이 제시하는 바, 그 어떤 결과도 현실로 경험할 기회는 나타나지 않는다. 모든 꿈을 개꿈이라고 여겨버리면 그만이겠지만, 그렇지 못한 것도 현실일 수밖에 없다. 나의 나약한 심성 탓인지, 아니면 한 때나마 꿈의 기적을 경험하였던 환상에서 헤어나지 못하는 탓인지, 지금도 나는 꿈에 대한 관심을 여전히 버리지 못하고 있다.

(문학사랑 2007. 봄호)

긴 장마

한반도의 장마는 대개 6월 중순부터 시작하여 7월 말이면 끝이 난다. 올해도 그 장마는 변함없이 찾아온다. 아마도 장마처럼 지루한 날은 없을 것이다. 장마는 일본 남쪽 해상에 머물던 장마전선이 세력이 강해진 북태평양고기압에 의하여 북상하고, 우리나라에 상륙하면서 이루어진다. 이 장마전선은 한반도의 남북을 오르내리면서 한 달 동안 머물다가 북상하면서 사라지는 것으로 되어있다. 장마는 고온다습한 북태평양고기압의 세력에 지배되어, 기온은 높고 비 내리는 날이 많으므로 날씨는 무덥고 습하여 불쾌지수가 높다. 그러나 장마는 많은 비를 내려 봄 가뭄에 시달리는 농작물을 비롯하여 많은 수목에 활력을 주고, 높은 기온에 의하여 성장을 촉진한다. 따라서 장마가 끝나고 나면 사방의 초목은 왕성하여 녹음이 짙어진다. 이와는 반대로 장마철은 기층이 불완전하여 천둥빈개를 동반하고, 국시성 폭우가 내림으로 인하여 산사태와 홍수를 일으켜 우리에게 많은 피해를 안겨주기도 한다. 뿐만이 아니다. 높은 기온과 습기는 세균을 번식시켜 모든 유기물을 부패케 하고, 우리 생활에도 심리적 불쾌감을 주어 이상감정을 유발케도 한다. 이로 인하여 우리는 장마철이 돌아오면 좋은 감정보다는 짜증스러운 감정이 앞선다.

나는 장마철이 돌아오면, 어렸을 적 고향에서 겪었던 우리 집 제사 풍경이 항상 떠오르곤 한다. 제사는 장마가 한창인 7월 9일과 12일에 3일 간격으로 있었다. 이 두 제사는 초상(初喪)과 대소상(大小喪)을 치를 때에도 그랬으려니와 해해마다 거의 같은 날에 똑 같은 날씨를 보여주었다. 9일엔 언제나 하루 종일 억수같은 비가 내려 마당은 침수되고 부엌엔 물이 차올랐다. 그래서 찾아오는 손님도 없었고 제사음식을 마련하는데도 어려움이 있어 음산하고 쓸쓸한 가운데 제를 지내기 일쑤였다. 반면에 3일 뒤인 12일은, 느닷없이 날이 개고 햇빛이 강하게 내려쪼여 온도는 무려 30도를 웃돌았다. 비가 2, 3일 동안 계속하여 내리던 뒤라 사방에선 김이 피어오르고 무더운 습기는 불쾌지수를 최고로 높였다. 음식을 장만하는 주부들의 몸에서는 땀이 쉴새없이 흘러내리고, 힘들여 만든 제사 음식은 냉장고가 없던 시절이라 그늘진 곳에 두었다 해도 몇 시간이 지나지 않아 쉬 상하곤 하였다. 이렇게 어려운 가운데 치르던 제사는 우리가 고향을 떠남으로 해서 피하게 되었다. 특정지역에 항상 발생하는 날씨의 특성적 악순환을 피하게 된 이유에서다. 장마철은 높은 기온과 습도, 이로 인한 무더위와 땀, 그리고 부패와 불쾌감으로 가득한 기간일 수밖에 없다.

사실, 장마철처럼 지루한 때는 없다. 그 지루한 날은 가장 긴 날일 수도 있다. 생각건대, 1950년 6월 25일 장마의 시작과 더불어 발발하여, 1953년 7월 27일 장마의 끝남과 동시에 휴전을 맞은 6·25전쟁은, 무려 3년에 걸쳐 우리에게 주어진 참으로 긴 장마로 비유할 수 있다. 그 시작과 끝이 장마철과 일치하기에, 나는 장마철이 돌아오면 언제나 6·25전쟁이 연관

되어 떠오른다. 이 6·25전쟁이야말로 우리에게는 길고 지루한 장마일 수밖에 없다. 전쟁의 전선은 장마전선처럼 3년간을 한반도를 남북으로 오르내리며 우리 민족을 나락으로 이끌며 하루도 좋은 날을 만들어주지 못하였다. 날마다 내리는 비와 같은 총탄과 폭탄은 모든 것을 휩쓸어갔고, 전쟁에 지친 사람들은 짓누르는 무더운 열기와 습한 저기압에 숨 막히듯 살아야 했다. 폭탄의 투하로 발생하는 폭음과 섬광은 마치 천둥 번개와 같이 사람을 공포 속으로 몰아놓았다. 이로 인하여 무너지는 지상의 구조물은 산사태나 홍수에 의하여 쓸려가듯 사정없이 모든 것은 초토로 변하였다. 그 속에 사람들은 우왕좌왕 말없이 죽어갔다. 그 죽어간 시체는 구더기의 좋은 먹이가 되어 뼈만 앙상하게 남겨놓았다. 장마철의 홍수가 농작물을 쓸고 가듯, 산사태가 주변의 산림과 토양을 휩쓸고 가듯, 6·25전쟁은 우리 한반도와 우리 민족의 희망을 사정없이 허물어뜨렸다. 올해도 장마는 어김없이 오고 지루한 날과 크고 작은 피해를 남기고 갔다. 그러나 해마다 오는 장마는 기껏 한 달에 불과하지만, 우리가 바라지 않던 이념의 갈등으로 빚어진 3년에 걸친 동족상잔의 6·25전쟁은 반세기가 지난 지금까지도 우리의 현실과 마음속에 아물지 않는 상처로 남아있다.

장마철이 돌아오면 나는 항상 6·25전쟁의 악몽이 되살아난다. 그리고 그 6·25전쟁은 참으로 긴 장마였다고 기억된다.

길에서 만나는 가족

할아버지 할머니 그리고 자식과 손자들, 이렇게 같이 어우러져 살아가는 가족, 매일 대하는 얼굴, 예쁠 것도 없고 미울 것도 없이 그저 그렇게 살아가는 식구들 ㅡ. 나가면 나가나 보다, 들어오면 들어오나 보다, 그렇게 평범하게 대하는 얼굴, 시간이 흐르는 것도 모르고 지나다가 순간 지나간 시간을 잠시 느끼다 마는 그런 사람들이 모인 곳, 어쩌면 남인 듯 남 같지 않은 그런 인물들 ㅡ. 기분이 상하면 서로 짜증내며 욕하고, 어려운 일이 생기면 원망하며 연민하고, 좋은 일이 생기면 모두 기뻐하며 즐거워하나, 그 순간이 지나면 그것으로 그만인 분위기의 공간을 공유하는 구성원들 ㅡ. 가족이란 명칭만 없으면 위계질서는 찾아볼 수 없을 만큼 무질서하게 살아가는 소수인의 결합체, 이것이 우리 보통사람들의 평범한 가족이다.

내가 어렸을 적에 본 아버지의 형제분들, 제삿날처럼 서로 만나는 날이면 조용히 지내는 법이 없다. 무슨 일 때문인지 항상 언성을 높이다 헤어지기 일쑤다. 그러나 그것은 그 때 뿐이고, 다음 날이면 다시 얼굴을 맞댄다. 나는 아버지의 형제분들이 그렇게 만나기만 하면 다투시는 일을 이해할 수가 없었다. 그런데 그와 같은 다툼을 이해하게 된 것은 내가 성인이 되어서였다. 우리 형제도 아버지 형제분들과 같은 일을 반복하고 있기 때문이다. 대화를 하다보면 서로 자기주장에 언성을 높이게 되고, 형은 형대로 나는 나대로 토라져 다시는 안 만날 듯이 헤어지고 만다. 어렸을 적에도 많이 다투고 싸웠었다. 그러면서 우리 형제는 자라왔다. 마치 아무런 일도 없었다는 듯이 말이다. 형제간에 존재하는 감정이란 따지고 보면 일반인들이 갖는 보편적인 감정을 나타내는 것에 불과한 것뿐이라서 큰 의미가 주어지는 것은 아니다.

가족이란 그렇게 남 같으면서도 남이 아닌 개체의 구성체다. 아침저녁으로 변함없이 집에서 보며 지내는 그저 그런 얼굴도, 어느 날 길거리에서 우연히 만나는 경우가 있다. 이런 날이면 아무렇지도 않던 가족도 딴 사람처럼 보인다. 아주 반가운 사람으로 변해버린다. 마치 몇 년 만에 만나는 지기처럼 반갑다. 마누라든 자식이든 만나는 순간 집에서는 소가 닭 쳐다보듯 하는 처지와는 달리 그렇게 반가울 수가 없다. 우선 서로 표정과 인사부터가 달라진다. 먼저 행선과 외출의 목적을 물어보고, 행선지가 다르면 일을 잘 보고 오라하든지 길조심 하라든지 하는 배려의 말이 오간다. 더구나 집으로 돌아오는 길 어귀에서 만나는 가족이라면 서로 심을 나눠들고 온다든지, 손을 마주잡고 다정히 이야기를 나누며 돌아오게 된다. 좀처럼 없던 일이 기적처럼 생긴다. 그러하듯, 늘 그저 그렇게 잘나 보이지도 않고 영리하게 보이지도 않아 항상 안돼 보이기만 하던 아들딸도, 밖에서는 얼굴이 훤해 잘나 보이고 또 그렇게 착해 보이는 것은 웬일이며, 한편 안쓰러워 보이기도 하는 것은 또 웬일일까? 집에서는 귀찮게만 굴던 개구쟁이 손자 놈도 예쁘고 귀여울 수가 없다. 다른 애들과는 비교할 바가 아니다. 또한 마누라는 어떠한가? 같이 늙어 가는 그저 그런 마누라도 다시 보게 된다. 다 늙어버린 또래의 할망구들을 누가 예쁘다 하랴마는, 그러나 그 할망구들 중에서도 제일 예쁘게 보이는 이는 마누라뿐이다.

이런 현상은 비단 가족이라는 것만으로 이뤄지는 것은 아니라고 생각한다. 가정이란 것도 감정이 있는 객체의 집합체임으로 서로 자기의 감정을 표출하고 따라서는 감정의 대립도 있기 마련이다. 가족이란 구속된 테두리 안에 항상 서로가 애지중지하며 살아가는 것만도 아니기 때문이다. 그러나 밖에서 우연히 만났을 때의 가족이란 개념이 집에서는 느끼지 못했던 소속감과 그 속에 신뢰하는 감정이 강하게 표출된 현상이며, 이 감정을 우리는 모르고 지내고 있는 것이다. 이것이 진정 평범한 우리 생활에 잠재된 가족의 행복과 애정의 진실이 아닌가 한다. 물론 그 바탕에는 혈족과 동거란 공통된 귀속감이 주어져 있는 것이 사실이긴 하지만 말이다.

나와 너

나와 너, 나는 왜 있으며 '너'가 아닌 '나'란 어떠한 존재인가? 누구나 한 번쯤은 생각해 볼 수 있는 명제일는지 모르지만, 어쩌면 영원히 풀 수 없는 문제이기에 유치한 물음이 될는지도 모른다. 나는 다수의 '너'라는 상대를 앞에 두고 '나' 홀로 살아가고 있지만, 도무지 '나'라는 존재에 대하여 확신이 서지 않는다. 선택할 수 없는 것이 탄생이라 하지만, '나'로 태어났다는 것 자체에 회의를 느끼지 않을 수 없다. 세계 60억의 인구 가운데서도 그러려니와, 한 부모 밑에서 태어난 형제자매 중에도 왜 '나'라는 존재로 태어나, 삶의 주체가 되었는가 하는 문제는 더욱 나를 당혹케 한다. 그것도 스스로 얼굴을 볼 수 없는 유일한 존재이기 때문이다. 생각하면 단 하나라는 존재가 신비일 수도 있고 축복일 수도 있겠지만, 그 단 하나가 외로움과 불행의 존재일 수도 있기 때문이다. '너' '너희' 또는 '남'만이 존재하고 있는 가운데 홀로 서있는 '나'나. 그러므로 '나'라는 낱말은 오직 나만이 쓸 수 있는 유일한 단수형의 단어다. 다시 말하면 '나'란 존재는 '너' 또는 '너희'란 범주에는 물론 존재하지 않고, '우리'란 범주 속에서도 외로운 '나' 하나로 존재하는 아웃사이더다.

그러면 왜 나는 반드시 '나'여야만 하고, '너' 아니면 '남'이 될 수는 없는 것인지? 그리고 '너' 또는 '남'이라는 존재는 왜 내가 되어서는 안 되는 것인지? 더구나 나를 낳아주신 부모님도 '나'가 아니며, 한 어머니 몸에서 태어난 형제자매도 서로 얼굴을 쳐다보는 상대에 불과하다. 사실 나는 '나'이기 때문에 작은 상처에도 마음이 아프고, 작은 충격에도 쓰라린 고통을 맛본다. 그러므로 나 아닌 자의 즐거움에 시기하고, 나 아닌 자의 고통엔 방관하게 된다. 어찌 나 아닌 자의 고통이 나의 고통만 하고, 나 아닌 자의 즐거움이 나의 즐거움만 할 것인가? 부모형제나 처자식의 고통에 아픈 마음은 있으나 한낱 연민에 불과할 뿐, 실제 나의 고통으로는 다가오지 않는다. 바꿔 말하면, 나의 고통, 나의 즐거움을 누가 나처럼 받아들일 것이며, 누가 자신의 고통과 즐거움처럼 절실하게 느낄 수 있을 것인가? 인정이 있다고 한다면 순간의 격려와 위로가 고작이고, 그 외에는 모두가 방관자에 불과하다. 이것이 '나'와 '나 아닌 자'의 진실일 수밖에 없다.

나는 가끔 거울을 본다. 나는 거울을 매체로 하여서만이 나를 볼 수가 있다. 그렇다면 거울에 비친 나는 '나'인가, '너'인가? 그것이 '나'라고 한다면 나는 다른 '나의 너'의 모습을 보고 있을 뿐이다. 마주 대하고 있는 거울 속의 인물이 '나'이기는 하지만, 분명 나와는 무관한 '너'에 불과하다는 것을 느낀다. 그는 나의 표정을 그대로 옮기지만 나의 감정을 전연 받아드리지 못하는 상대일 뿐이다. 그러므로 그는 나의 즐거움과 괴로움에 전연 무관심 한다. 그래서 나는 거울 속의 내가 야속하기 짝이 없어하지만, 때론 무관심한 그가 부러울 때도 있다. 거울 속의 내가 나의 감정에 무관심하듯이, 내가 나를 남 보듯 할 수만 있다면, 나는 나의 괴로움과 슬픔으로부터 해방될 수 있기 때문이다. 내가 '나' 아닌 '너'로만 볼 수 있다면 나의 고통은 너의 고통으로 넘겨지고, 나는 그저 무심한 방관자가 될 것이다. 이것이 내가 '너'이기를 바라는 결론이다. 그러나 이것도 나의 고통을 남의 것으로 치부해버리려는 치졸한 이기심이라고 생각하면 괴로움은 한층 더해질 수밖에 없다.

사실, 나는 왜 '너' 아니면 '남'이 될 수는 없을까? 하는 생각은, 나를 객관화할 수 없을까 하는 물음이다. 생각해 보면, '나'라는 존재는 이기적이고 욕심의 화신이다. 그러므로 상대인 '너'로부터 받는 일에는 야속하다 하고, 주는 일엔 야박한 것을 알지 못한다. 나의 고통과 슬픔엔 같이 걱정해 주지 않는다고 푸념하고, 반면에 '너'의 고통과 슬픔엔 무관심으로 일관하고 마는 것이 '나'다. 솔직히 말하면, 부모형제의 고통과 처자식의 불행에도 고작 연민으로 대신하는 것이 전부일 때가 많다. 이와 같이 이기적인 마음을 간직하고 있는 한, 나는 영원히 '나'일 수밖에 없다. 삶 속의 고통을 잊고자 하는 마음은 누구나 가질 수 있겠으나, 나의 고통을 잊으려 한다면 내가 남이 될 것이 아니라, 먼저 나의 현실을 스스로 인정하고 그를 극복하는 자세를 갖는 것이 순서인지 모른다. '나'이기 때문에 나의 고통과 슬픔을 붙들고 고민하는 것도 한낱 어리석음일 수도 있지만, 사회적 인간관계에서 남의 고통에 무관심하여버리는 것도 죄악일 수 있기 때문이다. 그러므로 나는 '나'여야만 하고, 너는 반드시 '너'여야만 한다는 것은 편협한 사고일 수밖에 없다. 왜냐하면, '너'란 내가 보는 '남'에 불과하지만, '나'라는 존재도 '너'라는 상대가 보는 '남'에 지나지 않기 때문이다. 실은 '너'라고 하는 각자는 모두 '나'며, '나' 또한 '너'라고 하는 각자로부터 '너'가 되므로, '나' 아니면 '너'란 역시 여러 사람 가운데 한 사람일 뿐이다. 그러므로 '너'와 '나'는 '우리'일 수도 있으며, '너희'일 수도 있다. '우리'와 '너희'의 두 범주 중에 내가 어디에 속하는가 하는 것은 전적으로 각자의 생각에 달려있다. 그러나 내가 '우리'에 속하든 '너희' 속에 속하든 '나'와 '너'는 하나일 수밖에 없다. 나의 고통을 남의 고통으로 치부해버릴 수 있는 초연한 자세를 얻고자 하는 생각도 좋으려니와, 따라서 남의 고통도 나의 고통으로 받아드릴 수 있는 너그러운 마음가짐도 같이 생각해 볼 문제다. 나를 버리고 나를 객관화 해본다는 것이 분명히 어려운 명제이기는 하지만, '나'란 옹졸한 집착에서 벗어나기 위해선 한번쯤은 화두로 삼아 스스로 심사숙고해 볼 일이 아닌가 한다.

남산南山과 아카시아

벚꽃처럼 이른 봄에 피어나는 꽃이 지고나면, 5월의 녹음과 함께 피어나는 꽃이 아카시아 꽃이다. 그 꽃향기와 더불어 하얀 꽃이 만발한 것을 보면 아카시아는 과연 5월의 여왕이다. 아카시아의 꽃향기는 벌들만을 유혹하는 것이 아니라 사람까지 유혹하는 마력이 있는가 보다.

녹음이 짙어가는 5월에 아카시아 꽃을 보면, 나는 1950년대 중반의 서울의 남산 모습이 먼저 떠오르곤 한다. 남대문에서 남산으로 올라가다보면 좌우로 갈림길이 있어 남산의 허리를 끼고 돈다. 오른 쪽 길로 들어서면 청파동(青波洞) 길 아래로 일본사람들이 살던 일본식 주택이 등을 돌려 즐비해 있었고, 길 위로는 철조망이 쳐져있었다. 그리고 철조망에는 '입산금지'란 팻말이 걸려 있었다. 철조망 안으로는 사람의 키를 약간 넘길만하게 자란 어린 아카시아나무가 숲을 이루고 있었다. 나는 학교에 다니기 위하여 매일처럼 청파동 이 길을 왕복하였다. 5월의 늦은 따뜻한 봄날, 아카시아 꽃향기에 엷은 햇살을 받으며 호젓한 길을 걷는 것은 참으로 상쾌한 기분이었다. 거기에다 이름 모를 새의 울음소리가 즐거움을 더해 주었다. 가끔 철조망 너머 숲 속에서 연한 나뭇가지가 흔들리는 소리와 함께, 형체 없는 남녀의 히득거리는 소리가 들려오는 날이면 상쾌하던 나의 기분은 갑자기 흐트러지고 불쾌감으로 변하곤 하였다.

아카시아는 남산만의 나무는 아니었다. 전국의 온 산야가 거의 아카시아 나무라 해도 과언이 아닐 정도였다. 무질서했던 해방 후의 정국과 6 · 25전쟁으로 인한 무법상태에서 마을 주변에 있는 산의 나무는 땔감 등으로 마구 베어졌다. 이렇게 황폐해진 산은 벌겋게 속살을 드러냈고, 비가 올 때면 산사태를 불러일으켰다. 이를 예방하기 위한 정책이 소위 사방사업(砂防事業)이었다. 여기에 속성수이면서 자생력이 강하고 천근성(淺根性)으로 뿌리를 넓게 뻗는 아카시아 나무가 그 일선에 섰다. 아카시아는 콩과식물로 산성화된 토양을 알칼리로 바꿔 토양을 비옥하게 하였다. 그래서 산마다 아카시아 묘목이 심어졌고 서울의 남산 또한 그 예외는 아니었다. 그 결과 5월의 남산은 소나무보다 아카시아의 흰 꽃으로 덮였고, 그 꽃에서 뿜어져 나오는 꽃향기는 남산 주변을 에워쌓았다.

아카시아는 사방사업에만 유용한 나무는 아니었다. 아카시아 꽃은 양봉업을 발전시켜 농촌의 경제에 많은 도움을 주었다. 양봉업자들은 아키시아 꽃의 개화를 따라 이동하였고, 여기에서 채취된 벌꿀은 전국 곳곳으로 팔려나갔다. 시골 여인들이 아카시아 꿀을 팔기 위하여 서울의 골목을 누비던 것은 당시 흔히 보던 풍경이었다. 어쩌면 그 어려웠던 시절에 부족하였던 영양을 조금이나마 아카시아 꿀로 보충하였던 경험을 기억하는 사람도 적지 않을 것이다.

어느 정도 사방사업이 효과를 보자, 본격적인 녹화사업으로 이태리 포플러, 은사시나무 등이 식재되었으나, 새마을운동이 활발히 전개되면서 농촌경제의 활성화를 위하여 밤나무 잣나무 등 유실수가 심어졌다. 그리고 조림업자에 의하여 대규모조림단지가 조성되고 경제가치가 높은 제재용 수목으로 식재가 변환되어 나갔다. 서울과 같은 대도시 주변의 산은 그린벨트로 묶어 자연을 훼손하지 않도록 하였고, 산의 특성과 도시인의 휴식처를 제공하기 위하여 상록수와 조경수 등으로 산을 꾸미기 시작하였다. 이로 인하여 서울의 남산도 그 흐름에 따라 어쩔 수 없이 수종 변화가 필요하게 되었고, 한때 남산을 대표하였던 아카시아는 점차 베어지고, 그 자리에 원래 주인이었던 소나무가 다시 자리하게 되었다. 그 결과 5, 60년이 지난 지금의 우리나라는 어디를 가나 푸른 강산, 푸른 도시로 변하고, 남산은 애국가에 실린 가사 그대로 소나무로 철갑을 두르게 되었다.

올해의 5월도 여느 해와 다름없이 산과 들이 짙푸른 초록빛이다. 남산을 바라보면 아직도 소나무 사이로 하얀 아카시아 꽃이 곳곳에 보이기는 하나, 색의 조화를 이루듯이 하얀 점으로 보일 뿐이다. 언젠가 사방사업에 앞장섰고 꽃과 향기와 꿀을 우리에게 제공하던 아카시아는 이제는 없다. 시대의 흐름 속에 그 효용의 가치에서 밀려나고, 오히려 천덕꾸러기 신세로 전락한 모양세가 보는 이로 하여금 안타깝게 한다. 아카시아의 수난은 비단 남산 뿐만은 아니다. 교외로 다니다 보면 어느 산이든 그 푸른 숲 사이로 점점이 하얀 꽃이 눈에 띄기는 하나, 옛날처럼 하얗게 산을 덮었던 아카시아는 이제 보이지 않는다.

서울의 남산과 아카시아, 몇 안 남은 남산의 아카시아 나무를 보노라면 우리가 생각하는 나무로서의 가치야 어쨌든, 5, 60년 전 5월의 남산을 그 짙은 꽃향기로 덮었던 그 시절, 내가 젊었을 때의 그 기억을 떨쳐버릴 수 없다. 그 당시를 기억하는 사람이라면 남산이 왜 청춘남녀 제일의 데이트 장소였었는지도 기억할 것이다. 그리고 전후(戰後)의 어려웠던 그 시절의 남산과 아카시아의 짙은 향기는 서울의 시민들에게 희망의 장소요, 생동의 활력소였는지도 모른다, 그런 남산에 사라져가는 아카시아가 추억 속에 아쉬움을 남긴다.

(문학사랑 2012. 여름호)

낯선 낱말

어느 날, 신문에 실린 한 칼럼을 읽게 되었다. 그 칼럼을 읽으면서 낯선 낱말이 여러 번 겹쳐 나와 문장을 이해하는데 여간 애를 먹은 것이 아니었다. 결국, 낱말의 뜻을 알기 위하여 국어사전까지 뒤졌으나, 그 낱말 중엔 집에 있는 국어사전으로서는 찾을 수 없는 낱말도 있었다. 이러다 보니 그 칼럼이 전하고자 하는 뜻마저 온전히 납득하지 못하고 만 결과가 되고 말았다. 거기에 쓰여진 낱말이란 모두 우리말이긴 하였으나 잘 쓰이지 않는다는 것뿐이다. 그렇지만, 글쓴이는 그 낱말을 가장 적합한 표현이라고 하여 사용하였을는지는 모르나 읽는 나로서는 여간 거부감을 느낀 것이 아니었다.

언어란 전달의 수단이다. 말이든 글이든 전달하고자 하는 뜻이 전달하고자 하는 자에게 제대로 전달되지 않는다면 그 말과 글은 무의미하다. 그렇다면 아무리 적절하고 좋은 표현의 낱말이라 해도 그 낱말이 상대에게 이해되지 않으면 그 표현은 잘못된 것이다. 우리글과 우리말을 사랑하는 것에 무어라 할 사람은 없다. 그리고 적절한 표현을 위하여 그 표현에 알맞은 낱말을 찾아 사용하는데 대하여서도 무어라 할 사람은 없다.

그러나 문제는 그 낱말을 받아들이는 상대성이다. 아무리 좋은 표현이라 해도 그 뜻이 전달되지 않으면 아무런 소용이 없다.

예를 들어보자. 가끔 외국에서 공부한 사람들이 우리말을 하다가 적절히 표현할 수 있는 우리말이 없다고 외국어를 사용하는 경우가 있다. 이때에 그 외국어를 아는 사람을 제외하곤 몇이나 그 뜻을 이해할까? 비단, 외국어뿐만이 아니다. 우리말에 있어서도 흔히 쓰이지 않는 말은 같은 결과를 가져온다. 또한 전문용어도 마찬가지인데, 전문용어는 전문가에게 통하는 것이지 일반인에게는 말해봐야 쉽게 통할 리가 없다.

우리가 평상시 쓰는 낱말은 그렇게 많은 것이 아니다. 그러면서도 일상 모두가 의사소통을 원만히 하면서 지낸다. 글도 마찬가지다. 일상 통용되는 언어 범위 내에서 문장이 이루어지는 것이 보통이다. 그렇다면, 우리가 잘 쓰지 않는 낱말을 사용하여 독자로 하여금 당혹케 하는 이유는 무엇일까? 물론, 독자에게 우리말에도 표현이 풍부하고 좋은 낱말이 있다는 것을 환기시켜주는 교육적 역할도 있겠고, 문장을 구성하는데 도저히 그 낱말이 아니면 적절한 표현이 될 수 없는 경우도 있을 것이다. 그러나 많은 낱말을 알고 있다는 것만으로 사용한다면, 그것은 외국어를 곁들여 사용하는 사람과 같이 자기 지식을 과시하는 것처럼 비쳐질 수밖에 없다. 더구나 일반 독자를 상대하는 신문에 있어서는 더욱 그렇다.

본론으로 들어가 그 칼럼에 나타난 생소한 단어를 나열해 보자. '가리틀다' '가살(스럽다, 부리다)' '깜냥' '말살쇠살' '부라퀴' '살천스럽게' '생게망게하다' '어루꾀다' '언구럭부리다' '옹근' '흝닦다' 등이다. 어떻게 보면 나의 무식의 탓인지 모르나, 이와 같은 말을 들어본 적도 없으려니와 책에서도 본 적이 없었던 것 같다. 물론 사용하는 사람이 있었기에 사전에도 나왔겠지만, 어디 사전에 나온다고 그 말이 다 통용된다고 할 것인가? 사실 따지고 보면 위와 같은 낱말을 사용하자면 일일이 사전을 뒤져서 찾아야 하나, 일반적으로 사용하지 않는 낱말은 말해 봤자 전달되기 어렵고, 외워본들 쉬 잊어버리기 일쑤다. 이러한 말은 소설에서 구어체로나 구수하게 쓰인다면 모를까 일상 쓰기에는 거부감이 간다. 사실, 흔히 사용되고 있으리라고 믿어지는 '시나브로'라는 낱말도 들어본 지가 옛날 같다. 젊은이에게 '시나브로'라는 말을 쓰면 얼른 알아들을까 미심쩍다. 말도 시대의 흐름에 따라 명멸한다. 사용되지 않는 말과 그 낱말은 이미 죽은 것이나 다름없다.

사실, 나는 흔히 사용되지 않는 우리의 좋은 낱말을 새로 찾아내어 사용하는데 반대하지는 않는다. 그러나 이런 낱말을 쓰는 데는 글 쓰는 이들이 많은 노력을 해야 할 것 같다. 말하자면, 한 사람이 사용한다고 통용되는 것이 아니므로 많은 사람이 함께 써서 일상 통용될 수 있도록 하는 것이 필요할 것 같다. 하지만, 글이란 어떤 특정계층을 상대하지 않는 한, 누구나 쉽게 이해하고 공감할 수 있어야 한다. 일상의 어휘, 절제된 문장, 함축된 표현이어야 한다. 잘 쓰지 않는 단어, 기다란 문장, 무슨 뜻인지 얼른 이해하기 어려운 표현 등은 독자로부터 외면당하기 쉽다. 그러므로 서로가 이해하기 쉬운 말과 글로 내가 전달하고자 하는 바를 분명하게 전달하는 것이 문장의 바른 길이 아닌가 한다.

(문학사랑 2005. 가을호)

누룽지의 추억

나는 어렸을 적부터 남달리 누룽지를 좋아하였다. 그래서 아침저녁 식사 때마다 어머니는 나의 밥그릇 위에 얼마만큼의 마른 누룽지를 꼭 올려놓아 주셨고, 식사 후에도 숭늉에 따른 누룽지를 따로 남겨 주셨다. 나는 그 누룽지를 보면서 흐뭇한 식사를 즐기곤 하였다. 어머니의 이러한 배려는 자식에 대한 사랑이기도 하지만, 실은 나의 지나친 누룽지에 대한 집착 때문이었다. 나는 누룽지가 없으면 밥을 먹지 않겠다고 떼를 썼고, 이럴 때마다 아버지로부터 꾸중을 듣는 것은 물론, 가끔 한 대씩 얻어맞기도 하였다. 그러나 나의 고집은 변함이 없었다. 이럼으로 어쩌다 누룽지가 없는 날이면 어머니는 무슨 죄책감이라도 느끼듯 따로 밥을 태워 즉석 누룽지를 만들어 주시기도 하였다. 식구들은 나에게 두 개의 위를 가지고 있다고 하였다. 밥을 먹는 위와 누룽지를 먹는 위가 따로 있다 하였다. 그렇듯 밥을 잔뜩 먹고 나서도 누룽지라 하면 다시 마다하지 않고 먹어댔으니 말이다. 가끔가다 누룽지가 가마솥에 잘 달라붙은 날엔 어머니는 주먹밥처럼 누룽지를 커다랗게 꼭꼭 뭉쳐주셨다. 이런 날이면 나에겐 더 없는 행복한 날이었으며 그것을 들고 하루 종일 말없이 지내곤 하였다.

나의 누룽지에 대한 집착은 어쩌면 병적일 정도였다. 누룽지라 하면 새까맣게 탄 것은 물론 가마솥의 무쇠가 달라붙은 것마저도 마다하지 않았다. 뿐만이 아니다. 밥 이외의 모든 음식을 삶거나 조리하였을 때 솥이나 냄비바닥에 눌어붙은 부분까지도 즐길 정도였다. 죽의 누룽지 역시 마다하지 않았다. 죽의 누룽지엔 콩죽의 누룽지에 비할 만한 것이 없었다. 고소한 그 맛은 어느 죽의 누룽지에도 비할 바가 아니었다. 사실 자꾸만 끌리는 누룽지의 맛의 매력과 비밀은 어디에서 오는 것인지 알 수가 없다. 다만, 나는 그 맛의 유혹에 빠졌을 뿐이었다. 어렸을 때였다. 외할머니는 메밀묵을 참으로 잘 만드셨다. 외할머니가 만드신 메밀묵은 투명하리만큼 하얗고 쥐고 흔들어도 부러지지 않을 정도로 탄력이 있었다. 제사가 있는 날이면 나는 일찍 가선 외할머니의 메밀묵 쑤는 것을 지켜보곤 하였다. 묵을 다 쑤고 나면 할머니는 묵을 큰 그릇에 담고 빨리 엉기도록 서늘한 곳에 갖다 두고, 돌아와선 가마솥에 얇게 눌어붙은 묵 누룽지를 떼어서 나에게 주셨다. 그러면서 늘 빙그레 웃으셨다. '너 이것 먹고 싶어서 일찍 왔지?' 하는 표정이셨다. 얇게 눌어붙은 메밀묵 누룽지는 마치 전병 고급과자처럼 바삭바삭하여 그 씹는 맛은 다른 어떠한 것과 비교되지 않았다. 나는 그 맛을 못 잊어 때를 놓치는 법이 없었다. 지금도 생각하면 메밀묵 누룽지를 떼어주시던 외할머니의 그 모습을 잊을 수가 없다.

나의 누룽지에 대한 집착은 커서도 변하지 않았다. 군대에 가서는 취사반의 주위를 맴돌면서 나의 욕구를 부족함이 없이 충족시켰다. 집에서는 항상 그렇듯이 누룽지는 나의 전유물이었다. 그런데 어느 날부터 독점물이 아닌 공유대상이 되어 서로 쟁탈하지 않으면 안 될 처지가 되었다. 조카가 생긴 것이다. 나만이 좋아하는 것으로 알았던 누룽지가 어린 조카마저 좋아한다니 서로 경쟁하지 않으면 안 될 처지가 되었다. 이로 인하여 부엌에서마저 고부간에 누룽지를 놓고 쟁탈하는 해프닝이 가끔 발생하곤 하였다. 자식이 좋아하는 것이다 보니 자식을 위하여 그럴 수 밖에 없는 행위가 발생하곤 하였다. 어머니는 나를, 형수는 조카를 위한 각자 모성애의 본능의 결과다. 누룽지의 유혹에 가끔 조카 손에 들린 누룽지를 빼서 먹을 수밖에 없는 충동을 자제하지 못한 적도 한두 번이 아니었다. 내가 누룽지를 멀리하기 시작한 동기는 누룽지가 싫어져서가 아니라, 나이의 체면이었으며 차츰 취사도구가 전열화하면서 누룽지 생산이 여의치 않는 시대적 결과에서다.

사실 지금도 누룽지의 유혹을 떨쳐버릴 수 없다. 비단 이것은 나만의 일은 아닐 것이다. 우리나라 사람이라면 남녀노소라 할 것 없이 누구나 즐기는 누룽지가 아니던가? 시대의 흐름에 따라 누룽지 맛은 접하기가 전과 같지는 않지만, 그 맛에 길들여진 향수는 누구나 가지고 있다. 그래서 식품가게를 보면 누룽지가 상품화되어 진열되어 있고, 어떤 식당에선 누룽지를 서비스하는 경우도 있다. 식사 후, 마시는 구수한 숭늉과 그 속의 누룽지 한두 숟가락으로 입가심하는 그 개운한 맛을 무어라 말할까? 우리나라 사람 아니면 도저히 느끼지 못할 기분임에 틀림이 없다. 그 한두 숟가락의 누룽지와 숭늉은 우리 식단의 절대적인 후식임을 추억과 함께 다시 한 번 생각하지 아니할 수 없다.

(문학사랑 2008. 여름호)

눈 내리는 날의 독백獨白

눈이 내린다. 창 밖에 눈이 내린다. 나는 창 넘어 소리 없이 내리는 눈을 바라본다. 아무런 생각 없이 바라본다. 사방이 가린 희부연 눈안개 속을 무심히 바라본다. 아무 것도 보이지 않는다. 주위를 돌아본다. 아무도 없다. 나는 홀로 주위로부터 격리되어 있다는 것을 느껴온다. 외로움이 무서움으로 다가온다. 숨이 막힌다. 아무래도 이곳을 빠져 나가야만 할 것 같다. 그래서 탈출을 시도한다. 집 밖을 뛰쳐나간다. 그러나 눈에 쌓인 밖은 이미 아무 것도 보이지 않는 설원(雪原)이다. 어디로 가야하나? 방향을 가늠할 수 없다. 그래도 가야만 한다. 눈 속을 달릴 수밖에 없다. 그러나 길이 없다. 설원을 헤맨다. 눈은 그침 없이 계속 내리고, 설원에 남겨진 발자국은 계속 내리는 눈에 덮인다. 다가가는 앞에는 쌓이는 눈만이 깊어 온다. 나는 그 속을 가고, 또 계속 가는 수밖에 없다. 결국 나는 눈 속에 묻히고 만다. 설원은 세상의 모든 흔적을 감추고, 다시 그 위에 내리는 눈은 쌓여만 갈 뿐이다.

— 겨울이 가고 새봄이 돌아와 따뜻한 햇볕이 비추면 설원에 쌓였던 눈은 녹고, 그 자리엔 푸른 잡초의 새싹이 다시 돋아난다. 그러나 지난겨울의 흔적은 아무 것도 찾아볼 수 없다. 물론 거기엔 나의 흔적도 찾아볼 수

없다.

20대 초, 눈이 내리는 날이면 늘 간직하였던 상념(想念)이다. 나는 혼자서 눈을 맞으며 걷는 것을 좋아했다. 그렇게 걸으면서 중얼거리던 독백이다. 나는 항상 외로웠다. 세상이 나를 소외시킨다고 생각하였다. 그리고 그것을 잊어버리고 싶었다. 눈이 그것을 덮어준다고 생각하였다. 그래서 한없이 눈 속으로 빠져들고 싶었다. 사실은 그렇게 생각할 만한 아무런 동기도 없었다. 다만 눈이 내리면 그런 생각이 떠오를 뿐이었다. 어디서 누군가가 나를 기다리고 있는데, 눈이 가로막아 못 나가는 그런 답답한 심정이었다. 이 기회를 놓치면 다시는 영영 만날 수 없을 것처럼. 그런 생각이 자꾸만 나를 초조하게 만들었다. 그러나 갈 곳은 없었다. 그저 그렇게 외롭고 우울하기만 하였다. 어쩌면 젊은이의 이유 없는 고뇌였는지도 모른다. 눈이 내리는 겨울날이란 원래 가라앉은 저기압이 감정을 센티멘털하게 유도하기도 하지만 말이다. 온몸이 움츠러드는 추위와, 하늘을 가리고 바짝 내려 깔린 구름은 진정 사람을 우울하게 하였다. 젊었을 적에 그레타 가르보가 주연한 흑백영화 〈안나 카레니나〉를 본 적이 있었다. 그 첫 장면이 잊히지 않는다. 하얀 눈이 날리는 가운데 북국(北國)을 달리는 기차의 묘사는 확실히 심상치 않은 그 무엇을 예고하고 있었다. 영화는 눈이 내리는 장면과 야간열차의 거친 기적소리가 교차하면서 침울한 분위기로 이어져 나갔다. 화려하였던 사랑은 끝내 파멸로 이어지고, 주인공은 눈 내리는 철로 위에 몸을 내던지고 만다. 나는 이 영화를 보면서, 눈 내리는 장면이 여주인공의 운명을 얼마나 상징적으로 잘 표현하고 있는지 감탄하지 않을 수 없었다. 그래서 흰 눈은 비애의식의 효과적 비밀을 지니고 있다고 느꼈다. 그리고 나는 눈이 내리면 그런 감정 속에 안절부절못하였다. 신비스러운 것도 같기도 하고 즐거운 것도 같기도 하고, 그러면서도 내 감정은 초조와 우울 속에 못 견디었다. 아마 체증은 있으되 콱 막힌 답답한 가슴은 풀리지 않는 그런 괴로움과 같은 것이었는지 모른다.

눈이란 항상 일방적으로 감정을 이끌어 나가는 것만은 아닌 듯싶다. 진눈깨비, 싸락눈, 함박눈이 내릴 때마다 그 정경이 사뭇 다르고, 그 보는 감정 또한 다를 수밖에 없다. 더구나 같은 눈이라 할지라도 바람이 거세게 부는 날에 흩어지는 눈은 대하는 감정마저 거세지기 십상이다. 사실, 나는 눈 내리는 것을 그리 좋아하는 편이 아니다. 굳이 좋아한다면 바람 없이 조용히 내리는 함박눈이 좋다. 하얗게 세상을 덮은 설경을 보고 있노라면 여간 신비스러운 것이 아니다. 세파에 시달린 모든 더러운 것들이 하얀 눈으로 덮어버릴 수 있다는 것이 어쩌면 경건하게 느껴진다. 그러나 그것은 현실과는 사뭇 다른 사치스런 감상일 뿐이다. 눈이 멎으면 어느새 도시를 덮은 하얀 눈을 사람에 의해 치워지고, 한쪽에 치워진 눈은 시간이 흐름에 따라 먼지에 싸이고, 녹아내리는 그 속엔 세파의 더러운 것들이 다시 느러나 진흙탕이 되어 우리에게 튀어온다. 눈이란 좋을 것도 나쁠 것도 없다. 이차피 자연현상이니 우리에게 주어지는 대로 받아들일 수밖에 없다. 그러나 그 받아들이는 감정은 각자 개인이 몫이기도 하려니와, 눈을 대하는 감정이 젊었을 때와 지금 사이에 달라진 것을 어쩔 수 없다. 지금 생각하면 젊었을 때의 철없는 감정이 낯부끄럽게 다가오지만, 또한 여리고 풍부하였던 그 감정이 새삼 그리워지기도 한다.

그 눈 속을 거닐며 인생을 독백하던 그 때가 아련히 그리워진다. 오늘도 밖에는 조용히 눈이 내린다.

눈 다래끼

요즘엔 눈 다래끼가 난 아이들을 볼 수가 없다. 아마도 다래끼가 무어냐고 되묻는 아이도 있을는지 모른다. 내가 어렸을 적에는 다래끼를 달고 다니는 아이가 많았다. 나 또한 눈 다래끼가 자주 돋아났었고, 내가 나를 의식할 무렵에는 이미 왼쪽 위 눈꺼풀에 다래끼로 인한 작은 상처가 나있었다. 훨씬 뒤에 안 일이지만 내가 아주 어렸을 때, 어린 자식의 눈에 돋아난 다래끼가 얼마나 보기 흉하게 보였던지 아버지가 손으로 직접 짜낸 흔적이라 하였다. 다래끼는 자연 치유가 될 때까지 가만히 둬야 한다는데, 아버지는 성급한 마음에 그만 자식의 눈에 손을 대고 만 것이다. 뒤에 이로 인하여 생긴 눈꺼풀의 흠집은 피부에 작은 손상을 입혀, 용모에도 영향을 주었을 뿐 아니라 눈을 보호하는 기능도 약화시키는 결과를 가져왔다. 내가 기억되는 것은 그 후로도 눈의 좌우상하를 가리지 않고 번갈아 가면서 다래끼가 자주 돋아났었다는 사실이다. 그러나 유독 왼쪽 위 눈꺼풀에만 돋아나지 않았던 것은, 아버지가 행하였던 시술 덕에 그 뿌리 자체가 완전히 뽑힌 탓이었는지도 모른다.

다래끼엔 별 치료방법이 없었다. 아마도 병원으로 간다는 것은 그 누구도 상상하지 못할 때였으니까 말이다. 다래끼를 잘못 만져 실수한 아버지는 다래끼가 돋아날 때마다 나의 발바닥에 붓글씨로 '天平' 또는 '地平'이라 써주셨다. 외할아버지도 다래끼가 난 나를 보면 딱한 듯 으레 나를 붙들고, 아버지와 마찬가지로 붓에 먹물을 찍어 발바닥에 한자로 '天平' 아니면 '地平'이라고 크게 쓰셨다. 나는 글이 쓰일 적마다 발이 간지러운 것은 고사하고, 발 벗고 앉았을 때 발바닥에 크게 쓰인 글씨가 남에게 보이기 부끄러워서 기피하곤 하였다. 다래끼가 위쪽에 돋아나면 '天平'이고, 아래쪽에 돋아나면 '地平'이다. 그리고 왼쪽 눈은 오른쪽 발에, 오른쪽 눈은 왼쪽 발에 그렇게 대칭으로 썼다. 아마도 이것이 다래끼에 대한 유일한 대안이며 민간치료방법이었는지 모른다. 아니면 다래끼가 삭으러들라는 상징적 차원에서일 것이다. 이렇게 쓰고 며칠이 지나면 다래끼는 자연히 사라지곤 하였다.

어머니는 나의 눈 다래끼의 흉터 때문에 항상 걱정이 많으셨다. 유심히 쳐다보기 전에는 쉽게 알아보기 힘든 흉터지만, 자식의 눈에 흉터가 있다는 자체가 싫으셨던 모양이다. 물론 남이 보기에도 그렇게 좋게 보일 리가 없다. 누구를 만나더라도 아드님의 눈이 왜 저러냐고 인사 받기도 싫었을 뿐 아니라, 보다 걱정을 하는 것은 종종 집안 일로 점쟁이를 찾아갈 때면 아들의 얼굴에 흉터가 있지 않느냐고 꼬박꼬박 묻는다 하였다. 그것이 어머니에게는 불길한 생각으로 다가왔던 모양이다. 아마도 당시에 성형수술이 가능하였더라면 어머니는 서슴없이 그 일을 택하였을 것이다. 그러나 나는 다래끼의 상처에 대하여 별로 신경을 써본 적이 없다. 다래끼로 인하여 주위로부터 놀림감이 되거나 마음의 상처가 된 적은 한

번도 경험해 보지 못하였기 때문이다.

더 문제가 생겼던 것은 내가 커서였다. 6·25전쟁 초기였으니까 중학교 3학년인 때인가 한다. 사회는 어수선하고 학교에선 수업이 제대로 이루어지지 않았다. 하루하루를 친구들과 하는 일없이 소일하는 것으로 시간을 보내고 있었다. 이렇게 지낼 즈음 뜻밖의 생각이 떠올랐다. 학교 수업이 안 되고 모두가 놀고 있을 이때가, 바로 내가 공부할 좋을 시기라는 생각이었다. 남들과의 경쟁에서 앞서 나아갈 수 있는 기회가 바로 이때라는 것이다. 나는 이 기회를 놓쳐서는 안 된다는 조바심이 앞섰다. 낮에는 친구들과 어울려 놀되, 친구 몰래 밤에만 공부하자는 얄팍한 생각이 마음을 급하게 몰아갔다. 그래서 나는 밤공부에 매달리기 시작하였다. 전시중이라 전력 공급이 원만치 않았으므로 이에 대비하여 잉크병으로 석유등잔을 만들고, 그 등잔불 밑에서 밤공부를 계속하였다. 그런데 결과는 전연 생각지도 못한 방향으로 옮겨갔다. 호롱불의 낮은 광도와 피어오르는 연기 그을음이 나의 눈을 자극하여 급기야는 급성결막염을 일으키고, 따라서 왼쪽 위 눈꺼풀만 제외하고 양쪽 눈꺼풀 위아래에 여러 개의 다래끼가 톱니처럼 동시 다발적으로 발생하였다. 이로 인한 눈의 충혈과 통증은 말 할 수도 없었고 많은 다래끼와 부어오른 눈은 참아 보기에도 끔직한 몰골이었다. 이러한 몰골은 눈인들 제대로 뜰 수 있을 리가 없었다. 나는 하는 수 없이 안과병원을 찾았고, 며칠에 걸친 치료 끝에 결막염은 물론 다래끼도 수술로 제거하게 되었다. 그리고 의사선생으로부터 절대 독서를 피하고 가급적 눈을 감고 누워있도록 하라는 강력한 지시를 받았다. 내가 기대하였던 공부와 희망은 이삼 개월도 채 지나기 전에 포기하지 않으면 안 되었다. 너무 욕심을 부렸던 것이었을까?

이 일이 있은 후로 내 눈에는 다시 다래끼라고는 돋아나지 않았다. 그러나 눈은 만성결막염으로 변하여 책에 시선을 집중하거나 조금만 피로해도 충혈로 이어져 쑤시듯 아파 왔다. 이 현상은 나이가 들 때까지도 좀처럼 사라지지 않았다. 욕심이 화를 부른 셈이고 서두른 일이 역효과만 낸 샘이다. 생각은 좋았지만 철없이 덤볐던 어리석은 결과는, 젊었을 때에 품었던 꿈의 기대와는 다른 일생의 전기를 만들고 말았다.

(문학사랑 2008. 봄호)

제2부

바다의 表情

도시都市의 달

「달은 점점 밝아온다. 나는 나의 그림자와 함께 빌딩에 가려진 음산한 거리를 걷는다. 달, 달은 부드러운 빛을 주면서도 때론, 희로애락의 감정을 격앙시키는 차가운 빛이 있다. 그러나 도시의 달은 아무런 빛도 전달해 주지 않는다. 폐허된 옛터, 돌장승이 곳곳에 서 있는 시골의 풍경에서, 달의 아름다운 빛은 고독한 자의 벗임을 느끼게 한다. 꼬부라진 길 위에서, 곳곳에서 대나무 잎사귀 부딪치는 소리 가냘프게 들려오는 길 위에, 밤늦게 돌아오는 눈이 어두우신 할아버지와 할머니의 불빛이 되어 주는, 그러한 다정한 맛이 도시의 달에는 없다. 대신 가로등이 즐비하고 자동차의 굉음이 소란한 속에, 달은 그 존재를 상실한다.」

이 글은 서울에 첫발을 딛던 1955년 1월에 쓴 나의 일기의 한 대목이다. 그동안 도시의 달도 많이 변했다. 달이 변한 것이 아니고 달에 대한 우리의 인식이 날라진 것이겠지만, 달도 그전 같이 신비롭지도 않고 맑아 보이지도 않는다. 도시의 달은 병자처럼 창백한 얼굴로 빌딩에 걸려 있다 하더니, 지금은 아예 고층 빌딩은 하늘을 가리고 휘황한 가로등에 그 창백한 달마저 찾아보기 힘들다. 도시엔 달이 없다. 달이 없으니 달을 찾아 밤하늘을 쳐다볼 필요도 없어졌다.

달은 어디로 갔을까. 항아(姮娥)님이 살고, 두꺼비가 산다는 그 달은 어디로 갔을까. 계수나무가 있고 그 밑에서 토끼가 떡방아를 찧는다는 그 달은 어디로 갔을까. 이태백이 놀던 달은 어디가고, 계수나무 가지를 다듬어서 초가삼간 집을 지어 부모님을 모셔다가 천년만년 살고 싶다던 그 효심어린 동요는 또한 어디로 사라졌을까. 요즘 어린이에게 이 이야기를 하면 들으려 하지 않는다. 1969년 암스트롱이 달에 착륙하면서 우리의 달에 대한 전설과 효심은 영영 사라져버리고, 따라서 달에 대한 신비성도 그 만큼 잃어버리고 말았다. 그러나 나이 드신 분들은 어렸을 때부터 부모님이나 할아버지 할머니에게서 듣던 달이야기를 잊을 수가 없어 한다. 흥미를 갖든 말든 나도 그렇게 손자에게 달이야기를 반복하며 들려준다. 전설이란 그렇게 전해지는 것인지 모르지만 무언가 아쉬움이 남는 것은 어쩔 수 없다.

어디 전설뿐인가? 달이 우리 생활에 미치는 자연현상은 물론이고, 달과 관련된 세시풍속(歲時風俗)은 우리 일상생활에 얼마나 밀접하게 다가와 있었던가? 일반적으로는 달의 차고 기울기를 보며 시간을 가늠하고 친인척의 기념일을 기억하는 일은 기본이고, 농사와 고기잡이에도 그 달을 보며 때를 맞추어 일하였다. 설날, 정월보름, 삼짇날, 단오, 유두, 칠석, 백중, 추석 등, 일 년 열두 달 달과 관련된 날이 없는 달이 없다. 이 날을 맞아 가족과 부락의 안녕과 질서를 위하여 행하던 공동체적 놀이의식, 조상을 위한 제례, 가족의 평강을 위한 액막이 풍습 등, 달을 향해 행해지던 기복의식(祈福儀式), 이 모든 것들이 직접 우리 피부에 와 닿았던 풍습들이었다. 특히 정월 대보름의 새해 액막이 행사는 마을과 각 가정에서 어김없이 행하여졌지만, 지금은 우리의 주변에서 거의 사라지고 말았다. 이런 의식과 행사를 도시에서 찾고자 하는 것 자체가 무리라고 생각되지만, 원인을 다시 한 번 생각해보면 달에 대한 경외심이 사라졌기 때문이다. 이 흔적을 찾고자 하면 시골에서나 찾을 수 있을까? 다행히 소수이나마 과거의 민속을 되찾고자 하는 사람들이 있고, 이를 축제로 승화시켜보고자 하는 노력이 있어 다행이지만 우리의 소중한 정신문화가 사라지는 것이 안타까울 뿐이다.

한여름 밤, 더위를 피하여 초등학교에 다니는 손자를 데리고 한강 둔치로 나갔다. 마침 보름이라 동쪽 하늘 위에 보름달이 떠올랐다. 뽀얀 매연 속에 가려 그렇게 맑아보이지는 않지만, 서울에선 보기 어려운 보름달이다. 그래도 달그림자는 희미하게나마 강물에 비춰 물결에 아른거린다. 나는 "달아달아 밝은 달아 이태백이 놀던 달아 … " 하고 노래를 해본다. 그리고 신기한 듯 손자에게 달을 가리키며 다시 토끼이야기를 꺼낸다. 별로 흥미 있는 모양이 아니다. 다 듣고 나서 손자 놈이 묻는다. "할아버지, 달에 토끼가 살아요?" 내가 대답한다. "그럼, 저 달을 보렴. 토끼가 떡방아를 찧는 것이 보이잖니?" 달의 어두운 부분의 토끼 모양을 가리키며 말했다. 손자 놈이 다시 묻는다. "그럼, 달에 다녀온 암스트롱 아저씨는 달에서 토끼를 보았을까요?" 이 애가 암스트롱을 어떻게 알았을까? 나는 당황하지 않을 수 없었다. 그러나 나는 그 질문의 뜻에 개의치 않고 서슴없이 대답해 주었다. "물론 보았겠지!" 손자 놈이 모르고 묻는 것이 아니다. 손자는 더 이상 아무 말이 없었다. 나는 내 말을 말없이 그냥 들어준 손자가 고마웠다.

— 이 이야기는 내가 생각해 본 한 토막의 스케치다. 달에 대한 전설이 사라져가고, 아이들의 꿈과 상상이 현실이란 사실에 묻혀 그 날개를 잃어가는 것이 안타까운 마음에서다.

마음의 병

20대의 한창 나이에 폐결핵과 신경쇠약을 겹쳐서 앓았다. 그것도 건강하게 병역의무를 마치고 돌아온 뒤였다. 신체검사를 마치고 서울시 말단 공무원이 되어 근무를 시작할 때까지만 하여도 아무런 이상이 없었다. 그런데 2, 3개월이 지나면서 이상하게 몸이 야위어가고 피곤이 덮쳐왔다. 근무에 시달려서 그런 것이려니 하고 별로 신경을 쓰지 않았다. 좀 쉬면 곧 회복될 것이라고 여겼다. 정치적 혼란이 가중되고 사회가 어지러워지면, 통치자는 민심수습을 목적으로 선심행정을 펼친다. 이럴 때마다 고통을 감수하는 것은 일선공무원들이다. 1960년이 그랬다. 나는 서울의 모 동사무소에 파견되어 밤마다 국정홍보와 민심수렴을 이유로 반상회(班常會)를 순회하여야 하였다. 아침이면 이 모든 결과를 취합하여 보고서를 작성해야 했고, 낮이면 시달사항의 이행과 공과금의 징수로 사무실에 앉아있을 틈이 없었다. 아침 6시에 집을 나서면 밤 12시가 되서야 집에 돌아왔다. 식사도 아침에 싸들고 나온 도시락이 고작이고, 아니면 시장에서 자장면이나 소주 한 컵으로 허기를 달래곤 하였다. 집에 들어가면 녹초가 되어 그냥 쓰러졌다. 아침 출근 때 버스를 타면 졸리기 일쑤고 몸에는 미열이 일었다. 이 같은 일이 겹치다보니 출근에 회의를 느끼기 한두 번이 아니었고, 직장에 다니는 의미마저 모호해질 수밖에 없었다. 나는 직장을 그만 두기로 결심하였으나 부모님이 반대로 얼른 행동에 옮기지 못하였다. 취직이 어려운 때인 만큼 직장을 그만 두는 것도 그리 쉬운 일은 아니었다. 그러나 출근을 할수록 피로는 참을 수 없는 한계에 이르고 있었다.

결국 나는 피로를 견디지 못하고 그만 사표를 내던지는 용단을 내리고 말았다. 집에서 쉬다보면 몸을 회복하는 시간도 갖게 되고, 또 그 여유를 틈타 뜻하였던 소설가의 꿈도 이룰 수 있을 것이라 마음먹었다. 그러면 모든 것이 정상으로 회복될 줄 알았다. 그러나 쉬는데도 피로는 가시지 않았고 몸은 더 무겁게만 느껴왔다. 밤에는 식은땀이 이불을 적셨다. 하루는 밤에 피를 토하는 사건이 일어났다. 아무래도 심상치가 않아서 병원을 찾아가서 몇 가지 검사를 받았다. 엑스레이 및 폐결핵 반응검사 등, 그러나 당장 이상이 발견되지 않았다. 이에 동네사람은 병이 없다하여도 가끔 목에서 혈관이 터져 피가 나올 수 있다는 말까지 덧붙였다. 이 말을 듣고 나니, 마치 내가 꾀병을 앓고 있는 것 같아 자신이 미울 정도로 부끄러웠고, 죄책감이 앞서 부모님에게 낯을 들 수가 없었다. 그런데 왜 그렇게 힘이 없는 것인지? 며칠이 지났다. 다시 피를 쏟았다. 병원을 다시 찾았다. 전번에 찍은 엑스레이 판독결과가 폐결핵 중등(中等) 증세라 하였다. 바로 입원을 하든지 아니면 집에서 격리치료하든지 하라는 의사의 엄명이 떨어졌다. 나는 주사를 맞고 많은 약을 받아들고 집으로 돌아왔다. 그날로 나는 중환자가 되어 이부자리를 펴고 눕고 말았다. 잠복되었던 병원(病源)이 가중된 피로와 영양실조에 의하여 양성화 한 것에 틀림이 없었다. 폐결핵, 어쩌면 중학교시절에 존경하던 선생으로부터 물려받은 사랑의 징표일 수도 있었다.

나는 2, 3일마다 병원으로 가서 한 봉지의 약을 타 왔으며 가끔은 엑스레이도 찍고 객담검사도 받았다. 당시 치료약으로는 파스(PAS)라는 알약이 주였다. 파스는 하루 세 번을 먹는데 한번 먹는 양이 한 줌은 되었다. 이 약을 꾸준히 먹는 데는 요령이 필요하다며, 언제 어디서든 물 없이도 시간 맞춰 먹을 수 있도록 훈련이 되어야 한다고 하였다. 약을 그렇게 먹는다는 것이 그리 쉬운 일은 아니었다. 그리고 약 자체가 차돌 같은데다가, 먹은 뒤에는 위장장애를 일으켜 속이 쓰릴 뿐 아니라 식욕까지 잃게 하였다. 이러다보니 약 자체가 거부감을 주었다. 이 보다도 나를 괴롭게 만드는 것은 나의 소설가의 뜻을 이루는 일이 점점 멀어져간다는 초조감이었다. 군 생활기간에도 그랬으려니와 직장생활도 나의 목표를 이루는데 시간을 허락하지 않았었다. 게다가 병이라니, 이러한 초조감은 마음을 졸였고, 뜻과 같지 않은 생활은 갈등으로 변하여 갔다. 이어지는 갈등은 마음을 짓눌러 돌파구를 찾지 못하고 우울증과 신경쇠약으로 변하였다. 우울증과 신경쇠약은 사고력을 저하시켰고 판단력마저 흐리게 하였다. 억지로 원고지를 앞에 두고 펜을 들어보나 한 줄의 글도 제대로 쓰이지 않았다. 당황한 마음은 가속이 붙어 판단력을 더욱 흐리게 하였다. 이에 따른 초조한 마음은 성격마저 편협하게 만들었고, 열등의식은 외부와의 단절을 자초하였다. 결핵은 몸의 일부의 병에 불과하지만, 신경쇠약은 나의 마음을 병들게 하였다. 나는 몸과 마음의 두 가지 병을 가진 환자였다. 나는 신경쇠약 증세를 누구에게도 알리지 못하였고, 또한 그 증세를 누구도 눈치채지 못하였다. 그렇게 나는 혼자서 마음고생을 하였다. 결핵은 약효가 있어 시나브로 나아갔지만, 신경쇠약은 치유보다는 오히려 삶에 대한 회의만 증폭시켰다. 마음의 병에 대한 약은 본인의 의지뿐이라는 것을 안 것은 오랜 뒤의 일이었다. 나의 가슴에 응어리졌던 뜻을 말끔히 포기하여 마음을 훌훌 털어버리고, 스스로 생각을 긍정적으로 바꾸고 나서부터였다.

몇 개월의 투약 끝에 폐결핵은 많이 나았다. 엑스레이 결과나, 객담검사에 있어서도 이상이 발견되지 않았다. 거의 다 나은 것과 다름이 없다고 하였다. 그러나 우울증과 신경쇠약은 여전하여 늘 생각과 행동은 한 가지를 견지하지 못하고, 수시로 혼란스럽게 변하여 결론을 얻는 것은 하나도 없었다. 밤에는 잡다한 망상에 사로잡혀 뜬눈으로 잠을 설치기 일쑤였고, 어떤 때는 강박관념에 사로잡혀 같은 행동을 밤새 반복하다가 날을 지새우곤 하였다. 소설에 대한 뜻을 이루지 못한 열등의식은 자신을 낙오자라 여기고, 친구든 누구든 상대는 항상 나를 멸시하는 것만 같아 집을 나설 수가 없었다. 반면, 순간 욱하고 치미는 우월감은 오히려 나를 더 비참하게 만들고 차라리 죽고 싶은 마음을 돋울 뿐이었다. 내 마음을 달래주는 것은 아무 것도 없었다. 남는 것은 마음의 고통과 절망뿐이었다. 이렇게 닫혀진 마음에도 불구하고 형의 알선에 의하여 모 회사에 취직을 하게 된 것은 큰 용기였다. 취직은 하였으나 상대적으로 나의 초라한 모습만 비칠 뿐 자신감이라곤 전연 없었다. 그럼에도 출근은 계속하였다. 그런 가운데 또래의 남녀 직원이 여럿이 있어 자연히 한 동아리로 묶여지고, 하루 이틀 행동을 같이 하다 보니 마음이 열리기 시작하였다.

그들은 나의 친구가 되어 주었고 나도 또한 그들의 친구가 되었다. 그렇게 한뜻이 되어 허물없이 지내는 동안, 그들도 나와 별다른 것이 없다는 것을 알았다. 그들과 나를 차별하는 것은 급료도 직급도 학력도 지식도 그 아무 것도 아니었다. 다만, 그들과 나를 구별하는 것은 결국 내가 갖고 있는 편협한 마음뿐이었다. 이렇게 3, 4년이 흐르고, 다시 다른 직장으로 옮기면서도 직장의 동료를 동료 이상도 이하로 보지 않았다. 동료는 경쟁자일 수도 있으나 나의 경쟁자는 아니라는 것과, 동료와의 경쟁은 오히려 나에게 무모한 욕심이 되어 병만 심화시킨다는 것을 알았다. 그래서 쓸모없는 집착을 하나하나 버리는 것이 마음의 병을 고치는 계기가 되었다. 이러한 결과를 얻는 데는 꽤 많은 시간을 소비한 것도 사실이려니와, 그만한 마음의 노력이 없었던 것도 아니었다. 만약, 이런 노력이 없었다면 나는 한 직장에서 정년퇴직을 맞지도 못하였을 것이다.

맛의 변화變化

가끔 외식을 하다보면 "아, 고향의 맛이다!" "이것이 어머니의 손맛이다!" 하고 감탄하는 경우를 종종 본다. 주로 전통음식을 먹을 때의 감탄사다. 그러나 그 맛이 진정 고향의 맛이며, 어머니가 손수 만들어 주시던 그 맛일 수 있을까? 고향의 맛이란 고향에서 생산되는 재료와 그 지방의 토속적인 조리방법이 어우러져 만들어지는 것이며, 어머니의 손맛이란 대대로 이어져 내려오는 그 집안의 독특한 조리법의 손맛이다. 그러므로 고향의 음식은 고향을 떠나서 그 맛을 볼 수 없고, 어머니의 손맛 또한 어머니를 떠나서는 맛볼 수 없다. 따라서 아무리 같은 재료를 가지고 같은 분량을 배합하여 만든 음식이라 할지라도 고향을 떠나거나 어머니의 손을 떠나서는 그 특유의 맛을 느낄 수 없는 것이 상례다. 그것은 우리가 신토불이를 고집하듯이 토산품의 재료와 조리법을 이어가는 사람의 손이 아니고서는 그 맛을 만들어 내지 못하기 때문이다. 우리가 도시에서 음식을 먹으면서도 가끔 시골고향의 맛과 어머니의 손맛을 느끼는 것은, 그래도 조금이나마 고향의 미각을 자극하는 어떤 맛이 다가오기에 순간 발작하는 향수의 표현이라고 할 수밖에 없다.

사실, 요즘에 와선 고향의 음식이라 하더라도 그전의 맛과는 많은 차이가 있다. 이전과 달리 상품유통이 광역화함에 따라 주재료와 부재료가 지역을 넘나들어 다양해진 마당에 고향의 토산물만 고집할 때는 이미 지났기 때문이다. 특히 집 근처에서 쉽게 얻던 토산품은 수요에도 한계가 있지만, 그 품종도 변형되어 이미 옛 것이 아닌 경우가 많다. 또한 외래 재료가 범람하다보니, 전과 같이 근처에서 쉽게 얻던 토산품만으로 음식을 만드는 일은 불가능하게 되고 말았다. 그러므로 어머니가 만든 음식이라 할지라도 재료가 바뀌는 한 그전의 맛과는 차이가 있기 마련이다. 한편, 외국에서 수입되는 농축산물도 문제려니와, 육종개량(育種改良)에 의하여 달라지는 토종의 재료들, 그리고 여러 방법에 의하여 개선되는 음식의 조리법. 우리는 이렇게 변하는 환경 속에 살고 있다. 이러다보니 아무리 우리의 식탁이 옛 맛을 살린다 해도 이와 같이 재료와 조리법에 변화가 있는 한 그 맛이 변하지 않을 수가 없다. 나는 언젠가 우리 전통발효식품인 된장을 과학적이며 위생적으로 생산한다는 한 농원에서 된장을 구입한 적이 있다. 그러나 그 된장은 어머니가 손수 담근 해묵은 된장과는 비교가 되지 않을 만큼 맛이 훨씬 못하였다. 이 된장이 어머니가 만든 된장보다 못하다는 이야기가 아니다. 다만, 어렸을 적부터 어머니의 손에 의하여 만들어진 된장 맛에 길들여진 나의 입에 맞지 않은 탓이다. 다시 말하면 된장을 만드는 재료와 방법, 그리고 과정이 어머니와 다르기 때문에 그 맛 또한 다를 수밖에 없다.

요즘 세상을 글로벌시대라고 한다. 따라서 외국음식이 우리 주변을 잠식하고 있으며, 이로 인하여 우리 고유음식은 퓨전으로 전락하여 간다. 수입 쇠고기에 수입한 재료로 양념을 만들어 이것을 쳐서 불고기라 구워

먹고, 채소에 국적불명의 소스를 쳐서 이것을 나물무침이라 한다. 그리고 그것을 우리음식이라 하고 먹는다. 특히 웰빙 바람도 우리의 옛 맛을 변화시키는 한 요인이 되고 있다. 우리 전통음식이 웰빙음식의 대표적이라 하지만, 실은 웰빙과 건강음식의 선호 속에 전통음식 자체에도 변화가 오고 있다. 서울 청진동 골목에 유명한 빈대떡집이 줄지어 있었다. 지금도 그 자리에 빈대떡집이 있어 영업을 계속하고 있다. 주인이 바뀌었다고는 하지만, 옛 전통은 그대로 이어가고 있다고 한다. 그러나 빈대떡의 맛은 그전과 같지 않다. 분명히 맛이 다르다. 어쩌면 동물성 기름이 우리 몸에 해롭다는 인식이 퍼짐에 따라 식물성 기름으로 쓰게 된 것이 그 원인 중의 하나일는지도 모르지만, 원래 빈대떡은 뜨거운 번철에 돼지비계로 한번 두른 뒤 녹두반죽을 펴서 부쳤다. 그 빈대떡을 먹어본 사람이 아니고서는 답이 쉽게 나오지 않는다. 우리의 음식은 이렇게 적은 재료의 변화에도 맛은 변하여 가고, 또한 우리의 입은 변해가는 맛에 길들여져 간다.

전문식당에서도 옛 맛을 찾을 수가 없다. 집사람의 칠순 날이었다. 식구들과 외식을 하고자 하여 한정식 전문식당을 골라, 음식의 가지 수와 금액을 확인하여 인터넷으로 예약하고 나섰다. 사실 나는 상다리가 부러지는 일은 없더라도 커다란 상에 여러 첩 반상의 음식이 가득 차려 나올 것을 기대했었다. 그런 것이 우리의 상차림 음식문화이기 때문이다. 그런데 그런 기대와는 달리, 꽃장식이 놓인 깔끔한 식탁 위에는 각 자의 물컵 하나와 빈 접시 두 개, 그리고 수저만이 쓸쓸하게 놓였을 뿐이었다. 그 많다던 음식은 하나도 보이지 않고, 뒤에야 차례로 한 가지씩 나오는 것이 나물, 고기, 꼬치, 전 등등, 이런 순이었다. 그것도 작은 접시에 조금씩 노나 주니 먹는 것 같지도 않거니와 분위기 자체도 영 어색해지고 말았다. 잘 차려진 음식상을 보는 흡족한 마음, 골라먹는 맛, 그리고 그 음식을 음미하며 대화를 나누는 멋, 그 어디에도 찾을 수가 없었다. 말뿐인 한식으로 순 퓨전에 코스요리였다. 우리 음식문화에 코스요리라니? 나는 크게 실망하지 않을 수 없었다. 옛 생각에 한정식 집이라는 것만 믿었던 것이 시대를 잘못 인식한 탓이었다. 한편 이와 같은 음식점이 보편화되어 간다는데 서글픔이 앞섰다. 형편이 이러하니 어디 가서 우리 고유의 음식문화의 맛과 멋을 제대로 찾아볼 수 있을 것인가?

시대에 따라 음식의 재료도 변하고 조리하는 솜씨도 달라져간다. 우리의 입맛도 변하는 음식에 길들여지는 것은 어쩔 수 없다. 따라서 요즘의 현대음식에 길들여지는 신세대에게 옛 고향의 맛과 어머니의 손맛은 별 의미가 없는 것은 당연한 것인지 모른다. 그러나 아무리 음식문화가 변하여 옛 맛을 낼 수는 없다 하더라도, 우리 전통음식문화와 그 맛과 멋을 지키고자 하는 자세는 잃지 말아야 할 것이 아닌가 한다. 우리의 음식문화가 퓨전이나 코스요리와 같은 형태로 변질되어가는 현실이 극히 염려스러워진다. 고향의 맛, 어머니의 손맛, 그리고 푸짐한 음식이 차려진 상에 여러 사람이 둘러앉아 즐기던 그 멋은 우리들의 향수로만 남아있지 않기를 바랄뿐이다.

바다의 표정表情

고향을 떠난 지 수십 년이 되고 보니, 고향의 그 바다가 그리워진다. 바다의 얼굴, 바다의 그 표정이 그리워진다. 어떤 때는 어머니의 품처럼 잔잔하고, 어떤 때는 얄밉게 일렁이는 파도가 장난꾸러기처럼 치근덕거리기도 하며, 또 어떤 때는 성난 사자처럼 포효하였다. 바닷가에 서서 먼 바다를 바라볼 때면 수평선은 항상 나를 유혹하였지만, 고작 몇 시간 거리의 연락선을 타본 것 빼고는 그 꿈꾸던 먼 바다의 여행은 결국 경험하지 못하였다. 지금 생각하면 1954년 여름 고등학교 재학시절에 제주(濟州)에서 부산(釜山)으로 가는 5일간의 바다여행이 나의 가장 여유 있는 항해 기록이 되고 말았다. 지금도 생각하면 당시 경험한 바다의 풍경과 시간에 따라 변하던 바다의 표정을 잊을 수가 없다.

부산에서 친척이 운영하는 화물선이 제주항에 입항하여 마침 여수(麗水)를 거쳐 부산으로 간다 하기에, 때마침 방학이라 그 배를 타고 부산으로 가기로 결심하였다. 배는 화물선이지만 요즘처럼 큰 철선이 아닌 작은 목조선(木造船)이다. 배는 오전에 제주항을 출발하였다. 일반인이라면 흔히 여객선을 이용할 뿐 화물선을 승선할 기회란 거의 주어질 리 없었다. 그렇게 쉽게 찾아오지 않는 것처럼, 여객선과 화물선은 그 출항하는 분위기부터 달랐다. 여객선은 승객과 배웅하는 사람들이 한데 어울려 항구가 떠들썩하고 떠나는 뱃고동소리 또한 요란스러운데 반해, 화물선의 출항은 누구하나 배웅하는 사람 없고 들어줄 이 없는 뱃고동을 한두 번 울리고는 조용히 항구를 떠났다. 연락선은 정해진 항구와 항구 사이를 정해진 시간에 정해진 속도로 왕복하지만, 화물선은 반드시 그러할 필요가 없듯이 천천히 바다 위를 미끄러져 나갔다. 배엔 몇 안 되는 선원만이 승선해 있어서 마치 빈 배와 같았다. 휑하니 넓은 갑판엔 뜨겁게 내려쬐는 햇볕에 달구어진 나무 냄새, 소금기 어린 바다 냄새, 기름 냄새가 어우러진 야릇한 냄새가 코를 자극하였다. 위를 쳐다보면 코발트 하늘에 가끔 떠가는 흰 구름, 그 여러 가지 모양으로 변하며 흘러가는 구름은 아무리 보아도 싫증이 나지 않았다. 귀를 기울이면 뱃머리의 물 가르는 소리, 배 뒷전의 프로펠러에 의한 물 소용돌이치는 소리, 그리고 내 심장의 박동과 같은 엔진소리가 서로 어울리어 아주 리드미컬하게 들려왔다. 뜨거운 태양열과 솔솔 불어오는 시원한 해풍이 살갗에 와 닿는 촉감은 상쾌한 기분을 돋아주었다. 출렁이는 파도에 배는 요람처럼 흔들리고, 그 속에 졸음이 솔솔 다가왔다. 선원들은 다 어디에 숨었는지 뱃전엔 누구 하나 보이지 않는데, 배는 마치 유령선처럼 스스로 바다를 헤쳐 나갔다. 한참을 지났는데도 한라산(漢拏山)의 봉우리는 수평선 저 멀리 높게 솟아 있었다.

제주바다라 일컬어지는 제주해협을 막 지난 무렵 시간은 저녁이 되어 해는 서쪽 수평선에 기울었다. 바다는 이미 잔잔해 있고 태양은 새빨간

노을로 온 세상을 물들였다. 하늘은 물론 망망대해가 온통 빨간데 어느 것이 하늘이고 바다인가? 노을 진 바다 빛은 선혈의 선홍색에서 점점 검붉은 색으로 변하여 갔다. 하늘은 그렇다 치더라도 바다는 나의 경험과 상상을 초월하여 전율이 일 정도였다. 나는 다가오는 어둠 속에 두려움을 감추지 못하였다. 일정(日政) 때의 어렸을 적, 서귀포(西歸浦)에서 보았던 일이 생각났다. 당시 서귀포에는 가끔 고래를 포획한 포경선(捕鯨船)이 들어왔고, 고래공장이라고 하는 곳에서 고래를 해체한 다음 그것을 싣고 갔다. 그때면 서귀포의 좁은 포구는 온통 고래의 피로 검붉게 물들었었다. 선홍색의 바다는 그처럼 검붉은 빛으로 변하고, 검붉은 빛은 이내 검은 색으로 변하면서 바다도 밤으로 접어들었다.

사방은 완전히 새까만 암흑세계로 변하였고, 일엽편주는 미궁을 헤매는 것에 틀림이 없었다. 살며시 다가오는 해풍마저 싸늘하여 소름이 쪽 끼쳐왔다. 도무지 무슨 일이 일어날지 전연 예측할 수 없는 공포의 세계 속으로 들어간 그런 기분이었다. 이런 공포의 시간은 잠시 아찔하였던 순간처럼 지나자, 다음에 보이는 것은 하늘에 가득 찬 별빛이요, 바다 속 물고기의 은빛 비늘이었다. 참으로 이상한 일이었다. 저녁에 해가 지고 땅거미가 밀려올 때면 동쪽 하늘에 별이 먼저 보일 터인데, 어째서 그 맑은 하늘에는 별 하나 보이지 않고 칠흑 같은 순간이 덮여왔는지 모를 일이었다. 이것도 바다에서만이 경험할 수 있는 신비스런 현상인가? 어느 정도 시간이 흐른 뒤에야 하나 둘 눈에 띄기 시작한 별은 순식간에 하늘을 덮고 말았다. 그믐날인지 달은 보이지 않았다. 배는 계속하여 어둠 속을 달렸다. 뱃머리가 가르는 물결은 배의 전등 빛을 반사하면서 좌우로 사라지고, 뱃전에 물고기는 은빛의 비늘을 반짝이며 나타났다간 뒤로 물러났다. 그러나 하늘의 별들은 배의 항해에도 아랑곳없이 그대로 그 자리를 지킬 뿐이었다. 배는 어둠 속에 잠시 청산도(靑山島)에 머물었다가 다시 출발하였다.

아침 동틀 무렵, 밖으로 나오니 어제의 바다와는 달리 사방이 섬으로 둘러싸여 있었다. 이것이 다도해다. 남해의 다도해를 가로지르는 것은 처음이었다. 해가 동쪽 섬 위로 솟아오르는 순간, 온 바다는 황금빛으로 물들었다. 정말 황금색의 바다였다. 노을 진 저녁 바다와 이다지도 색이 다를 수가 있을까? 날치 떼가 그 금빛 바다 위로 솟아올라 커다란 지느러미로 날갯짓을 하며 수 십 미터를 날아가는 것은 참으로 장관이며 환상적이었다. 황금빛 햇살에 빛나는 날치의 지느러미, 그 지느러미가 수면을 치는 소리, 물 위로 솟아올랐다 물속으로 자맥질하는 소리, 그리고 많은 갈매기 떼와 그 울음소리, 고요하던 바다가 갑자기 정적을 깼다. 이것이 바다의 아침이었다. 태양은 높이 떠오르고 바다는 마치 호수처럼 잔잔한데, 뱃길은 어디로 트였을까? 배는 요리조리 섬들 사이를 잘도 헤쳐 나갔다. 누가 바다를 파랗다 하였던가? 낮 동안의 다도해 물빛은 초록색이었다. 그리고 바다의 색은 한 가지 색만이 아니라, 시간과 날씨와 수심에 따라 여러 색으로 변하였다. 배가 물 위를 미끄러져 가는 동안 여러 형태의 크고 작은 섬들이 하나씩 다가 왔다간 서서히 뒤로 밀려 나갔다. 다도해란 내륙의 호수와 다를 바 없었다. 지나는 섬마다 기암절벽을 이룬 그 독특한 정경은 내 시야를 사로잡곤 하였다. 가끔 우리 배가 벗인 양, 상어 떼들이 등과 꼬리의 지느러미를 물 위로 내밀고 유유히 따라오다간 방향을 바꾸곤 하였다. 이렇게 바다 풍경에 도취해 있는 사이, 배는 정오가 좀 지나 여수항에 입항하였다.

나흘인가, 닷새를 지나 배는 곡식을 잔뜩 싣고 부산으로 향하였다. 나는 잠자리를 선실(船室)의 빈대의 공격을 피하여 화물칸으로 옮겼다. 오히려 그 곳이 편하였다. 그리고 쌀가마니의 짚 냄새는 참으로 구수하게 느껴왔다. 여수를 출발한 배는 남해도(南海島)를 왼쪽으로 하고 넓은 바다로 나왔다. 그제야 며칠 만에 오른 쪽으로 수평선을 바라볼 수 있었다. 나는 선상생활에 피곤하여 있었지만, 다행인 것은 내내 날씨가 쾌청한 것이었다. 날씨가 좋으므로 하여, 나는 비좁고 답답한 배 안의 생활에서 그나마 해방될 수 있었다. 배는 다시 통영(統營)을 바라보면서 거제도(巨濟島)를 끼고 동쪽으로 향하였다. 역시 이쪽도 다도해라 다시 호수 속으로 접어들었다. 배는 점점 부산으로 가까워 오고 있었다. 다대포(多大浦) 앞바다에 도달했을 때는, 부산의 건물들이 멀리 해안선을 따라 하얗게 넓게 퍼져 있는 것이 눈에 들어왔다. 그 건물이 서있는 쪽을 바라보는 동안 배는 오륙도(五六島)를 곁으로 부산항에 접어들고 있었고, 항구에 도착했을 때는 이미 해가 져서 어두워 있었다.

비록 짧은 시간이었지만 소중한 경험을 할 수 있었던 것은 역시 좋은 날씨 때문이었다. 만약에 궂은 날씨였다면 이런 편안한 마음의 여행은 되지 않았을 것이다. 나는 한 때, 대양을 누비는 일등항해사가 되고자 했던 꿈도 가졌었으며, 거친 바다와 싸우는 강인한 사나이의 위상도 꿈꿨었다. 언젠가 겨울 날, 거친 파도에 찬 바닷바람을 쐬며 부산 - 제주 간 여객선을 탄 적이 있었다. 파도가 사정없이 뱃전을 쳤다. 배의 흔들림에 나를 포함한 모든 선객들은 선실에 꼼짝없이 엎디어 멀미를 참아냈다. 포탄 구멍처럼 뚫린 선창(船窓)으로 밖을 보고 있노라면 배의 심한 흔들림에 따라 선창은 바닷물에 잠겼다간 금방 하늘의 구름을 비치곤 하여 현기증을 일으킬 정도였다. 배의 주변에 보이는 것은 아무 것도 없고 내려 깔린 구름과 일렁이는 파도뿐이었다. 선객들은 배의 흔들림에 모두 나약한 존재일 수밖에 없었다. 내가 거친 바다를 경험할 수 있는 것은 고작 이 정도에 불과하였다.

이제, 바다와 떨어진 곳에서 한 세월을 보내며 고향의 바다를 그리워하는 것을 향수로 치부해 버리면 그만이겠지만, 어렸을 적에 그리던 미지의 대양(大洋)을 지금에 와서 어떻게 경험해 볼 것이며, 그 바다의 표정과 그 정서를 또 어떻게 헤아려 볼 것인지? 이제, 나는 그것을 아쉬움으로 남기며 다시 그 바다를 그리움과 두려움의 대상으로 기억할 뿐이다. 그래서 고향의 바다가 더욱 그리워지는 것인지 모른다. 바다의 얼굴, 바다의 그 표정 말이다.

밤의 유혹誘惑

밤은 어두움의 시간이다. 낮의 일상이 끝나면 우리들은 밤의 시간을 맞이한다. 낮이 피지배의 시간이라면 밤은 그 피지배로부터 벗어나는 해방의 시간이다. 따라서 밤은 개인의 시간이며 휴식의 시간이며, 또한 자유로운 활동의 시간이다. 한편, 밤은 야행성 동물들이 먹이사슬에 의하여 활동하는 세계가 펼쳐지는 새로운 시간이며, 야생(野生)의 비밀을 쫓는 매력의 시간이기도 하다. 그래서 밤은 젊음을 유혹하는 것인지 모른다.

내가 젊었을 때 일이다. 하루해가 저물고 어두움이 오면 이상하게도 마음이 들뜨곤 하였다. 밤은 그렇게 나를 유혹하였다. 사실, 밤의 무엇이 그렇게 나를 유혹하였는지, 무엇이 그 유혹에 빠져들게 하였는지 지금으로선 알 수 없는 일이다. 어쩌면 하루의 일과에서 해방된 때문이거나, 아니면 낮과 전혀 다른 여로(旅路)가 주어지기 때문인지도 모른다. 그도 아니면 달의 중력이 주는 영향이거나 낮과 상반되는 개념의 유혹일는지도 모를 일이다. 특히 젊은 층의 직장인이나 학생들에게 있어서는 낮으로부터 받은 구속이 강하게 느낄수록, 그 보상을 밤에서 받으려는 충동이 강열하여 밤에 더욱 집착하게 되는 것인지 모르지만, 밤은 그렇게 젊음을 유인하며 매력을 발산하였다.

인간의 생활은 주로 낮에 이루어지는 것이지만, 밤은 밤대로 또 다른 삶의 활동이 있는 시간이다. 오래 전의 일이지만 〈역사는 밤에 이뤄진다〉라는 제목의 영화가 있었다. 그 영화의 내용과 관계없이 '역사는 밤에 이뤄진다' 라는 말이 미묘한 뉘앙스를 남기며 여러 사람의 입에 오르내렸다. 밤은 낮과 달리 어둠에 감춰진 가운데 젊음을 유혹하는 은밀한 감정이 지배한다. 낮이란 절제된 시간이며 공개된 공간이라고 한다면, 밤은 자유로운 시간이며 감춰진 공간이다. 우리는 감춰진 가운데 자유로운 감정을 발산한다. 또한 밤은 낮의 제약된 일과에서 해방되는 시간이기도 하지만, 젊음의 양기를 밤의 음기에 의하여 생리를 조절하는 시간일 수도 있다. 그러므로 해가 기울면 젊음은 밤을 향하여 뛰쳐나가려 하는 것인지도 모른다.

한편 밤은 어두운 시간이며 어두운 공간이라서, 나의 얼굴과 나의 행동을 보이고 싶지 않은 사람에겐 나를 감추고 싶은 시간이다. 따라서 밤은 야행성 동물의 활동과 더불어 우리 인간에게 또 다른 생업을 제공하는 시간이다. 또한, 밤은 낮에 활동하는 동물들에 의하여 불건전한 먹이사슬을 찾아다니는 시간이기도 하다. 도박과 마약, 절도와 사기, 음모와 살인, 이 모든 것이 어두운 밤의 음밀한 시간을 이용하여 이루어진다. 그리고 밤은 삶을 체념한 사람들이 살아가는 시간이며, 반면에 수체하지 못하는 열정이 광란으로 이어지는 시간이도 하다.

젊음에 있어서 낮은 제약의 시간이라면 밤은 해방의 시간이다. 반대로 어른들에겐, 낮은 자유의 시간이지만 밤은 자제의 시간이다. 사실 밤은 젊음에 있어 미지의 세상이다. 그래서 젊음은 밤에 매혹을 느끼고 밤에 유혹되는지 모른다. 지금이야 나이가 들어 밤의 유혹에 무관심할 수밖에 없지만, 젊었을 때에는 나도 꽤 밤을 헤매고 다녔다. 부모님은 그것을 좋아할 리 없었다. 어른들은 밤의 이중성을 알기 때문에 밤의 잘못된 유혹으로부터 자식을 보호하기 위하여 어둠에서 격리시키고자 하였다. 그래서 일상생활에서 부모님들은 자녀에게 야간외출을 통제하고, 자녀들은 정하여진 귀가시간에 항상 불만을 털어놓았다. 가끔 귀가가 늦어 부모님으로부터 꾸중을 듣는 날이면, 마치 자유를 갈구하는 피압박민족의 투사처럼 부모님을 향하여 지나친 야간외출의 제한을 항의하곤 하였다.

요즘에 있어서도 어느 가정이든 부모는 자녀들의 야간 출입을 제한하고, 자녀들은 이에 저항하며 자신의 존재를 회의하는 것을 본다. 젊은이에게 밤이 없다는 것은 모든 자유의 상실을 의미한다. 예전에 '야간통행금지'라는 제도가 오랫동안 지속되었었다. 그 가운데 일 년 중 크리스마스 전야인 단 하룻밤만이 통행금지가 해제되었었다. 이 해제된 시간을 만끽하기 위하여 기독교 신도뿐만 아니라 도시의 모든 젊은이들이 도심의 번화가로 모여들었다. 그리곤 밤새도록 거리를 헤매고 다녔다. 밤의 해방을 만끽하고자 하였기 때문이었다. 거기엔 숨겨졌던 사랑과 낭만도 함께 발산되었다.

밤은 낮과 달리 형형색색의 화려한 조명이 젊음을 들뜨게 하고, 주체하지 못한 젊음의 열기가 도시의 밤거리를 달구었다. 밤에는 젊은이에게 주어지는 사랑과 열정이 있고, 예술과 낭만이 있다. 나도 젊은 시절의 밤을 잊을 수가 없다. 다방에서 커피를 음미하고, 음악 감상실을 찾아다녔고, 영화와 연극을 감상하였고, 목로주점에서 값싼 술을 앞에 놓고 친구와 인생을 논하고 사랑을 이야기하며, 그 주어진 밤 시간을 보냈었다. 그리고 덤으로 고민도 많았었다. 지금도 그 밤의 낭만이야 잊을 리 없겠지만, 요즘처럼 화려해진 주위 환경이 더욱 더 젊음을 유혹하게 하는지 모른다. 화려한 거리에 즐비한 문화시설과 유락시설, 사교장의 명멸하는 조명등 아래 넘치는 젊음의 열기는 밤을 달굴 수밖에 없다. 스피드와 광란, 사랑과 낭만, 음모와 사기, 그렇게 밤은 역사를 창조한다. 정열과 사랑은 젊음의 표증이다. 옛 젊은 남녀는 밤을 택하여 몰래 물레방아를 찾았고, 이 도령은 밤을 기다려 춘향을 만났으며, 로미오는 달빛 아래 줄리엣의 창문 앞에서 세레나데를 불렀다. 지금도 변함없이 밤은 그렇게 젊음과 열정의 발산을 허용하는 시간이며, 또 다른 세상을 창조하는 젊은이의 시간이다. 밤의 유혹, 진정 역사란 밤에 이루어지는 것인지도 모른다. 그러나 밤의 유혹에는 분명히 명암이 있다.

(문학사랑 2013. 가을호)

부고訃告

내가 노년이 되어 부고를 접한다는 것은, 받아선 안 될 것을 받는 기분이 들 때가 많다. 그렇기 때문에 부고를 듣는다는 자체를 더욱 기피하고 싶은 것인지도 모른다. 특히 친구의 부고는 정말로 듣고 싶지 않고, 믿고 싶지도 않은 것 중의 하나다. 그러나 여과 없이 전달되는 부고를 접수하기를 거부한다고 되는 일도 아니고, 또 사실을 거역할 수도 없는 노릇이니 어쩔 수가 없다. 그저 또 한 친구가 갔구나 하는 무상함과, 내 주위로부터 친구가 하나 둘 사라지는 외로움에, 내 자신이 점점 외톨이가 되어가는 한심한 꼴이 슬프게 느껴질 따름이다. 이어 생각되는 것은 나도 이제 갈 때가 가까웠다는 긴박한 감정과, 이 세상에 오래 살고 있다는 사실이 오히려 죄책감에 싸이기도 한다. 친구들은 다 가는데 나 혼자 남겨져 있다는 것이 오히려 삶에 부담을 느낀다.

사실 내가 어렸을 때만 하여도 우리 사회에서 노인에게 부고를 알리는 것은 금기사항이었다. 설사 부고가 왔다 하여도 노부모에게 전달되기 전에 동거하는 자식들에 의하여 사전에 통제가 되었다. 사망소식의 부고가 노부모에게 충격이 되지 않을까 염려하는 자식들의 마음쓰임 때문이다.

더구나 부모님의 친구거나 또래의 사망 소식엔 엄격히 통제되었고, 뒤에 부모님의 마음을 헤아리면서 부고사실을 알리곤 하였었다. 그러나 지금은 아무리 통제한다 하여도 통신수단의 발달과 핵가족에 의하여 그런 통제 기능은 없어지고 말았다. 부모는 부모대로, 자식들은 자식들대로 각각 독립된 가정을 꾸려 살고 있으니, 부고는 이것저것 가릴 것 없이 바로 노부모 앞으로 전달되고 만다. 특히 편리해진 통신수단이 아무런 장애물도 없이 전달하고자 하는 사람의 코앞에 직접 와 닿는다. 하물며 나와 직접 관계되지 않는 부고마저 안면 하나로 받아보게 되는 형편이니 이 시대를 어찌하랴?

그러다보니 빈소(殯所)에 아니 찾아가 볼 수 없다. 노인에게는 부고를 받는 것도 그러려니와 빈소를 찾아가는 것도 큰 고통이 아닐 수 없다. 그렇지 않아도 친구의 죽음에 충격을 받은 데다 다시 빈소에서 어제까지 서로 얼굴을 대하던 친구를 사진으로 대한다는 것도 더더욱 슬프고 자신이 초라해질 수밖에 없다. 그래서 전에는 동거하는 아들에게 조문을 대신토록 하는 것이 도리였지 않은가? 어쩌면 그것이 노인에게 주어진 삶의 지혜인지도 모른다. 궂은일은 아들에게 맡기고, 노인은 잠시 초월한 자세로 죽음을 피하여 있는 것이 노인으로서 자식들을 위한 도리일 수도 있기 때문이다. 어쨌거나 우리는 동양인이며 유교사상에 젖어 살고 있는 처지다. 노부모를 모시고, 노부모의 마음을 살피는 것이 자식들의 도리라면, 또한 노부모는 자식들의 마음 씀씀이를 이해하고 그를 칭찬해 주고 그 뜻에 따라주는 것도 부모의 도리다.

세상은 많이 변했다. 자꾸만 먼 옛날이야기 같아서 말하기가 쑥스럽기도 하지만, 노인이 된 나로서는 직접 경험한 일이고 보니 그렇게 오래된 이야기도 아닐뿐더러, 당시 생활풍습이 그랬으니 오히려 오늘에 깊이 새겨야 할 우리의 미덕이 아닌가 한다. 아무리 세상이 변하여 소가족제도가 되었다 하여도 자식들이 노부모를 모시는 제도만은 우리의 좋은 풍습으로 오래도록 남아있기를 바라는 마음이다. 노부모는 생의 마감을 앞두고 마음이 여리어지기 마련이다. 이 마음을 헤아릴 사람은 자식밖에 없지 않은가? 노부모 역시 의지할 사람은 자기 자식을 빼놓고 누가 있을까? 죽을 나이를 가진 부모에게는 부고란 삶을 재촉하는 독촉장과 같은 것이라 마음의 상처를 받기 쉽기 때문이다. 그러므로 자식은 부모 앞에서 노부모를 서운케 하는 모든 것을 사전에 통제하고 여과하는 구실을 해주어야 하는 것이 옳지 않은가 싶다.

나는 노인이 된 지 벌써 오래 전의 일이다. 사람이란 늙으면 죽는 것은 당연한 일이다. 따라서 내가 살아있는 동안 부고를 받는 것도 당연한 일이다. 그러므로 내가 부고를 받기를 거부할 하등의 이유도 없고, 또한 거부하지도 않는다. 그러나 그 부고가 죽음을 기다리는 내 앞에 직접 와 닿는다는 것이 싫은 것은 어쩔 수 없다. 왜냐하면, 그 부고가 이 세상으로부터 나를 외롭게 만들고, 나를 점점 떠밀어내고 있기 때문이다. 어차피 얼마 남지 않은 여생에 삶을 재촉 당하는 것이 역겨워지기 때문이다. 나더러 자살이라도 하라는 것 같아서이다. 그런 뜻에서 누군가가 내 곁에서 그 재촉하는 것을 좀 통제하여 줬으면 하는 바람일 뿐이다. 이 일을 누가 맡아 줄 것인가? 그것은 자식들의 소임이라 할 수밖에 없지 않은가싶다.

죽음이 싫어서가 아니다. 시간이 가면 죽을 것을, 그 때까지만 노부모의 마음이 상하지 않도록 부고의 충격으로부터 보듬어주면 그만인 것이다. 참으로 삶도 죽음도 생각하기에 따라서 어렵기는 마찬가진가 보다. 그리고 나의 죽음에 대한 부고는 내 몫이 아니라는 것을 생각하면, 내가 황당해 질뿐이다.

비 오는 날의 감상感想

비 오는 날 창가에 서서 바깥 풍경을 보고 있노라면, 나의 마음은 뽀얀 물안개처럼 희미한 지난날의 세월 속에 잠기고, 생각은 흐르는 빗물을 따라 추억을 더듬어 간다. 그리고 지난날의 증기기관차에 몸을 싣는다. 열차의 김 서린 차창은 스크린이 되고, 지나가는 희미한 풍경은 배경이 되어 그 속에 내가 클로즈업된다. 고향의 초가집 처마에서 떨어지는 낙숫물 소리는 나를 어린 시절로 인도하고, 리듬을 타고 떨어지는 그 소리는 아직도 나의 귓가에 맴돈다. 뒤뜰 장독대 위에 빗방울이 튀어 오르는 정경과 대청마루에 앉아 어머니가 두드리는 다듬이소리는 서로 조화를 이루고, 비에 젖어 텅 빈 학교 운동장은 어느 교실에서 들려오는 음악시간의 합창소리에 공허한 마음을 달래주었다. 사춘기시절 그 주체하지 못하던 열기에 바닷가로 내달아 소리를 질러대던 때도 역시 비 오는 날이었다. 비 내리는 항구와 안개 낀 바다, 그리고 떠나는 사람과 뱃고동소리는 왜 그렇게 어린 가슴을 에어 왔는지 모른다. 후에 기적을 울리며 빗속에 사라져 가는 기차를 바라보던 어느 역사의 풍경도 잊을 수가 없다. 이별은 아쉬움과 희망을 함께 안았다.

젊은 날의 희망과 패기, 잊지 못할 첫사랑은 빗물이 되어 씻기어 가고,

지나온 세월은 시베리아 횡단철도처럼 기나긴 여정에 지쳐있다. 고향을 떠난 지도 어느덧 수 십 년이 지났다. 정든 주위를 다 물리치고 개선장군이 되어 돌아올 듯이 용감하게 출사표를 던졌던 그 시절의 용기는 패기였는지 치기였는지는 알 수 없으나, 그래도 그 시절이 그리워진다. 이제 한 범부가 되어 삶의 한 모퉁이를 차지하여 지내고 있지만, 지난날에 대한 후회는 없다. 비록 젊은 날의 뜻은 이루지 못하였으나 스스로 부끄럽지 않을 만큼의 노력은 하였다. 젊은 시절 뜻하지 않게 닥쳐온 우환은 나를 초조하게 하였으며, 투병과 지향하는 목표 사이에는 심한 갈등을 낳았다. 이 갈등은 다시 또 다른 병을 낳는 결과를 가져왔고 남은 것은 절망밖에 없었다. 이렇게 심신이 피폐하여 절망에 처한 나를 구원한 것은 오직 내가 지향하던 목표를 포기하는 길뿐이었다. 삶이란 어차피 그런 것이었던 것을 —.

20대 초반에 가깝게 다가오는 한 소녀가 있었다. 어린 학생이라고만 그렇게 여겼던 그녀에게 나는 나도 모르게 끌려가고 있었다. 그러나 교제는 시작과 더불어 성숙하기도 전에 틈이 생기고, 무슨 이유인지도 모르는 그녀와의 결별은 사실이 되고 말았다. 그 뒤에야 나는 그것이 첫사랑임을 알았다. 꽤나 사랑에 어리석었던 나는 교복을 입은 여학생을 볼 적마다, 그녀의 환상에 사로잡혀 오랜 동안 그리움에 가슴앓이를 하였다. 어쩌면 부질없던 젊은 날의 일이었지만 나에겐 상처부터 껴안은 쓰라린 사랑이었다. 세월이 약이라 했던가? 나는 모든 것을 과거 속으로 묻고, 평범한 한 여인과 결혼하여 그 틀 안에서 자식을 낳아 키우며 그렇게 지냈다. 알량한 직장을 정년이 되는 날까지 천직처럼 붙들고 있었으며, 그 덕에 큰 탈 없이 가정을 이끌 수 있었던 것도 여간 다행한 일이 아니었다. 이 고마움을 어찌 조상님께 감사하지 아니하랴. 잘 날 것도 없고 못 나지도 않은 자식은 아무 탈 없이 무난히 잘 자라서, 평범한 직장을 가지고 자기가 좋아하는 상대와 결혼하여 아들딸 낳고 나처럼 살아간다. 생각하면 모든 것이 한낱 흘러간 세월의 흔적에 지나지 않는다. 인생의 마지막 뒤안길에 돌아선 지금에 무엇을 아쉬워하며, 무엇을 탓할 것인가? 주위에서 일어나는 수많은 사건과 역경을 경험하면서 평생을 지내온 세월은 긴 여정이 되어 이제 그 종착역을 기다리고 있을 뿐이다.

비가 오는 날, 창가에 서서 바깥 풍경을 보고 있노라면 나의 마음은 감상에 젖어들고 생각은 과거로 날개를 편다. 그리고 지난날의 증기기관 열차에 몸을 싣는다. 열차의 김 서린 차창은 낡은 스크린이 되고, 그 속에 과거와 현재가 혼재되어 초췌한 내 모습이 희미하게 클로즈업된다. 창가에 스치는 바람소리와 유리창을 때리는 빗방울, 그리고 한줄기 흘러내리는 빗물은 고달팠던 지난날의 회한인가? 나는 멀리 사라져 가는 지난날의 증기기관 열차의 기적소리를 잊지 못한다. 이제 귓가에 그 기적소리 크게 들려온다. 아마도 나를 실은 열차가 종착역에 가까워 오나보다.

(문학사랑 2007. 여름호)

사공중곡射空中鵠

나이 36세인 1978년 직장동료에 의하여 춘천(春川) 봉의정(鳳儀亭)에서 집궁(執弓)을 하고, 활에 취미를 붙여, 전근지인 서산(瑞山)의 서령정(瑞寧亭), 그리고 1988년 정년퇴직 후는 수원(水原)의 연무정(鍊武亭)에서 활을 들고 과녁과 마주하였다. 1995년 서울로 집을 옮기면서 남산의 석호정(石虎亭)에서 계속 활을 내었다. 그러다보니 활을 잡은 지가 벌써 40여년이 지나 나이 80이 되었다. 시간이 날 때마다 거의 매일같이 활터에 올라가 동료들과 과녁을 향하여 활을 쏘는데 열심이었다. 그리고 활시합이 있으면 활터의 명예를 걸고 선수로 출전하기도 했었다. 그것도 지금 생각하면 지난날의 젊었을 때의 일이 아닌가 싶다. 나이가 70이 지나면서부터 근육이 빠지며 팔에 힘이 부치기 시작하더니, 늘 쓰던 활과 화살이 차츰 그 무게가 느껴왔다. 이어, 자연스럽게 활은 약한 것으로, 화살은 좀 짧은 것으로 조금씩 바꿔 쓰게 되었다. 그럼에도 이제는 더 이상 활에 힘이 실리지 못하고, 화살을 충분히 끌어당길 수가 없게 되었다. 그러므로 화살을 과녁까지 보내기가 여간 힘든 것이 아니다. 그렇다 보니 나의 활솜씨는 점점 과녁과 멀어지고, 활을 쏜다는 자체가 과녁을 맞힌다는 것과는 상관없이 그냥 화살만을 과녁을 향하여 날려 보낸다는 것으로 만족해야 할 지경에 이르고 말았다.

그렇다고 익힌 운동이라곤 활쏘기밖에 없으니 그만 둘 수도 없다. 또한 노년의 운동으로 이만 헌것이 없으니 익숙한 대로 활을 잡을 수밖에 없다. 그래서 몸은 자연히 활터로 향하게 되고, 그렇게 출석하다보니 전에 나이든 선배들은 이제 아무도 보이지 않고, 그 자리에는 내가 서 있는 것을 발견하곤 세상의 무상함을 느낀다. 내가 벌써 활터의 제일 어른이 되어 새로 입문한 젊은이들과 같이 사대(射臺)에 서서 활을 쏘고 있다. 경험 많은 선배라는 이름을 달고 활을 쏘나 과녁에 맞는 화살은 거의 없으니 후배들의 귀감이 될 수도 없다. 젊은이들의 화살은 쾅쾅 과녁을 때리나 나의 화살은 소리 없이 조용히 과녁 앞에 주저앉고 만다. 궁도팔원칙(弓道八原則)에 의하면, 시위에 화살을 메기고 잡아당길 때는 활을 잡은 앞 손은 태산을 밀듯 하고(前推泰山), 시위를 잡아당기는 뒷손은 호랑이 꼬리를 잡아당기듯 하라(後握虎尾)고 하였지만, 근력이 사라진 나에겐 그저 공염불과 같이 들리는 말에 불과하다. 그럼에도 가능한 한, 활을 힘껏 밀고 잡아당겨 보나 역시 팔 힘은 한계에 부닥쳐, 생각하는 만큼 되지 않으니 화살에 추진력을 더 보태지 못한다. 그러니 화살이 과녁까지 갈 리가 없다. 그래도 오기를 한껏 부려 시위를 힘닿을 때까지 잡아당겨보지만 역시 마찬가지다. 어쩌면 이것이 나의 한계인지 모른다. 후배들 앞에서 부끄러운 일일는지도 모르나, 젊은 후배 궁사들은 선배의 일그러진 활솜씨를 이렇다 저렇다 말없이 묵묵히 바라볼 뿐이다. 그런 가운데에서도 활 쏘는 자세가 좋다고 칭찬하는 자가 있는가 하면, 왕년의 명궁사라는 명예를 붙여주는 친구도 있다. 그리고 화살은 과녁에 맞지는 않지만, 그 연세에 화살을 과녁 근처에까지 보낸다는 것만도 얼마나 대단한 일이 아니냐고 하는 친구도 있다. 모두가 노선배(老先輩)를 위한 입에 발린 소리라는 것을 모르는 바 아니지만, 그래도 귀에 거슬리게는 들리지가 않으니 다행이다.

후배들의 선전과 그들의 격려에 힘입어, 나도 과거를 회상하며 활을 하늘 높이 쳐들고 힘을 다하여 힘껏 시위를 잡아당겨본다. 갑자기 시위를 잡아당기는 힘이 쭉 빠진다 싶더니 팔이 흔들리고 바르르 떨린다. 그리고 화살을 잡은 손마저 맥이 풀리고 아차 하는 순간, 화살은 놓기도 전에 제멋대로 시위를 떠나고 만다. 화살은 꼬리를 흔들며 하늘 높이 날아가고, 그리고 잠시 후 과녁을 때리는 소리가 들린다. 과녁 옆에서 화살을 지켜보던 고전(告箭)이 관중하였음을 알리는 깃발을 힘껏 돌린다. 진짜 관중인가 보다. 실감이 나지 않는다. 사대에 선 일행들이 일제히 박수를 친다. 노선배가 관중을 하였다고 모두 격려의 박수로 맞이한다. 나는 멋쩍은 미소로 답한다. 사공중곡(射空中鵠), 온힘을 다하여 하늘 높이 쏜 화살이 어쩌다 과녁에 맞았다. 어쨌거나 나는 근래에 경험하기 힘든 관중을 한 셈이다. '사공중곡'이란 하늘을 보고 쏜 화살이 어쩌다 과녁을 맞혔다는 말로, 무턱대고 한 일이 제대로 되었다는 비유의 사자성어(四字成語)다. 그러나 나는 분명히 과녁을 향하여 활을 쏘았고, 또한 그것이 과녁에 맞았으니 어쩌다 맞은 것이라고 그렇게 비하할 문제만은 아닌 듯싶다. 아직도 내 활솜씨가 살아있다는 증거라고 자위해 본다. 오랜만에, 그리고 어쩌다 얻은 관중이라지만, 후배들 앞에서 왕년의 실력은 당당히 보여준 것 같아 오히려 상쾌한 기분이었다. 노궁사는 이런 기분을 얻기 위하여 매일처럼 활터에 나오는 것인지도 모른다.

사과상자

사과 한 상자가 선물로 들어왔다. 선물이라곤 받을 일이 없는 나에게 사과 한 상자라니 뜻밖의 횡재인 것만 같다. 단단한 상자 속에 빨갛고 알이 굵은 탐스러운 사과가 하나하나 스티로폴 망에 싸여 가지런히 놓여있는 것이 여간 흐뭇한 것이 아니다. 우리 부부 두 식구가 먹기엔 많은 것이므로 우선 몇 개씩 노나 줄 곳을 생각해본다.

요즘이야 사과상자 선물쯤은 그리 대단한 것은 아니지만, 내가 어렸을 적 1950, 60년대엔 사과상자는 부의 상징과도 같았다. 일반 가정에서는 사과상자란 어림없는 일일뿐 아니라, 사과를 상자로 선물로 받는다는 것은 생각조차 못할 일이었다. 그래서 지금도 사과상자를 보노라면 옛 기억이 가끔 되살아 날 때가 있다. 당시, 과일가게 앞을 지나다 보면 얇은 나무판자로 만들어진 상자 안에 쌀 왕겨가 가득하고, 그 속에 작고 빨간 사과가 알알이 숨어 있는 것을 목격할 수가 있었다. 요즘의 사과는 '후지'나 '쓰가루'가 주종이라 하지만 당시에는 아이들 주먹만 한 '홍옥'과 '국광'이 주종이었다. 맛으로 따지자면 요즘 사과가 훨씬 당도도 높고 우수할는지 모르지만, 옛 맛에 길들여진 사람들에게는 오히려 지금의 사과보다 그 때의 새콤달콤한 맛에 더 향수를 느낄는지 모른다.

내가 말하고자 하는 것은 사과에 있는 것이 아니라, 그 상자에 있다. 어쩌면 당시 5, 60년대의 사과상자는 사과보다도 더 서민에게는 인기가 있는 물건이었는지도 모른다. 왜냐하면 이 나무로 짜인 사과상자야 말로 우리 서민생활의 일상에 매우 요긴하게 쓰이었던 물건이기 때문이다.

우선 이 상자 하나면 책상과 밥상으로 번갈아 가며 겸용되었던 것은 물론, 방에 놓이면 궤짝이 되고 수납장이 되었다. 그리고 현관에 두면 신발장, 부엌으로 가면 찬장이나 그릇장이 되었다. 가난한 단칸방 살림에 이것처럼 소중한 물건은 다시없었다. 피난민, 자취생, 새 살림을 내는 신혼부부 할 것 없이 절대 필요부가결의 물건이었다. 뿐만 아니다. 상인들에겐 훌륭한 좌판이 되기도 하였고, 또한 의자가 되기도 하였다. 일반 가정에서도 무슨 용도에 쓰던지 없는 집이 없었고 그 용도는 무궁무진하다 할 정도였다. 요즘은 이사를 할 때면 골판지 상자를 많이 이용하지만, 당시에는 골판지 상자가 없을 때라 이 사과상자가, 이삿짐 꾸리는데 중요한 구실을 하여 자질구레한 살림은 모두 이 상자 안으로 들어가곤 하였다. 그러기에 얇은 판자로 조잡하게 짜인 상자였지만 사람들은 늘 부서지지 않도록 조심스럽게 수리하면서 가져 다니곤 하였다. 정말로 이것처럼 아끼던 물건이 없었다고 생각이 된다.

지금 생각하면 하찮은 물건을 이렇게 소중하게 사용하던 때가 아득한 옛날이야기처럼 느껴지나, 어디까지나 우리 시대의 삶의 현실이었다. 최근에는 사과상자하면 뇌물상자로 인식되어 서민의 마음을 아프게 한다. 경제발전과 더불어 정경유착의 한 표본이 되어버린 돈과 뇌물, 사과상자 하나에 만 원 권 지폐로 육억 원이 들어간다 하던가? 기막힌 이야기다. 이 또한 현실이니 무어라 할 말이 없다. 그러나 사과상자는 사과가 들어있어야 하고, 귤 상자에는 귤이 들어있어야만 하듯이 모든 것이 정상적으로 이용되어야 할 것이다. 다만, 경제사정이 좋아졌다고 돈을 사과상자에 위장하여 수억대의 돈을 뇌물로 전달하는 비도덕적 현실이 안타까울 뿐이다. 또한 요즘에는 물건이 풍족하여 한번 쓴 물건은 버리고 재활용하려고 하지 않는다. 옛날과는 생활의 정도나 사회 환경이 사뭇 다른 지금에 와서 과거의 이야기가 무슨 소용이 있으랴마는, 당시 어려웠을 때 작은 물건이라도 요모조모 알뜰히 사용하던 그 지혜를 높이 평가하지 않을 수 없다. 당시 사과상자 하나에 주어진 가치의 추억이다.

(문학사랑 2005. 겨울호)

사이렌소리

지금도 사이렌소리가 들리면 겁부터 덜컥 난다. 어쩌면 어렸을 적부터 귀가 따갑도록 들어온 소리기에 익숙해 질만도 한데, 사이렌소리란 원체 다급한 사정을 알리는 신호라서 쉽게 그냥 듣고 넘길 수만도 없다. 통금 사이렌을 비롯하여 민방위 사이렌, 그리고 시도 때도 없이 울려대는 구급차의 파상적인 사이렌소리는 우리 귀에 그칠 날이 없다. 소방차나 병원 응급차, 하물며 견인차량까지 경적을 울리며 달리는 판이니 그 소음도 이만저만이 아니다. 어쩌면 우리 주변에 그렇게 많은 화재나 교통사고, 아니면 응급환자가 발생하는 것인지, 생각하면 세상이 살벌한 것만 같아 가슴이 답답해 온다. 특히 소방차나 응급차의 다급한 사이렌소리만 들으면 사고로 또 한 생명을 잃는구나 하는 안타까움과 그 비애를 떨쳐버릴 수 없다. 어느 날 갑자기 귀가 중에 소방차나 구급차가 경적을 울리며 우리 집 근처에 와 닿았다고 한다면, 우리 집 혹은 우리가족에게 불행한 일이 닥친 것이 아닌가 하고 마음 졸이게 된다. 그리고 우리 집이 구급차의 대상이 아니라는 것을 확인한 뒤에야 한숨을 돌려 가슴을 쓸어내리게 된다.

사이렌, 언젠가는 정오를 알리는 신호로도 쓰였다. 옛날이야기일는지 모르지만, 사이렌이 울리면 관공서 학교 할 것 없이 모두들 점심시간임을 확인하고 하던 일을 멈췄다. 어쩌면 반가운 소리였는지도 모르며, 그 때가 태평한 시절이었는지 모른다. 해방이 되어 사회가 어수선해지자 이 사이렌소리는 사회의 안녕질서를 위한 야간통금을 알리는 신호로 변하였다. 전쟁과 군계엄령, 그리고 비상사태가 선포되었을 때마다 통금은 초저녁부터 실시되었다. 통금 사이렌은 참으로 오래도록 우리 귀에 익은 소리였다. 그 통금 사이렌은 아침 해제 사이렌과 더불어 우리에게 많은 애환을 안겨주었다. 통금으로 인하여 곤경에 처한 사람도 많고, 반면에 위기를 모면한 사람도 많았다. 따라서 그들의 겪은 에피소드도 다양하여 이야깃거리도 많았던 것은 말할 것도 없다. 그 중에 한두 번 통금이 해제되는 날이 있었다. 그런 날이면 많은 사람에게 막혔던 가슴이 탁 트이게 하는 해방의 날이었다. 더구나 젊은이들에겐 젊음의 열기를 마음껏 발산하는 시간이었다. 그 통금이 사라진 지도 어느덧 이십여 년이 흘러 지금은 지난날의 추억으로 남는다.

지금도 우리가 경험하는 사이렌소리가 있다. 민방위훈련의 경보 사이렌이다. 당초 전쟁 시에 적기의 내습을 알리는 경계경보와 공습경보였으나, 지금은 민방위경보로 바뀌어 공습, 화생방, 독가스, 하물며 재난경보까지 겸하여 실제상황에 대처하는 훈련을 하고 있다. 지금은 낮 시간에 한정하고 있지만, 한 때는 야간 등화관제훈련도 실시한 적이 있었다. 공습경보하면 내가 어렸을 적에 고향 제주(濟州)에서 겪었던 태평양전쟁 당시를 잊을 수 없다. 공습에 대비한 훈련이 있는 날이면, 주민들은 공습경보의 사이렌소리에 따라 신속히 대피하였다가, 해제경보와 더불어 양동이에 물을 들고 나와 소화훈련을 하는데 일사불란하였다. 야간이면 등화관제로 모든 집이 전기를 끄거나 불빛이 새어나가지 않도록 검은 천으로 창문을 가렸다. 그러나 전쟁이 종반에 이르러 실제상황으로 변하자 공습경보는 제구실을 하지 못하였다. 사이렌이 울리기도 전에 미군기는 머리 위에 날아들었고, 위협적인 폭격만으로 돌아갔다. 초음속비행기의 내습엔 일본군의 경보체제도 별수 없었다. 따라서 그 전시행동요령은 전연 실행되지 못하였다. 미군 비행기가 날아온 사실을 알았을 때는 이미 그 비행기는 임무를 마치고 저 멀리 날아간 뒤였다.

군사정권의 시절에는 국기에 대한 존엄성과 애국심을 고취시키기 위한 수단으로 저녁 퇴근시간에 국기 하기식을 알리는 사이렌도 울렸었다. 사이렌이 울리면 관공서 및 중요 건물마다 게양되었던 국기는 일제히 내려지고, 길 가던 사람은 모두가 제자리에 멈춰 서서 국기를 향하여 경례를 하였다. 어쩌면 우리나라에서만이 경험할 수 있었던 일이었는지 모른다. 우리는 평생을 이렇게 사이렌소리에 젖어 살아오고 있다. 사이렌소리란 좋은 이미지가 주어진 것도 아니며, 항상 우리를 위협하는 상징적인 소리에 지나지 않는 공포의 소리다. 전쟁, 공습, 재난, 화재, 안전사고, 그리고 제약과 통제. 어쩌면 피해망상에 사로잡힐 수도 있는 그런 소리이기도 하다. 나는 지금도 그 소리를 들을 적마다 좋은 기분이 들지 않는다. 더구나 짧은 소리가 파상적으로 반복되는 사이렌 또는 경적소리엔 공포와 전율을 느낀다. 우리나라에 처음 발을 딛는 외국인들은 한 달에 한 번 실시하는 민방위훈련의 사이렌소리에 놀라며, 적과 대치하고 있는 분단국임을 실감한다고 한다. 역시 사이렌소리는 외국인에게도 두려움의 신호인 모양이다. 아무래도 사이렌은 안정된 사회와는 거리가 먼 음향체계인 듯하다. 한 세대를 산 사람으로써 사회불안을 예고하는 사이렌소리를 언제까지 들으면서 살아 가야하는 것인지 답답한 마음을 감출 수가 없다.

(문학사랑 2010. 여름호)

산을 오르며

나는 가끔 혼자서 근교의 산에 오르기를 즐긴다. 몸의 건강을 위하는 뜻도 있지만, 침체한 기분을 전환시키기 위하여 오르기도 하기 때문에 여느 사람들이 산에 오르는 등산과는 좀 다를는지 모른다. 실은 나는 높은 산을 오르는 따위는 그다지 즐기는 편은 아니다. 그러나 가끔 친구 중에는 등산을 즐기는 이가 많아 산에 올랐을 때의 그 정취를 말할 때면 유혹을 느끼기도 하지만, 거칠거나 높은 산에 오르는 것만큼은 마음이 내키지 않는다. 그러기 때문에 나는 가벼운 옷차림으로 서너 시간 거리의 근교 산행으로 만족한다. 그런데 이 간단한 산행 길에 만나는 많은 일행을 보면, 남녀 할 것 없이 거의 원색의 등산복 패션에 무거운 배낭과 등산용 스틱을 들고 다닌다. 또한 버스나 지하철을 타고 보아도 마치 등산이 일과처럼 보이는 등산패션의 사람들이 매일처럼 발견하게 된다. 물론 안전을 위하여 충분한 장비를 갖추는 것을 탓할 일은 아니지만, 어쩐지 그들이 갖는 등산의 의미가 무엇인지 궁금해지는 것은 어쩔 수 없다. 이를 보고 있노라면 얼마 높지도 않은 근교의 야산을 오르는데도 꼭 그렇게 무장하고 다녀야 하는 것이 옳은 것인지 의아한 마음이 들 때가 한두 번이 아니다.

물론, 알피니스트나 국내 유명산을 찾아다니는 등산 애호가와, 근교 야산을 오르는 사람들이 갖는 등산의 의미와는 사뭇 다르겠지만, 어쩌면 산에 오르는 마음만은 비슷할는지도 모른다는 생각도 들지 않는 것은 아니다. 그렇다 하더라도 근교의 산을 오르는 것에 비하여 격에 맞지 않는 지나친 패션의 복장과 장비는 오히려 나로 하여금 등산의 의미를 의심케 하는 요인을 제공한다. 그러면 산에는 왜 가는 것일까? 그저 산이 있어서 가고, 산이 좋아서 가고, 산이 오라하여 가고, 산이 유혹해서도 간다고 하는 것은 산을 오르는 모든 사람의 보편적인 이유에 속한다. 산의 공기가 좋아서, 산바람이 좋아서, 나무에서 뿜는 피톤치드가 좋아서, 그리고 마음을 달래기 위하여, 스트레스를 풀기 위하여, 단순히 건강을 위하여 간다고 하는 사람은 나처럼 등산을 산책 삼아 다니는 부류에 속한다 할 것이다. 이와는 달리 산의 정상을 정복하고 그 정복의 성취감을 맛보기 위해서 오르고, 호연지기를 키우기 위하여 오르고, 자기 극복과 자기 극한 상황의 한계를 시험하기 위하여 오르고, 산의 정취에 취해서도 오른다고 하는 사람은 알피니스트나 등산 애호가의 부류에 속한다 할 것이다.

나는 등산길의 흙과 바위를 밟으며 산을 헤아려 본다. 물론 나도 산이 있기 때문에 산을 오른다. 그러나 정녕 우리가 산에 가고 산을 오르는 것이 비단 산이 있고 산이 유혹한다는 이유에만 있는 것일까? 산이 있다는 것만으로 산이 인간을 유혹한다는 논리는 적절치 못하다는 생각이 든다. 인간이 산을 자신의 욕구의 대상으로 여기기 때문에 산에 유혹을 느끼고, 그 유혹에 따라 산을 오르는 것은 아닐는지? 그렇게 인간을 유혹한다는 산은 오늘도 말없이 그 자리에 서있을 따름이며 결코 우리를 부르지 않는다. 이것이 자연이다. 몇 년 전까지만 해도 서울 근교의 산엔 시설물이 거의 없었다. 그런데 지금은 대부분의 등산로에 계단과 구름다리와 목책 등 시설물로 채워져 있다. 물론 등산하는 사람을 위한 안전과 편의시설이라고 하지만, 그 이유란 어디 그것뿐이겠는가? 실은 자연이 훼손되기 때문에 산사태를 예방하기 위함이다. 산에 사람이 다니면 길이 생기고, 길에 열린 곳에 잡초는 뿌리째 망가져 맨 흙이 드러난다. 맨 흙이 드러난 자리에 비가 내리면, 흙은 빗물에 씻기어 땅은 파이고, 땅이 파이면 옆에 서있는 나무의 뿌리나, 흙 속의 돌들이 송두리째 드러나 산은 그렇게 허물어진다. 이렇게 허물어져 가는 산을 더 허물어지지 않도록 하기 위하여, 자치단체에서는 계단을 만들고 구름다리도 만들고 목책도 세운 것이다. 등산객으로 인한 산의 피해는 이런 산사태에만 국한되는 것은 아니다. 산에 사는 동물들의 생존을 위협한다. 일부 유명산이나 서울 근교의 산은 이미 그 많은 등산객에 의하여 생태계가 파괴되고, 산의 초입은 이미 주차장이 되고 유락장으로 변모하여 우리가 기대하는 자연의 이미지는 사라진 지 오래다.

사실 우리나라 사람들처럼 산을 좋아하는 사람도 드물다고 한다. 산을 오르는 이들에게 산을 사랑하느냐고 묻는다면, 아마 아니라고 답할 사람은 아무도 없을 것 같다. 오히려 산을 사랑하기 때문에 산을 오르는 것이 아니냐고 반문하는 사람도 있을 것이다. 그러나 사람이 사랑한다는 산은, 사람을 유혹한다는 산은 말이 없다. 비가 오든 바람이 불든, 산사태가 나든 사람에게 아무런 관심도 갖지 않는다. 산은 모든 것을 포용하지만 우리를 부른 적이 없고, 오라고 유혹하지도 않는다. 다만, 산이 우리를 부르고 유혹한다는 사람의 자의적인 잘못된 생각이 산을 몸살 앓게 한다. 산을 사랑한다는 사람에 의하여 산은 망가져만 간다. 도심 근교의 산이 더욱 그렇다. 인자요산(仁者樂山)이라 했다. 산을 즐기는 사람은 산을 좋아만 할 것이 아니라, 먼저 산을 아끼고 사랑하는 어진 마음을 갖는 것이 도리다. 산이 좋다고 산을 짓밟아 상처투성이를 만들기 전에 산의 상처를 염려하고 치유하는 것이 먼저가 아닌가 싶다. 국립공원이 등산로에 대하여 일정기간 출입을 통제하는 것처럼, 생태계의 활성을 위하여 도시 근교의 산도 좀 쉬도록 출입을 통제해야 할 것 같다는 생각이 든다. 사실 도시 근교의 산엔 화려한 패션등산객이 지나치게 너무 많이 들끓고 있다.

삶의 가치

나처럼 평범한 사람이 삶과 삶의 가치에 대하여 고민한다면 버거운 명제일 수도 있고, 한편으론 주제넘어 웃음꺼리가 될 수 있겠다는 생각이 들지 않는 것도 아니다. 사실, 이 명제는 과거로부터 많은 철학자나 사상가 또는 명사들에 의하여 숙고되고 정의되어 온 것이라서, 그 분들이 남긴 어록(語錄) 가운데서 하나를 선택하여 "아, 인생과 그 삶의 가치란 그 분이 말씀한 바로 그것이다." 하고 공감하여 버리면 해답은 의외로 간단해질 수 있다. 하지만 그 정의란 것이 개개인에 주어진 시대와 환경과 조건에 따라 사고된 결과라서 지금에 사는 나로서는 쉽게 공감할 수 있는 것도 아니다. 어쨌거나 '인생이란 태어나서 죽을 때까지의 삶의 과정이다.' 라고 단순히 단정하여 버린다면 어떠한 경우든 삶의 의미와 가치는 모두 같을 수밖에 없다. 하지만, 삶의 과정과 주어진 여건이란 사람마다 각기 다른 것임으로, 삶의 의미를 나의 경험에 의하여 나만의 해석을 내린다 한들 조금도 이상할 일은 아닌 듯싶다. 비록 그 해석이 독창성이 없거나 공감이 되지 않는다 해도 말이다.

흔히들 삶은 각자의 운명에 달려있다고 한다. 어떤 사람은 운명을 태어날 때부터 주어진 숙명적인 것이라 하고, 어떤 사람은 운명을 스스로 개척해 나가는 것이라 한다. 나는 어느 쪽이 옳고 그른 것인지 알 수가 없으며 판단할 능력도 없다. 그러나 어떠한 운명을 가지고 어떤 삶을 살아가든, 모든 인간은 인간관계의 한 구성원에 불과하며 평등한 가치를 지닌 존재라는 것이다. 그럼에도 불구하고 인간은 사회공동의 존재가치보다는 차별적 존재가치를 원하고, 남과 다른 존재이기를 원하며 입신양명을 삶의 가치로 삼고자 한다. 그래서 출세한 사람을 성공한 사람으로 추앙되기도 한다. 출세란 달리 말하면 사회적으로 명예나 치부(致富) 등으로 차별적인 욕구가 충족된 상태를 말한다. 하지만, 삶의 조건이 각기 다른 사람에게 출세를 요구할 수는 없고, 또 주어지는 것도 아닌 것처럼, 출세를 모든 사람의 삶의 가치로 두는 것은 온당한 판단이 되지 못한다. 출세나 성공을 하지 못한 사람을 낙오자라고 단정하기엔 그들의 삶이란 그렇게 값어치 없는 것도 아니기 때문이다. 다시 말하면, 행복과 불행, 성공과 실패는 인간의 의지로만 결정지어지는 것만도 아닐 뿐더러, 그 결정이 곧 인생의 가치를 가늠하는 기준도 될 수 없다는 데 있다. 출세란 삶의 과정에서 불특정인에게 그렇게 주어진 결과라고 할 수밖에 없기 때문이다.

어쩌면 삶이란, 각자가 정하여진 운명을 가지고 태어나서 그 과정을 밟아나가는 것이 아닌가 하는 생각을 떨쳐버릴 수가 없다. 삶의 가치를 출세라는데 목표를 두고 평가한다면, 여러 육상선수가 한 스타트라인에서 동시에 출발하여 결승점을 앞에 두고 정해진 트랙 위를 달려가는 것처럼, 모든 사람이 같은 조건에서 출발하여, 같은 과정을 밟으며, 같은 목표점을 향하여 가는 데서 우열이 가려져야 할 것이다. 그러나 그렇지 못한 것은, 사람들이란 각기 다른 시간과 다양한 환경에서 다양한 사고를 지니고, 그 나름대로 각자가 다른 꿈과 희망을 가지고 살아가기 때문이다. 그리고 그 꿈과 희망이 반드시 이루어지는 것도 아닌 것과 같이, 어떤 이에게는 꿈과 희망이 삶의 전부가 아닐 수도 있다. 생각하면 삶이란 개인 스스로의 것이기는 하지만, 그 다양성에 삶의 결과는 스스로의 결정에 의하여 이루어지는 것만도 아니라는 사실이다. 그것을 어떠한 관점에서 해석해야 할지 모르지만, 우리가 살아가는 동안 개개인에게 주어지는 시대와 환경, 그리고 그 조건에 따라 그 삶의 방향이 결정지어 진다고 할 수밖에 없으므로, 인생이란 누구나 본인에게 주어진 다른 길을 걷고 있는 것은 아닐는지?

사실, 운명이란 예측할 수 없지만, 우리가 살아가는 동안 삶의 방향을 암시해 주는 어떠한 동기와 기회는 분명히 주어지고 있다. 이것은 곧 우리에게 느닷없이 다가오는 인연일 수도 있다. 그 인연은 전령(傳令)처럼 삶의 방향을 몰래 예고하곤 사라진다. 우리는 모르는 사이에 그 인연이 예고한 결과에 따라 삶의 전기(轉機)를 맞으며, 각자에게 주어진 길로 자연스럽게 끌려간다. 그러므로 성공과 실패, 또는 행복과 불행은 각자의 의지와 노력 여하에 의하여 얻어지는 결과라기보다는, 주어진 인연(주어진 인연을 어떻게 수용하느냐에 대한 순간적 판단까지 포함)에 따라 자연스럽게 주어진 방향으로 옮겨가는 것이 아닌가 한다. 우리가 살아가는 동안에 어떤 시간, 어떤 장소, 어떤 인물, 어떤 사건들이 각기 다른 인연으로 다가와서 삶에 변화를 제공하기 때문이다. 다시 말하면 삶의 방향을 예고하는 인연이란 원래 본인이 선택할 수 있는 것이 아니기 때문이다.

그러면 삶의 가치를 어떻게 판단해야 옳은 것인가? 우리의 삶의 가치를 현실적인 시각에서 판단하여 출세만을 추구한다면 너무 이기적인 사고에 불과하며, 출세를 인생의 성공이라고 말하기엔 진정한 인생의 가치와는 거리가 멀 수밖에 없다. 행복과 불행, 성공과 실패는 각자에 주어진 삶의 결과일 뿐, 그것이 인생의 가치를 가늠하는 기준이 될 수 없을 것이다. 인생이란 각자 다른 운명을 지니고 다른 사고의 지배하에 있으므로, 그 삶의 가치 또한 각자에게 주어진 운명과 사고 안에 모두가 동일한 것이다. 따라서 어떠한 삶의 형태이든 삶의 경험은 누구에게나 소중한 것이며, 그 삶의 가치도 모두에게 귀하고 소중할 수밖에 없다. 다시 말하면 우리는 각자 사회의 한 구성원으로서 똑같은 가치를 지니고 있듯이, 모두가 같은 삶의 가치를 공유하고 있다는 사실을 인정하여야 한다. 그러므로 개인적인 삶의 일부를 현실에 두고 출세 혹은 성공 여부를 논하는 것 자체가 매우 잘못된 사회적 편견이다. 굳이 진정한 인간의 가치를 말한다면 주어진 삶 속에서 어떠한 방법으로든 사회에 공헌하고 희생하는 자세와 그 결과가 아닌가 한다. 그런 삶이야말로 우리 사회의 가치 있는 삶이며, 그러한 삶을 산 사람만이 존경의 대상이 되지 않을까 한다.

싸움닭鬪鷄

어렸을 적 일이다. 새로 이사 간 집에 큰 닭장이 있었다. 집 한쪽 구석에 커다란 오줌항아리 두 개가 묻혀 있고, 그 위 약 120cm 높이에 스무 마리는 족히 들어갈 만한 넓이의 닭장이 만들어져 있었다. 나는 이 닭장을 활용하기 위하여 수탉 한 마리와 암탉 두 마리를 사다놓았다. 다 자란 암탉은 얼마 없어 알을 낳기 시작하였고, 알을 50여 개를 낳았을까 할 무렵부터는 두 암탉은 둥우리에서 나오려 하지 않았다. 알을 품으려는 것이었다. 닭 세 마리가 차지하기엔 너무 넓은 닭장이었기에, 닭의 수를 늘려야 하겠다고 생각하던 참이었다. 나는 둥우리를 따로 만들어 그 속에 각각 알을 20개씩 넣은 다음 두 암탉으로 하여금 알을 품게 하였다.

알은 스무하루 반에 모두 부화되었다. 집안은 갑자기 두 어미닭이 거느린 병아리 떼로 가득하였고, 이들이 자라면서 온 집안 구석구석을 놀아다니며 헤집지 않는 곳이 없었다. 마흔 마리나 되는 병아리 가운데 유독 굼뜬 놈 한 마리가 있어 나의 관심의 대상이 되었다. 몇 주가 지나 모두 새 깃털이 돋아나 제법 닭의 모습을 갖추었는데도 이놈은 아직도 솜털로 병아리 탈을 벗어나지 못하였다. 그리고 모든 병아리가 벼슬도 제법 자라서 암수가 확연히 드러날 때도 이놈은 벼슬이 없어 암수가 구분되지 않았다. 특히 다른 병아리들은 어미를 따라 저녁이면 모두 120cm 높이의 닭장으로 쉽게 올라가는데, 이놈만은 날개깃털이 제대로 자라지 못해 닭장에 오르다가 떨어지기 일쑤였다. 가끔 오줌항아리에 빠지기도 하였다. 제 딴에는 올라가려 여러 번 시도해 보나 늘 실패였다. 이를 보고 있노라면 안타까워서 결국엔 내가 붙잡아 닭장에 넣어 주는 수밖에 없었다. 이렇게 모든 행동이 어설픈 늦깎이 닭이었다. 집 식구들은 모두 이놈이 암탉인줄로만 알고 있었다. 그러던 어느 날, 전연 생소한 닭 울음소리가 들렸다. 짧고 거친 소리였다. 무슨 소리가 저런가싶어 가만히 병아리를 지켜보고 있노라니, 이놈이 고개를 빼고 우는 울음이 바로 그 소리였다. 수탉이었던 것이다. 유심히 바라보니 암탉과는 다른 모습이 눈에 들어왔다. 깃털의 색깔도 그렇고 벼슬도 암탉의 그것과는 사뭇 달랐다. 그렇다고 다른 수탉과 닮은 것도 아니었다. 머리벼슬은 세 겹이었고, 그 머리벼슬은 물론 턱 벼슬마저 암탉마냥 짧은 상태였다. 그리고 다른 수탉처럼 길게 늘어진 꼬리를 가진 것도 아니었다. 깃털도 겉만 덮고 날개 안쪽엔 맨살이었다. 주위엔 이런 닭을 본 적이 전연 없었는데도 어떻게 생겨난 것인지 전연 알 수 없는 돌연변이였다.

이 닭이 다 자랐을 때는 정말 다른 수탉과 견줄 수 없는 멋있는 닭이었다. 비록 다른 수탉처럼 높게 자란 벼슬도 긴 꼬리도 가진 것은 아니었지만, 긴 목에 긴 다리, 그리고 몸을 감싼 윤이 나는 황금색과 붉고 검은 색의 깃털은 어느 닭에 비할 바 없이 아름다웠다. 여러 암탉을 거느리고 그 가운데 우뚝 서서 주위를 살피는 그 자태를 보면 정말 늠름한 모습이었다. 어느 수탉도 넘볼 수 없는 당당한 모습이었다. 수탉을 보고 용인신문무(勇仁信文武)의 다섯 가지 덕을 가졌다고 하였던가? 이 닭이야말로 정말 다섯 가지 덕을 고루 갖추고 있었다. 그의 용맹스러움은 어느 새 동네를 평정하여 어떠한 수탉도 근접할 수 없는 제왕이 되고 있었다. 그리고 먹이를 보면 한번 쪼았다가 옆 닭에 먹이는 자상함이 늘 내가 보는 모습이었다. 용(勇)과 무(武)와 인(仁)은 분명히 있었다. 다만, 새벽이면 홰를 치면서 우는 울음이 탁하고 짧은 것과 머리벼슬이 높게 자라지 못한 것이 흠이라면 흠일는지 모르지만, 그러나 분명 신(信)과 문(文)도 겸비하고 있었다. 특히 그 세 겹으로 된 벼슬은 아주 특별한 관(冠)일 수밖에 없었다. 어쩌면 그 짧고도 굵은 벼슬이 싸움에는 좋은 조건일 수도 있다는 생각이 들었다. 그리고 사람이 다가가도 별로 피하는 법 없어, 내가 그를 붙잡는 데는 언제든 문제되지 않았다.

언젠가 그 닭을 유심히 쳐다보는 한 낯선 아저씨가 있었다. 꽤 그 닭에 관심이 있는 모양이었다. 내가 곁으로 다가갔더니 저 닭 주인이 누구냐고 묻는다. 내가 주인인데 왜 그러시느냐? 고 묻자, 닭이 참 잘 생겼다는 칭찬이며 싸움께나 하겠단다. 어디 한 번 자기 닭과 겨루어보는 것이 어떠냐는 것이었다. 그리고 나더러 닭을 안고 자기 집으로 가잔다. 닭도 남이 영역에 들어가면 아무래도 주눅이 드는 법이라 나는 싫다고 하였다. 그래도 자기 집 닭도 볼 겸해서 굳이 한 번 맞붙여보자는 그 아저씨의 간청에 못 이겨, 나는 하는 수 없이 닭을 안고 그를 따라 나섰다. 그의 집에 들어서자마자 웬걸, 철망으로 가린 닭장 안에 키가 나만큼이나 크고 시뻘건 낯짝을 가진 닭이 나를 노려보는 것이 아닌가? 윤기 없는 검정깃털에 주름진 앞가슴 살을 벌겋게 드러내고 금방 덤벼들 듯 한 자세였다. 우선 나부터 무섭고 겁이 났다. 이 닭이 바로 말만 듣던 '샤'이란 외래 투계(鬪鷄)의 일종이었다. 이 닭에 비교하면 우리 닭은 병아리나 다름이 없었다. 애당초 보나마나한 승부였다. 안았던 닭을 내려놓으니 걸음아 날 살려라, 우리 닭은 그만 삼십육계를 치고 멀리 도망가고 만다.

닭도 상대를 알아보는 듯, 싸움도 상대가 될 만해야 겨루어보는 것이 아닌가싶었다. 우리 닭도 만만치 않은 닭이었지만 미리 겁을 먹는 것을 보면 애당초 상대가 되지 않은 것이 분명하였다. 그러므로 그 닭과 싸움을 부쳐보자는 발상부터 잘못된 것이었다. 그 닭의 주인아저씨는 희귀한 싸움닭을 키우면서, 한 번쯤 그 닭의 싸움 상대를 찾아보고 싶었던 모양이었다. 그리고 격투 끝에 그 닭이 이기는 것을 보고 싶었던 것인지도 모를 일이었다. 실은 그 닭도 멀리 이역 땅에 홀로 와서 싸움의 상대를 찾아보지 못하였으니 여간 외로운 닭이 아닐 수 없다. 어쨌거나 닭의 생활에도 인간의 유락욕구(遊樂慾求)에 지나치게 간섭되고 있다는 것을 생각하니, 닭으로서도 여간 불행한 일이라는 것을 느끼지 않을 수 없었다. 따라서 닭에 대한 미안한 마음마저 드는 것은 어쩔 수 없었다.

석호정石虎亭

석호정은 서울 남산에 있는 사정(射亭:활터)이며, 우리나라에서 몇 안 되는 오래된 활터 중의 하나다. 다시 말하면, 석호정은 임진왜란 이후인 1600년대 초, 국민의 상무심(尙武心)을 고취하기 위하여 조정에서 일반 백성에게 건립을 허락함으로서 남산 자락에 세워진 최초의 민간 활터다. 따라서 380년의 역사를 지닌 전국의 으뜸 사정이기도 하다. 그러므로 활을 쏘는 궁사라면 누구나 한 번쯤은 석호정의 사대(射臺)에 서보고 싶어 하는 곳이기도 하다.

내가 석호정을 찾은 것은 서울로 이사 온 뒤 1995년 봄이었다. 장충단 공원을 가로질러 330여개의 계단을 오르면, 남산 산책로가 나오고 왼쪽으로 약 200미터 가서 자그만 슬러브 건물 하나가 보였다. 이것이 석호정이었다. 오래된 정자라면 응당 고색이 짙은 전통건물이어야 하건만, 웬일인지 시멘트로 초라하게 지어신 섯이 나보서는 여간 실방스러운 것이 아니었다. 그러나 어쩌면 이것이 우리 근대사와 함께 겪어온 질곡의 세월의 표본일 것이라는 것을 생각을 하니, 건물의 형태야 어쨌든 문제가 될 것이 아니었다.

정자 안으로 들어서니, 우리 활과 활터의 전통을 지켜온 나이 많으신 선배 궁사님이 여럿이 있어 인사를 하니 반갑게 맞아준다. 나의 활 경력을 말씀드리고 서울로 이사 온 사실과 더불어 여기서 활을 쏘고자 한다고 말을 하니 더욱 환영이다. 비좁은 정자 안에는 여러 개의 기록현판이 사방으로 걸려있어, 오래된 역사만큼이나 비좁은 실내를 더욱 어둡게 하고 있었다. 또 한편으로 걸려있는 구한말의 옛 석호정과 거기에서 활을 쏘는 궁사들의 사진 모습엔 격세지감을 느끼게 할뿐더러, 활로써 과거에서 현재로 이어가는 전통의 맥을 실감케 하였다. 석호정, 다시 말하면 현재의 석호정 활터는 몇 번의 존폐의 시련을 겪어온 흔적일 뿐이었다. 다만, 『石虎亭』이란 현판만이 그 역사의 정통성을 대변해 주고 있었다. 특히 해방 후 귀국한 대한민국임시정부의 김구(金九) 주석과 그 요원들이 석호정을 방문하여 촬영한 기념사진은, 일정(日政) 때 석호정 사원(射員)들이 나라의 독립을 위하여 어떠한 일을 하였는지를 보여주는 의미 있는 사진이었다.

나는 그 현판과 사진 등을 보면서, 석호정이 근대 100년의 시대적 격동속에서 우리민족과 함께 구국의 신념과 우리 활의 정통성을 지켜온 문화적 유적임을 실감할 수가 있었다. 1894년 갑오갱장(甲午更張) 이후 활이 신무기인 총포(銃砲)로 대체되면서 전국의 각 사정은 일제히 몰락하고 말았다. 그 후, 아쉬움을 간직하고 헤어졌던 궁사들이 뜻을 모아 석호정은 새로 재건되었으나, 1940년 일제(日帝)의 우리문화말살정책에 의하여 다시 폐쇄되었다. 1945년 해방과 더불어 다시 재건된 석호정 활터는 6·25전쟁으로 소실되고, 수복 후 재건된 사정은 다시 도시계획에 의하여 현 자리로 옮겨지는 어려움의 연속이었다. 현 사정을 새로 지은 것은 1970년의 일이다. 이 모든 것이 우리 활을 사랑하는 사원들의 열성에 의하여 이루어졌다. 그나마 지금처럼 기와가 올라가고 단청을 입힌 것은 불과 얼마 안 된 1997년의 일이다. 이것을 놓고 석호정이 무슨 역사적 가치를 말하느냐고 반문하는 사람들이 있으나, 그것은 건물의 겉만 보고 속을 헤아리지 못하는 사람들의 말이다. 이런 생각이 항상 석호정을 사랑하는 사람들의 가슴을 아프게 한다.

우리의 활은 5천년 역사 속에서 많은 외침(外侵)으로부터 나라를 지켜온 호국의 무기이며, 따라서 활터란 활을 수단으로 하여 국민의 심신을 단련하고 호연지기를 키우며 궁술을 연마하여 온 도장이다. 그러므로 그 자리는 거의 산자수명한 곳을 택하여 지어지는 것이 기본이었다. 석호정도 그렇게 소나무 우거진 남산자락에 자리하게 된 것은 필연적인 이치였다. 북쪽으로 장엄한 북한산이 보이고, 과녁 넘어 남산 정상과 그 넘어 한강이 지척이다. 남산의 정상을 바라보며 활시위를 당기는 이의 가슴에는 청량감이 감돈다. 봄에는 만발한 벚꽃과 아카시아 꽃이 남산을 장식하고, 여름에는 짙은 소나무의 향이, 가을이면 떡갈나무의 단풍이 어우러진 색채의 아름다움과, 겨울이면 하얀 눈으로 뒤덮인 정경이 사계절 활터를 별천지로 안내한다. 특히 이른 아침 낮게 가라앉은 안무 속에 활을 쏘면 화살이 과녁을 때리는 소리와, 그 소리가 다시 메아리가 되어 되돌아오는 소리는 활 쏘는 자의 마음을 숙연케 한다. 이때마다 "仁者如射"라는 말이 생각나게 한다. 이것이 석호정 활터의 매력이며 풍류다. 전국 400여 개에 가까운 활터 가운데 이처럼 자연경관이 뛰어난 곳도 그리 많지 않다.

남산 산책로에는 내외국인 관광객이 수 없이 왕래한다. 가끔 이곳이 무엇 하는 곳인가 호기심으로 들여다보곤 활 쏘는 것을 신기하게 바라보기도 하며, 관심이 있는 사람은 안으로 들어와 이것저것 물어보기도 한다. 어떤 이는 건물 안에 걸려 있는 사진과 현판의 내용을 주의 깊게 살펴보기도 한다. 그 중에는 현판에 적혀있는 할아버지나 아버지의 성함을 발견하곤 즐거워하는 이도 있다. 어렸을 적에 할아버지나 아버지의 손에 이끌려 석호정을 자주 들렀던 적이 있다든지, 아니면 어렸을 적에 남산에 오르다 보면 늘 활 쏘는 어르신들을 보았다면서 과거를 회상한다. 그런 그들이 자라서 오늘 할아버지나 아버지가 서서 활을 쏘던 그 사대에서 활을 쏘고 있다. 한편, 주말이 되면 청소년 국궁체험교실이 열린다. 국궁체험에 참가한 많은 꼬마들도 장차 성인이 되면 이 경험을 회상하며 석호정에서 활을 잡을 것이 분명하다. 석호정은 이렇게 380여년을 대대로 맥을 이어왔으며, 또한 앞으로도 그렇게 이어갈 것이다.

석호정은 역사가 긴만큼 궁술이 뛰어난 명궁이 많았던 것도 사실일 수밖에 없다. 기록도 기록이려니와 궁도 경기가 현대화 된 이후, 석호정은 전국의 활쏘기대회에서 항상 상위권을 휩쓸었던 사실은 녹슨 옛 트로피와 일부 색 바랜 상장들이 말해준다. 뿐만 아니라, 그 자랑스러운 전통은 최근에 이르는 새로운 트로피와 상장이 장 안에 즐비해 있는 것으로 대변한다. 그리고 많은 우승기도 사정 건물 안의 한 구석에 차지하고 있다. 이 모두가 선수들이 대회 때마다 기량을 한껏 발휘하면서 석호정을 대표하여 명예를 드높여온 징표가 아니던가? 이들은 또한 서울시를 대표하여 전국체전(全國體典) 등에서도 그 명성을 떨쳤었다. 물론 부침(浮沈)의 세월이 없었던 것은 아니지만, 그 자랑스러운 명예는 오늘에도 꾸준히 이어지고 있는 것을 간과할 수 없다.

석호정은 또한 우리 전통무예를 연마하면서, 한편 관광객을 앞에서 궁도를 시연(試演)하며 우리 궁술을 보여준다. 사실, 남산 산책로 주변에는 볼거리가 없다. 더구나 남산의 역사적 유물이라고는 성곽(城郭)과 봉수대(烽燧臺)가 고작이다. 거기에 더해서 380여 년이 된 석호정이 유일한 전통무예의 도장이다. 이로써 우리 활에 매료되어 활을 잡은 외국인이 한두 사람이 아니다. 외국인이 우리와 같이 사대에 서서 우리 활을 쏘고 있노라면, 정말 우리 활이 자랑스러워지며, 우리 것에 대한 자부심을 느끼게 된다. 특히 세계를 제패하고 있는 한국양궁(洋弓)이, 1959년 석호정에서 석호정의 한 궁사의 열의에 의하여 처음으로 보급되었다는 사실이야말로, 석호정은 우리나라 체육사에 기리 남을 또 하나의 유적이 될 수 있는 곳이다.

이러한 석호정의 가치에 대하여, 일부 관료나 지식인들에 의하여 가끔 무시될 때가 있어 활을 쏘는 이를 실망케 하곤 한다. 우리 활을 일종의 유락(遊樂)의 도구로 해석하거나 활터를 그 놀이터로 여기고, 수익시설로 여기거나 쉽게 철거 대상으로 거론하며 석호정을 다시 존폐의 위기로 몰고 가려한다. 이럴 때면 우리의 전통 활을 사랑하고 석호정의 정통성을 고집하며, 그 명맥을 이어오는 궁사들로서는 서운함이란 이루 말할 수 없다. 어디까지나 석호정은 궁사들이 지켜온 남산의 유일한 전통 호국무예인 국궁(國弓)의 도장이며, 또 그 궁술을 시연하는 곳으로 관광의 중요한 자원이다. 이것을 인식하지 못하는 한, 석호정은 아쉬움으로 얼룩질 수밖에 없다.

※ 인자여사(仁者如射; 어진 사람은 활 쏘는 자와 같다) ; 〈孟子〉 '公孫丑章句七' 참조

손, 손, 손

출퇴근시간의 복잡한 버스나 지하철을 타고 있노라면, 자리를 차지하지 못하고 서있는 사람들이 몸을 의지하고자 손잡이를 잡고 있다. 손잡이에는 여러 모양의 손들이 매달려 있어, 마치 손의 진열대와 같다. 남자와 여자의 손이 섞이어 있는 가운데, 큰 손과 작은 손, 예쁜 손과 거친 손, 보드랍고도 윤기 도는 손, 그리고 도톰한 손이 있는가 하면, 말라 보이는 손도 있다. 그 형태를 말하자면 이루 말할 수 없이 많은 손이 있다. 가끔은 그 손들 가운데 내 손도 매달린다. 이럴 때마다 나는 주위의 다른 손과 비교해 본다. 비교해 보는 순간 내 손이 그다지 자랑스러운 손이 되지 못하다는 것을 느끼곤, 손잡이에서 떨어져 주머니 속에 감춰진다. 손이 기형이라서 그런 것도 아니고, 어떠한 장애가 있어서도 아니다. 내 손을 볼 때마다 가슴은 부끄러워질 때가 있어서다. 손에는 생산적인 손과 비생산적인 손이 있다. 노동의 손, 창조의 손은 생산적인 손이라 할 수 있을 것이며, 노동을 기피하거나 힘든 일에 주저하는 사람의 손은 분명 비생산적인 손이다. 생산적인 사람의 손은 거칠고 두툼하고 섬세하고, 비생산적인 사람의 손은 여리고 창백하고 힘이 없다. 내 손을 보고 있노라면 마치 나약한 부르주아거나 샌님 같은 그런 모습에 거부감이 든다. 무슨 놈의 남자의 손마디가 가늘고 긴 것인지? 그리고 여자의 손보다 여리고 창백하게 생겼으니 그것도 남자의 손이라고 내밀기가 여간 부끄러운 것이 아니다.

우리가 가지고 있는 두 개의 손은 서로 어울러, 무엇이든 잡고 만지고 사용하고, 만들고 부수고, 또 그것을 조합하고, 그리고 새롭게 무엇인가 창조하며 끊임없이 능력을 개발하여 나간다. 그렇게 각자가 자기의 능력에 의하여 일을 영위하며 세상을 살아간다. 장인의 손에는 그 정교한 장인의 혼이 있듯이 그 삶을 살아가는 손에는 각기 다른 얼이 있다. 민족에겐 민족적 전통의 얼이 있을 것이며, 가정에는 나름대로 전해오는 직업적인 얼도 있을 것이다. 젓가락을 쓰는 동양인의 손엔 오밀조밀한 섬세함이 있다고 한다면, 서구인들에도 그들만이 가지고 있는 손의 재주가 있을 것이다. 예술적 창조성이라든가, 노동의 강인성은 있다면 어떨까? 대대로 내려오는 가정의 가풍이나 전통은 그 가계의 손에서 이어져 간다고 하였다.

우리의 삶에는 손의 역사가 있다. 그 손들은 각기 모양에 따라 다른 재능과 능력의 기능을 가지고 있듯이 우리의 삶에도 각기 다른 손이 살아 숨 쉰다. 각자 자기의 삶의 방식에 따라 각기 다른 손의 성질이 주어진다. 손에는 농부의 손도 있고, 공장이나 건설현장에서 일하는 노동의 손도 있다. 과학자의 손도 있으며, 예술가의 손도 있다. 그리고 교육자의 손도 있으며, 봉사자의 손도 있다. 뿐만 아니다. 거기에는 모사꾼의 손, 모방과 표절의 손, 구걸과 절취의 손, 폭력과 살인의 손도 있다. 이렇게 각자 자기 생활의 한 방편으로 수많은 손들이 우리의 삶을 영위해 오고, 또한 우리의 사회를 다양하게 지탱해 가고 있다. 그러나 손의 진열대엔 어떤 일을 하는 손이란 표찰이 붙어있지 않으므로 우리는 알 수가 없다. 어느 손이 노동자의 손이며 어느 손이 사기꾼의 손인지 손만 보아서는 알 도리가 없다. 손 모양만을 보고서는 각자 간직한 그 기능을 헤아릴 수가 없다. 그러나 그 손의 쓰임에 따라 사람의 품격이 좌우된다 하였다. 손은 그 사람에 의하여 사회에 쓸모 있는 연장이 될 수 있고, 아니면 아주 무익한 연장으로 전락할 수도 있기 때문이다.

손의 진열대에 나의 손도 한 모양을 가지고 진열되어 있다. 생산적인 손은 거칠고 비생산적인 손은 여리다는 것은 편견에 불과하다. 거친 손에도 비생산적인 직업의 사람이 있을 수 있을 것이며, 여린 손을 가진 사람에게도 섬세한 창조적 재능을 가진 사람이 있을 수 있기 때문이다. 나는 손잡이에 매달린 손들을 보면서 어떠한 직업을 가진 손인가 상상을 해 보며, 나의 손은 또한 어떠한 손일까 자문해 보기도 한다. 한 가지 분명한 것은 아름다운 보석이 끼워져 있는 손이라 할지라도 모두가 아름다운 손일 수는 없다는 사실이다. 다시 나의 손을 본다. 길고 창백한 손, 그리고 나태반이 도사린 기다란 품, 빈사상태의 수척한 모양, 생명이라곤 없는 창백한 내 손엔 일이 없다. 내 손은 언제부터인가 의수(義手)로 변한 채 거기 진열되어 있다. 진정 이 손이 나의 손인가? 내가 가져야 할 손은 이런 손이 아니라는 것을 나는 알고 있다. 창조적이야 하고 유익해야 할 손이 지금 진열대에 죽어있으니 안타까운 일이다.

술의 노래

술처럼 오랜 역사와 함께 오늘날까지 인간의 생활 속에 깊은 관계를 맺어오고 있는 것도 없을 것이다. 그렇게 술은 환각적이며 주술적 요소가 있어서 예부터 신과 인간의 매개물로 존재하여 신과 조상을 축복하는 각종 의례와, 인간 공동체의 단합과 가족의 행복을 기원하는 행사에 없어서는 안 될 필수 음료가 되었다. 아울러 사교에서도 빠뜨릴 수 없는 것이 술이고 보면, 군신(君臣) 간에는 충의(忠義)와, 동지(同志) 간에는 신의(信義)를 다짐하는 약속의 증표이기도 하였다. 뿐만 아니라, 술은 인간의 신경에 간섭하여 희로애락의 감정을 고조시킴으로 과학적 예술적 창의력에 영감을 주기도 하였다. 그러므로 술은 많은 사람들로부터 마시며 음미되고, 또한 회자되며 찬미되어 왔다. 이것이 곧 술의 노래로 이어졌다.

술에 대한 유혹은 주변에 항상 도사리고 있는 반면, 미성년에게는 금기의 대상임과 동시에 어른들의 풍류에 오히려 낭만과 동경의 대상이었다. 대학에 입학하고 성년으로 대접을 받으면서 술은 가까이 다가오고, 친구들과 익숙지 못한 서툰 술자리는 서슴없이 이어졌다. 그 때마다 알량한 지식을 밑천삼아 예이츠의 시 〈술의 노래〉를 읊조리곤 하였다. 마치 그것이 음주를 정당화시켜주는 것처럼 말이다. 아직 애송이 젊은 나이에 어찌 삶을 알고 술의 철학을 알랴마는 인생을 다 겪은 사람처럼 심각한 표정을 지으며 술잔을 기울였다.

술은 입술로 마시고
사랑은 눈으로 한다.
우리가 늙어서 죽기 전에
알아야 할 진실은 이것뿐,
나는 술잔을 들고
그대를 보며 한숨짓노라.

우리 집에 여덟 폭짜리 병풍이 있었고 매 폭마다 한시(漢詩)인 칠언시(七言詩)가 한 수씩 적혀 있었다. 그 가운데 아버지는 특히 이태백(李太白)의 다음 시를 좋아하셨다.

兩人對酌 山花開 (양인대작 산화개)
一盃一盃 復一盃 (일배일배 부일배)
我醉慾眠 君且去 (아취욕면 군차거)
明朝有意 抱琴來 (명조유의 포금래)

약주를 드시고 오신 날에는 이 시를 반복하여 설명해주셨지만, 내 나이 어렸을 때라 관심 없이 그저 듣는 것으로 그만이었다. 지금 내가 성인이 되어 아버지가 되고, 아버지처럼 술을 즐기다보니, 아버지가 왜 이 시를 그렇게 좋아하셨는지 알만 하였다. 이 시를 읽고 음미하다보면 시란 참으로 오묘하다는 생각이 들어, 마치 내가 시 안에 있는 것과 같았다. 어느 봄날, 산자락이 바짝 다가선 정자에 앉아 친구와 술을 마시고 있는 착각을 느끼게 하였다. 그리고 대작을 하다보면 각자 취하여 집에 돌아갈 수밖에 없는 현실이 있고, 약속이 있는 것도 아니지만 내일이면 더 좋은 분위기를 바라는 작은 소망도 있기 마련이다. 그 시에는 그렇게 우정과 풍류와, 그리고 적당한 절제가 있어 좋았다. 어쩌면 아버지나 나나 시의 내용처럼 그런 분위기의 대작이 그리웠기에 그 시가 좋았는지 모른다.

선인장을 꽤 오랫동안 기른 적이 있었다. 그것도 어느 집에서나 하나쯤은 갖고 있을 흔한 다육질의 둥근 가시선인장이었다. 어느 여름 날, 어른 두 주먹만큼 자란 선인장에서 흑갈색의 꽃망울이 솟아났다. 나는 이것이 꽃망울인 것을 전연 알지 못하였다. 어릴 적부터 이런 둥근 가시선인장을 직접 키워도 보고 여러 곳에서도 봐왔지만, 꽃이 피는 것을 본 적도 없었고, 누구로부터도 꽃이 핀다는 말을 들어본 적이 없었기 때문이다. 번식은 꽃 없이 새끼 치는 것으로만 알고 있었던 선인장이 꽃이 핀다는 것은 전혀 생각지 못하였었다. 그렇게 솟아난 꽃망울은 하루가 지나는 사이에 붓처럼 길게 솟아나더니, 저녁이 되어 꽃망울이 열리기 시작하였다. 꽃은 고속 촬영된 영상을 보는 것처럼 여러 겹의 하얀 꽃잎이 빠르게 펴지더니, 십여 분도 채 지나기 전에 꽃잎은 다시 오므라들고 말았다. 나는 꽃이 피고 지는 순간적인 과정을 신기하게 지켜보느라 정신이 없었지만, 짧은 그 순간이 지나고 나니 허탈한 마음뿐이었다. 꽃은 언제 피고 언제 졌는지 꿈만 같았다.

이 일이 있은 뒤, 우연히 선인장에 관한 일본서적을 보게 되었다. 책의 저자는 내가 키우는 것과 같은 선인장을 키우면서, 여름 저녁의 짧은 개화시간에 맞추어 친한 친구를 초청하고, 술을 같이 하며 그 꽃을 감상하는 것이 큰 즐거움이라고 적고 있다. 아마도 그렇게 정서적인 일본인이라면 그 꽃을 보면서 하이쿠(俳句) 한 수쯤 읊조렸을 것이란 생각과 더불어 아주 서정적인 풍경이 연상되었다. 이 글을 읽은 다음, 나도 다시 선인장 꽃이 피는 날이 오면 반드시 다정한 친구를 불러, 보기 어려운 이 꽃을 앞에 두고 술과 함께 감상하리라 마음먹었다. 그러나 그 선인장은 몇 해가 지나도록 나에게 다시 꽃을 보여주지 않았다. 매우 아쉬웠던 기억이다.

나이가 들어 사회생활을 하면서 술을 마시는 기회가 많아졌다. 그 때마다 직장동료 아니면 친구들과 술집을 드나들었고, 술상이 부서져라 젓가락을 치면서 희로애락을 오동동 술타령에 담아 쏟아냈다. 술의 노래란 술에 대한 노래뿐만이 아니라, 술에 의하여 발산되는 감정의 소리도 술의 노래였다. 무슨 삶에 풀어야 할 감정이 그리 많았던지, 모두가 인생여정의 고달픔을 달래는 술의 노래였다. 살아가는 동안 겪게 되는 질곡의 세월이 어찌 가슴에 응어리지지 않을까마는, 그 아린 가슴을 술과 노래로 달래보는 것도 우리들의 삶의 지혜인지 모른다. 그러나 그런 세월도 한때였다고 생각하면 그만이겠지만, 인생의 사양길로 들어서면 지난 세월도 추억이 되곤 한다. 친구의 회갑연, 고희연이 연이어 베풀어지는 한때가 있었다. 물론 나도 그 중의 한 사람이기도 하였지만, 연회장마다 울려퍼지는 낭랑한 여인의 권주가는 오히려 마음을 무겁게 할 뿐이었다.

만수산(萬壽山) 만수동(萬壽洞)에 만수정(萬壽井)이 있더이다.

그 물로 빚은 술을 만수주(萬壽酒)라 하더이다.
진실로 이 잔을 받으시면 만수무강(萬壽無疆)하시리라.

세월을 접다보니 연륜이 쌓이고 그 연륜 속에 술도 가리지 않고 마셨으니, 그 술에 푼 삶의 넋두리도 우물 속의 물만큼이나 찼으리라. 그러나 그 술을 나누던 친구는 하나 둘 떠나가고, 장단을 맞추던 젓가락을 들 힘도 서서히 사라져간다. 이제 다시 젊은 여인이 들려주는 낭랑한 목소리의 권주가에 만수주(萬壽酒)를 든다하여도 같이 할 친구가 없으니 술 맛이 날 리가 없다. 권주가란 부모를 위하여 자식들이 보내는 효성어린 노래인 것을 알지만, 그 듣는 마음은 인생에 마지막 듣는 술의 노래 같아서 즐거움보다 공허한 마음이 앞서는 것은 어쩔 수 없다. 그 공허한 마음을 달래기 위하여 나는 오늘도 한 잔의 술을 다시 든다.

(문학사랑 2012. 가을호)

제3부

신발에 대하여

신발에 대하여

아마도 신발에 대한 추억 한두 가지를 가지고 있지 않은 사람은 없을 것이다. 갖고 싶었던 신발을 선물 받았던 추억, 소중히 여기던 신발을 잃어버렸던 추억, 그 중에도 신발을 잃어버리고 허탈했던 추억은 머리에서 오랫동안 지워지지 않았을 것으로 생각된다. 몇몇 친구와 음식점을 찾은 적이 있었다. 음식점으로 들어서는데 손님이 어떻게 많은지, 현관은 손님이 벗어놓은 신발로 가득하여 신발을 더 벗어놓을 자리라곤 없었다. 물론 신발장에는 더 말할 것도 없었다. 틈을 내어 신발을 벗고 자리로 올라갔으나, 신발에 대한 걱정을 떨쳐버릴 수가 없었다. 신발을 잃어버리지나 않을까, 뒤바뀌지나 않을까? 그래서 주인더러 신발을 저렇게 두어도 괜찮겠느냐고 물었더니, 그냥 둬도 괜찮다고 할 뿐 아무런 대책도 세워주지 않았다. 우리는 걱정 반 믿음 반의 마음으로 자리를 잡고 앉은 뒤, 각자 신발과 관련한 지난날의 이야기를 풀어내며 공감과 웃음으로 시간을 보낸 적이 있다. 여기 내가 겪었던 일을 몇 가지 적고자 한다.

내가 어렸을 적 일이다. 어느 어느 집에서 구두를 잃어버렸다는 소문이 자주 들렸다. 당시 가죽구두란 그리 흔한 것도 아니며 아무나 신을 수 있는 그런 신발도 아니었다. 그래서 그런지 구두도둑도 많았다. 물론 좀도둑의 소행일 수도 있지만, 보다도 사람들은 아편쟁이 소행으로 단정하는 편이 많았다. 당시에 아편을 맞는 마약중독자가 꽤 있었던 모양이다. 태평양전쟁이 말기에 접어들면서 생활필수품 공급이 극도로 제한되어 신발을 구입할 수가 없었다. 가끔 학교에 운동화나 고무신이 배급되었으나 그 배당량이 적어 한 반에 두세 켤레에 불과하였다. 우리는 이것을 타기 위하여 추첨이나 가위바위보로 결정하곤 하였다. 이러한 형편임으로 대부분의 가정에선 나무나 짚으로 일본식 나막신인 게다나 짚신을 만들어 신었고, 이마저 아끼며 신었다.

이 무렵에 일본 오사카(大阪)에 사시는 이모님으로부터 고무신 한 켤레가 부쳐왔다. 나는 이 고무신이 신고 싶어 안달이 났다. 어머니는 비가 오거든 신으라고 하는데 비 오는 날은 좀처럼 일찍 다가오지 않았다. 그러던 어느 날 날씨가 흐린 것을 핑계 삼아 어머니의 만류에도 불구하고 기어이 이 새 신을 신고 학교로 갔다. 그런데 그만, 그 날로 신발은 잃어버리고 맨발로 집으로 돌아오고 말았다. 어머니의 꾸중은 두말할 것도 없었다. 당시에는 신발주머니란 없었고 (있다하더라도 신발주머니에 넣을 변변한 신발도 없었지만) 모두 교실로 들어갈 적엔 신발장에 놓도록 하고 있었다. 매 교시가 끝날 때마다 신발이 있는지 확인하였고, 전 교시가 끝나는 그 시간까지도 나의 새 고무신은 얌전히 신발장 제자리에 있었다. 그런데 그날따라 방과 후, 선생의 지시로 몇몇 학생들과 환경미화 작업을 담당하게 되었다. 그 작업을 끝내고 밖에 나와 보니 나의 새 고무신은 어디든 보이지 않았다. 남아 있는 신발이라곤 낡은 짚신 하나 없었다. 누군가가 훔쳐간 것이다. 나는 허탈과 분노와 두려움을 안고 맨발로 돌아올 수밖에 없었다. 이런 일이 어찌 나 혼자만의 겪은 일이었으랴. 생필품의 부족은 해방 후에도 계속되었다.

1950년대 중반 내가 대학에 다닐 때였다. 어느 날 저녁 무렵, 길에서 한 친구를 만났다. 내가 모르는 동행자가 있었다. 친구는 마침 한 잔 하러 가는 길이니 같이 가자고 종용하기에 따라갔다. 술집에서 동행자를 소개받았다. 무슨 사업을 한다고 하는 것 같았다. 술은 그가 산다고 하였다. 셋은 격의 없이 술을 마시게 되었다. 시간이 무르익어 갈 무렵, 그 동행자가 화장실에 다녀온다고 나가더니 영영 무소식이었다. 우리도 일어서야 되겠다싶어 밖으로 나왔더니 내 구두가 보이지 않았다. 그 친구가 낡은 자기의 구두를 버리고, 새로 사 신은 지 얼마 되지 않은 나의 구두를 신고 줄행랑치고 만 것이다. 술을 사겠다던 말도 거짓말이었다. 결국은 술값은 친구가 내고 나는 구두만 잃고 말았다. 그와 어떤 사이냐고 물었더니 친구가 하는 말이 나를 더욱 실망시켰다. 자기도 처음 만난 사람이라 하였다. 어찌 생각하면 친구마저 공범이 아닌가싶어 의심이 되기도 하였으나, 한 사기꾼에게 당한 어처구니없는 사건으로 치부하고 말았다.

당시 신발의 바꿔 신기와 훔쳐가기의 범죄는 우리 사회에 만연된 일상이었다. 그러므로 음식점이나 모임이 있는 곳에서는 신발을 가지고 입실하는 것이 예가 되었고, 최근까지도 그 잔재가 남아있는 곳이 있다. 그러나 대부분의 곳에서 이런 관습은 이제 찾아보기가 어렵다. 제화점(製靴店)의 상품권 범람과 신발값이 싼 덕택으로 신발에 대한 도난의 염려가 사라진 탓이다. 대신 요즘에는 제화점마다 같은 모양의 신발이 많아, 본의 아니게 바꿔 신는 경우가 종종 생기는 같다. 지난번의 일이다. 친구들의 모임이 있어 한 자리에 모였다가 헤어진 적이 있는데, 나올 적에 내 구두라고 신은 것이 작아서 발이 들어가지 않았다. 먼저 나간 친구가 내 구두를 자기의 신발인 줄 알고서 신고 가버린 것이다. 그 친구는 좀 크다싶은 내 신을 신었으니 다니는 데는 불편은 없었을는지는 모르나, 나는 발에 끼지 않는 구두를 신고 다닐 수가 없었다. 낭패였다. 신발 바뀐 친구를 수소문 끝에 서로 제대로 돌려 바꿔 신기는 하였지만, 신발에 대하여 어쩔 수 없이 일어날 수 있는 요즘의 일이란 생각이다.

어쨌거나 신발을 잃어버린다거나 바뀐다는 것은 불쾌한 것일 뿐 결코 좋은 기분일 수는 없다. 꿈만 하여도 그렇다. 꿈에서도 신발을 잃어버렸거나 바뀌었다면 다음 날 기분이 찜찜한 것만은 분명하기 때문이다.

(문학사랑 2006. 겨울호)

아빠와 오빠

'아빠'는 아버지를 일컫는 어린이의 말이고, '오빠'는 오라버니를 일컫는 계집애의 말이다. 그럼에도 '아빠'와 '오빠'란 호칭이 언제부턴가 어린이를 떠나 성인도 사용하는 '아버지'와 '오라버니'의 애칭이 되고 말았다. 그러다보니 요즘에 와선 '아버지'란 호칭을 듣기도 어려워졌을 뿐 아니라, '오라버니'란 호칭은 더더구나 어른들의 입에서 조차 듣기 어려운 낱말이 되고 말았다. 특히 여성들에 의하여 '아빠'와 '오빠'의 호칭이 많이 사용되다보니, '아버지'와 '오라버니'란 단어는 이미 우리 입에서 사라져 가고, 대신 '아빠'와 '오빠'가 일상의 용어로 자리 잡아가고 있는 형국이다. 하지만, 작금의 형태를 보면, '아버지'를 '아빠'라 부르고 '오라버니'를 '오빠'라고 부르는 것은 그나마 다행한 일이라는 생각이 들 때가 있다. 왜냐하면 '아빠'와 '오빠'의 호칭이 본뜻과 전연 다르게 잘못 사용되고 있기 때문이다. 다시 말하면, '아빠'는 아버지와 자녀간의 호칭이고, '오빠'는 남매간의 호칭임에도 그 범위를 벗어나서 사용됨으로 인하여 언어질서가 파괴되고 있다는 사실이다.

몇 십 년 전의 일이라고 기억된다. 가정주부가 지아비를 일컬어 '우리

아빠' 또는 '우리 집 아빠'라고 칭하는 것이 유행이 되어가자, 이에 대하여 관련 학회는 물론 유림(儒林)을 포함한 사회 각계에서 잘못된 호칭이니 시정되도록 언론매체를 통하여 계도한 적이 있었다. 물론 아들딸을 가진 주부가 '우리 애 아빠'라 하든지, 혹은 애들의 이름을 붙여 '우리 누구아빠' 라고 한다면 문제될 일은 아니었지만, 자식이 있거나 없거나를 불문하고 모두가 남편을 '아빠'라고 서슴없이 호칭하니 문제가 될 수밖에 없었다. 그러나 이 문제는 그대로 현재까지 시정되지 못하고 있는 것은 물론이며, 이를 문제시하는 어떠한 단체도 이젠 찾아볼 수 없다.

더구나 요즘 일상생활에서나 방송드라마 속의 대화를 듣다보면, 젊은 여인들의 입에서 '오빠'라는 말이 수없이 쏟아지고, 그 쓰임에도 아무런 거리낌이 없다. 오빠나 오빠의 친구, 또는 그 또래의 친한 사이를 호칭한다면 잘못이라 할 리 없겠지만, 학교 선배, 연인 사이의 남자는 물론, 결혼한 부부간에도 으레 남편을 '오빠'라 하니 문제가 되지 않을 수 없다. 하물며 시부모에게도 남편을 일컬어 '오빠'라 하고, 제삼자에게 남편 또는 애인을 말할 때도 '오빠'라는 칭호를 예사로 쓰고 있으므로 듣기에도 여간 민망한 것이 아니다. 더구나 이런 현상이 방송매체를 통하여 거침없이 우리 안방에 전달되고 있으니 더욱 한심스럽다. 물론 드라마가 현실을 반영한다 하지만, 잘못된 언어사용은 어느 정도 작가 스스로 자제해 주는 것이 도리라고 생각된다. 한편, 방송심의에서도 문제 삼을 만한 사안이겠지만 시정의 흔적은 눈에 띄지 않는다. 더구나 국내 거주 외국인 여성들 간에도 으레 그렇게 물들어가고 있다는데 문제는 더욱 심각하다 할 수밖에 없다.

우리나라의 국제적인 위상이 높아감에 따라, 여러 나라로부터 관광객은 물론 유학생과 사업가들이 많이 찾아오고 있다. 특히 그들에겐 한국하면 유교적 전통에 의하여 엄격한 가족관계와 예의 바른 나라라는 정보는 물론, 어느 정도의 우리말을 미리 습득하고 오는 경우가 많다. 그와 같은 인식과 상식을 가지고 있는 외국인이 우리가정을 방문하거나 홈드라마를 보면서, 다음과 같은 생각을 가져보지 않을 사람이 없으리라고 단정하기 어렵다.

부인이 남편을 보고 '아빠' 또는 '오빠'라고 호칭하는 것을 보면서, 우리말을 모르는 사람이라면 '아빠' '오빠'가 남편을 지칭하는 낱말이긴 한데, '아빠'는 비교적 나이든 계층의 가정에서, '오빠'는 젊은 계층의 가정에서 쓰이는 것으로 이해되지 않을까 하는 점이다. 다음은, '아빠'와 '오빠'의 뜻을 알고 있는 경우라면. 이 가정은 결손가정으로 부녀간이나 남매가 사는 곳이라고 생각할는지도 모를 일이다. 그러나 그것이 부녀와 남매가 아니고 부부라는 사실을 알게 된다면 얼마나 놀랄 일인가? "아, 한국은 알려진 바와는 달리, 부녀나 남매 사이에도 부부가 되어 거리낌 없이 살아가는 나라다."라고 오해라도 한다면, 우리나라는 근친혼이 가능한 부도덕한 나라가 되는 결과를 낳게 한다.

이와는 좀 다른 이야기일는지 모르나, 언젠가 모 TV방송국 프로그램에 출연한 한 영국계 여자 유학생이 한 말이 귀에 남는다. 한국의 한 여자친구가 "나 오빠하고 커플링 했다." 하고 자랑하는 말을 듣고 무척 놀랐다는 얘기다. 물론 사귀는 남자친구와 애정을 약속하기 위하여 똑 같은 반지 두 개를 만들어, 즉 커플링(couple rings)을 만들어 서로 애정의 증표로 하나씩 노나 끼었다는, 그런 의미의 '커플링'이니 우리에게는 이상한 일은 아니다. 그러나 우리의 언어관습에 익숙지 못한 그녀는 '커플링을 했다'는 말을 듣는 순간, '커플링'을 'coupling'으로 받아들이지 않을 수 없었다는 것이다. 'coupling'이라는 단어는 주로 동물적인 행위 즉, 교미(交尾)라는 뜻으로 주로 쓰이기 때문에 놀랄 수밖에 없었다고 하였다. 'couple ring'과 'coupling'의 발음상 어떤 차이가 있는지 모르지만, 우리가 말하는 '커플링'은 듣는 이로 하여금 그 발음상 'coupling'으로 알아듣기 십상인 모양이다. "나 오빠(오라버니)와 커플링(교미) 했다." 하고 자랑하는 말을 듣는다면 우리도 놀라지 않을 수 없다. 어디 그게 아무에게나 대놓고 할 말인가? 우리말도 제대로 써야 하겠지만 외래어도 신중을 기하여 사용해야 할 일인 듯싶다. 같은 낱말이라도 어감에 따라 말하는 자와 듣는 자 사이엔 그 받아들이는 바가 크게 다를 수 있기 때문이다.

아빠와 오빠, 가족적 애정이 넘치는 아름다운 우리의 호칭인 낱말이다. 특히 우리나라는 호칭에 관한 한 엄격한 나라다. 이 호칭을 잘못 사용함으로서 부도덕한 언어로 전락시키는 것은 우리말과 가정을 모독하는 행위일 뿐만 이니라, 듣는 이로 하여금 잘못된 판단을 갖게 하는 요인이 된다. 특히 외국인과의 관계에서 우리의 낱말을 바르게 사용하지 않음으로서 우리말을 잘못 인식시키고, 국가적 수치를 자초하는 일이 있어서는 더욱 안 될 것이다. 국제적으로 우리말과 글이 그 가치가 높이 평가되는 시점에, 우리의 바른 언어 사용만이 우리민족의 품위를 상승시키고 국위를 선양하는 것임을 알아야 한다. 다시 말하면, 우리의 말에는 지아비(남편)의 호칭에 '아빠'와 '오빠'라는 말이 없다는 것을 분명히 해야 할 것이다.

(문학사랑 2012. 봄호)

악몽惡夢

해가 긴 여름이다. 한나절이 저물어도 무더위는 가시지 않는다. 창문은 앞뒤로 활짝 열려있지만 집안을 거쳐 가는 한줄기 바람도 없다. 저녁을 먹고 찬물로 샤워를 하여 보았으나 몸에 밴 열기는 조금도 가신 것 같지가 않다. 아내와 같이 거실의 소파에 앉아 여름밤의 열기를 선풍기로 달래며 텔레비전을 본다. 하지만 낮 무더위에 시달린 피곤 때문인지, 아니면 식곤증 때문인지, 텔레비전을 보는 눈이 자꾸만 무겁게 감겨온다. 텔레비전에서는 납량특집 공포드라마가 펼쳐지고, 화면은 신출귀몰하는 원귀의 복수극이 이어진다. 그리고 영매의 대화도 오간다. 가슴이 서늘하고 살갗이 오싹해오는 장면도 보인다. 눈을 비비고 억지로 눈을 뜨며 정신을 차려서 화면을 주시해보지만, 순간순간 감기는 눈에 비치는 영상은 깜박이는 형광등처럼 그저 눈앞에서 명멸할 뿐이다. 보고 있는 영상의 공포와 스릴 등의 재미나 흐름 따위는 이미 나의 의식과는 상관없이 비쳐지는 허상에 불과한 것이었다. 나는 그저 텔레비전 앞에 앉아 있는 허수아비였다.

드라마가 끝났는지, 나의 졸음을 보다 못해서인지, 같이 앉아서 텔레비전을 보고 있던 아내가 나를 툭툭 치며 방에 들어가 자라고 한다. 그러면서 아내가 먼저 자리를 떴다. 더운 여름에 한 침대에서 자는 것이 오히려 덥고 서로 불편하니 각방을 쓰자고 한 터라, 나도 나의 잠자리를 찾아 들어갔다. 그런데, 잠이 채 들기도 전에 누가 곁에 와서 자꾸만 잠을 깨우며 말을 건다. 나는 졸려죽겠으니 제발 그만 보채고 나가달라 부탁해도 막무가내다. 견디다 못해 화를 벌컥 내면서 "나가!"하고 큰소리를 지르는 순간 나는 잠에서 깨었다. 깨고 보니, 나는 방에 있는 것이 아니라 혼자서 소파에 그냥 누어있었고, 텔레비전도 그대로 켜져 있었다. 텔레비전에선 아나운서가 아무도 듣는 이 없이 자정 뉴스를 진행하고 있었다. 나를 보채던 그 목소리였다. 꿈이었다. 아마도 아나운서가 제 뉴스를 들어달라고 그렇게 보채며 나를 깨우려 했던 것이었는지도 모를 일이었다. 정신을 차린 뒤 몸을 추슬러, 텔레비전의 전원과 거실의 불을 끄고 내 방으로 들어가 정식으로 잠을 청하였다.

아직 한밤중인데 다시 잠이 깨었다. 부엌에서 무슨 소리가 들렸다. 누가 부엌일을 하는 소리가 계속 들렸다. 아내임이 분명한데 이 밤중에 무슨 일을 하는 것일까? 궁금해졌다. 일어나서 부엌을 살피니 캄캄한 어두움만 깔리고 아무도 것도 보이지 않았다. 물론 아내도 없고 들리던 소리도 멈추고 말았다. 참으로 이상한 일이었다. 분명히 부엌에서 소리가 한참동안 들렸었는데 말이다. 전기를 켜고자 스위치를 누르니 전기마저 들어오지 않았다. 정전이었다. 무슨 불길한 조짐인 듯싶어 가슴이 덜컹 내려앉았다. 공포물의 실제상황이 닥친 것이란 생각이 문득 떠올랐다. 아내에게 무슨 변이 있는 것은 아닌가싶어 안방으로 갔다. "여보, 여보!" 불러보았으나 대답이 없다. 정전인 터라 깜깜한 방에 아무 것도 보이지 않았다. 더듬더듬 아내를 찾으니 침대 위에 아내가 잡혔다. "여보, 여보!" 외치며 흔들어도 기척이 없었다. 팔과 다리를 만지는 촉감이 싸늘하게 다가왔다. "안 돼, 안 돼, 이러면 안 돼." 중얼거리며 아내를 힘껏 흔들어 보았으나 그래도 아내는 꼼짝도 하지 않는다. 이럴 수가? 다급해진 나는 울부짖다시피 "여보! 여보!! 여보!!!" 하고 크게 외치는 순간, 나는 다시 잠에서 깨었다. 악몽이었다.

나는 겁이 벌컥 나서 얼른 안방으로 갔다. 전기를 켜니 불이 들어온다. "여보, 여보!" 하며 생각 없이 아내를 흔들었다. 아내가 "으응?"하며 잠을 깬다. "왜 그래요, 당신?" 하며 나에게 묻는다. 그 순간 나는 안도의 숨이 나왔다. "아무 것도 아니야. 그냥 자요." 하고 나는 아무 일도 아닌 듯 그렇게 말하고 말았지만, 아내에 대한 걱정을 떨쳐버릴 수 없었다. 나는 그냥 내 자리로 되돌아가 잠을 잘 수가 없었다. 어떤 공포물과 같이 잡귀가 와서 아내를 해코지 할는지 모른다는 생각에 아내를 따로 둘 수가 없었다. 아내를 지켜야겠다는 생각이 굳은 각오처럼 떠올랐다. 나는 베개를 들고선 아내의 곁에 자리를 잡았다. 그리고 아내의 손을 잡고 그녀의 체온을 놓치시 않았다.

— 공포드라마의 잔영 때문이었을까, 한 편의 납량 공포드라마가 내 앞을 지나가는 시간이었다.

안락사安樂死에 대하여

안락사 문제가 매스컴을 통하여 심심찮게 떠오른다. 안락사를 반대하는 편에서는 생명의 존엄성을 강조하고, 반면에 안락사를 지지하는 쪽에서는 삶의 존엄성을 강조한다. 한편에선 생명을 해치는 안락사란 있을 수 없다 하지만, 한편에선 고통으로부터 해방을 위하여 안락사를 인정하여야 한다고 한다. 그러므로 안락사 문제란 그렇게 단순히 여겨 어느 한 쪽으로 몰아갈 것만도 아닐 성 싶다. 인간의 존엄성이란 생명뿐만 아니라 삶의 질도 존중되어야 할 대상이기 때문이다. 따라서 안락사란 생과 사의 종교적 인륜적 문제와 결부되므로 사회적 합의에 의하여 결정되어야 하겠지만, 결국엔 법률적인 결론에 의할 수밖에 없다. 현재 우리나라에서는 안락사를 형법에 금지되어 있다. 하지만 언젠가는 어느 정도 안락사를 인정하는 방향으로 개정되어져야 하지 않을까 하는 나의 생각이다.

안락사란 치료 불가능하여 장기간 고통을 받고 있는 말기환자나, 중증장애자가 논의의 대상이 될 수 있다. 언제 깨어날지 모르는 식물인간이 된 환자, 언제 죽을지 모르는 암 등 악성종양의 불치병환자, 심한 부상으로 신체적 장애와 치료 중인 환자, 이 모든 사람이 이에 해당하는 사람들이다. 뿐만이 아니라 이들을 치료 간호하며 고통을 안타깝게 바라보는 주변의 사람들. 어찌 보면 이 모두가 고통 속에 삶의 행복 추구권을 상실한 사람이 아닐 수 없다. 그러기에 삶보다도 죽음이 더 절실한 사람이 많을지 모른다. 심한 통증의 고통으로부터 탈피하고자 몸부림치는 환자, 기약 없이 장기간 병석에 누워 생명을 체념하는 환자. 더구나 이들은 보호자에게 물질적 손실과 정신적 육체적 고통을 주고 있다는 심리적 부담으로, 고통이 가중되어 오히려 생명을 저주하게 된다. 환자의 고통을 바라보는 주변 간병인과 보호자의 마음도 찢어지는 고통이며 연민보다도 차라리 죽음을 원하는 경우가 많다. 이들 환자에게 절실하게 요구되는 것은 살아있는 목숨보다는 죽음을 희망하고 있다는 사실이다.

나는 솔직히 위와 같이 고통 받는 환자를 위하여 안락사를 허용하는 것이 좋다고 생각한다. 하지만, 어디까지나 환자 본인의 의사에 달려있다. 장기 투병 중임에도 치유를 확신한다거나, 아니면 치유 불가능하다 할지라도 그 고통을 감내하면서 생명을 유지하고자 한다면, 그 누구도 그의 생명을 경시하지 않을 것이며, 또한 안락사를 말할 수 없을 것이다. 이 세상에 쉽게 죽음을 기다리거나, 본인의 뜻에 반하여 생명을 존중하지 않을 사람은 없나. 우리가 환자를 병원으로 이송하고, 병원에 입원시키고, 투약을 하고, 간호하고 하는 행위자체가, 분명히 삶과 생명을 보존하기 위하여 하는 생명존중의 공동 노력이기 때문이다. 그렇지만 여기에도 분명히 피치 못할 문제는 존재한다. 치료 불가능하거나 기약 없는 환자의 고통을 무시하고 인공호흡기에 의존케 한다든지, 알량한 투약으로 생명만을 유지케 한다든지, 진통제로 고통을 잠시 잠재우는 행위는 오히려 생명의 존엄을 빙자한 기만에 불과하다 할 것임으로, 이를 생명의 존중이라 하기에는 의문이 생기지 않을 수 없다. 고통 받는 환자에게 고통으로부터 벗어날 수 있는 기회는 주어져야 한다. 다만, 의식을 잃은 환자의 의사를 어떻게 존중하며, 환자의 간병에 매달린 보호자의 고통을 어떻게 해소시킬 수 있을 것인가 하는 것이 문제다. 그러나 의사의 소견과 보호자의 요구 및 생활환경 등을 충분히 고려하여 결정되는 기회가 주어져야 할 것으로 본다.

물론, 모든 생명은 중요하며 존중되어야 한다. 그러나 생명이란 목숨을 유지하고 있다는 것만으로 존중되어지는 것이 아니다. 생명이란 삶과 연관하여 건강하고, 행복하고, 고통이 없는 양질의 삶이 더 존중되어야 한다. 가난과 고통에 찌들어 살아가는 생명이 참된 삶이라 할 수 없듯이, 또한 그 생명이 죽음만 같지 못할 때가 있다. 우리가 왜 사회의 억압으로부터 자유를 부르짖고, 자유가 아니면 죽음을 달라 외치는가? 삶의 가치를 찾기 위하여서다. 고통으로부터 해방이 없으면 삶의 가치마저 상실하기 때문이다. 그러므로 생명이 존중되어야 할 의미는 고통 없는 행복에서 찾아야 한다. 아울러 한 사람의 환자 때문에 고통을 받는 보호자와 환자와 관계되는 여러 주변 사람들의 행복도 같이 생각하여야만 한다. 생명의 존엄이란 미명아래, 회복이 불가능한 환자에 의하여 희생되는 그들의 정신적 육체적 고통과 물질적 손실은 어떻게 보상되어야 할 것인지? 기약 없는 한 생명을 위하여 여러 사람의 행복권, 즉 편히 살 권리를 담보하는 모순된 결과가 주어져서는 안 되기 때문이다.

그러므로 사람이란 모두다 각자의 삶을 위하여 편히 살 권리와 아울러 편히 죽을 권리도 존중되어야 한다고 본다. 인간의 존엄성은 생명 자체에만 있는 것이 아니라, 삶의 행복과 고통으로부터도 자유로울 수 있어야 하기 때문이다. 그것이 건전한 삶이며 존중되어야 할 생명이다. 고통의 삶보다 고통에서 해방되고자 하는 의지가 고결하며, 그 뜻을 받아들이는 것이 오히려 순수하다. 그것이 존엄사(尊嚴死)다. 몇 년을 병상에서 고통을 겪는 생명은 존중되어야 하고, 그 고통에서 하루 빨리 헤어나고자 하는 환자의 절박한 의지는 존중되어서는 안 된다고 하는 것은 말이 되지 않는다. 그 비중으로 말하면 고통을 받는 생명보다 그 고통에서 헤어나고자 하는, 그 절박한 몸부림이 보다 더 존중되어야 할 것이 아닌가 한다. 존엄사, 존엄사는 반드시 존중되어야 할 것으로 믿는다. 그리고 안락사도 고귀한 생명과 삶의 가치가 손상되지 않는 범위 내에서 반드시 인정되어야만 할 것이다.

어린 손자를 안고

두 살짜리 막내 손자 놈이 할아버지인 내 품에서 잠이 들었습니다. 제 엄마를 마다하고 내 품에 안겨서 잠이 들다니 참으로 기특합니다. 그렇게 귀여울 수가 없습니다. 잠든 모습이 참으로 예쁘고 아름답습니다. 나는 손자를 안은 팔이 저려도 아픈 줄을 모릅니다. 오히려 손자 놈이 깰까봐 걱정입니다. 나는 내 품에서 잠들고 있는 손자의 얼굴을 봅니다. 그 잠든 모습이 그렇게 고울 수가 없습니다. 그 고운 얼굴을 보노라면 내 마음이 흐뭇해집니다. 나는 손자를 보면서 손자의 아비나 어미가 된 아들과 딸을 생각해봅니다. 그들도 어렸을 때에는 지금 내 품에 있는 손자 놈과 같았습니다. 그 때, 나는 내 분신인 아들과 딸이 그렇게 신비스럽고 고귀함에 어쩔 줄을 몰라 했습니다. 나도 어머니의 품에 안겼던 어린 시절이 있었습니다. 어머니의 아늑하던 그 품이 다시 그리워집니다. 지금 나는 어머니의 품처럼 손자를 안고 있습니다. 손자는 내 품에서 평화롭게 잠들어 있습니다. 잠들어 있는 손자에게는 이 세상의 아무것도 없습니다. 모든 것을 나에게 맡기고 잠들고 있습니다. 나는 품어 안은 손자를 보며, 자식을 보고 내 자신을 되새깁니다. 손자는 바로 내 자식이며 나 자신이기도 합니다. 순간 행복한 나를 발견합니다.

할아버지 할머니와 손자들 사이에는 어떠한 교감이 있는 것일까요? 내가 어렸을 적에 형과 나는 늙으신 할아버지와 할머니를 그렇게 좋아했었고, 또한 할아버지 할머니도 우리 형제를 아주 귀여워해주셨습니다. 때론 할아버지 할머니 앞에서 재롱과 아양을 떨곤 하였습니다. 할아버지 할머니는 외출하고 돌아오실 때마다 허리춤에서 사탕이나 떡을 꺼내주곤 하였습니다. 우리는 수척하신 할아버지 할머니를 업고 마당을 한 바퀴 돌기도 하였습니다. 그때마다 할아버지와 할머니는 그 주름진 얼굴에 활짝 웃음을 내보이곤 하였습니다. 나는 그 모습을 잊을 수가 없습니다. 내 자식들도 저희들의 할아버지 할머니를 무척 따랐고, 그 할아버지 할머니도 손자를 데리고 다니며 귀여워했습니다. 구경삼아 시장으로, 놀이삼아 공원으로, 어떤 때는 낚시터에도 데리고 다니곤 하였습니다. 그러다간 길거리 포장마차에서 술 한 잔을 드시며 손자에게도 한 모금 먹이곤 하였답니다. 때로는 손자들이 먼저 할아버지를 졸라 외출하기를 떼쓰곤 하는 것도 보았습니다.

지금 내 손자들이 할아버지인 나와 할머니인 나의 안사람을 무척 따릅니다. 안사람은 손자를 안고, 나는 손자의 손을 잡고, 외출할 적엔 손자의 부드러운 살결을 느끼며 행복에 젖곤 합니다. 손자는 할머니의 눈을 보며 안기고, 할머니는 손자의 눈을 보며 흐뭇해합니다. 손자는 할아버지의 손을 잡고 편안함을 느끼고, 할아버지인 나는 손자의 손을 잡고 뜨거운 피의 흐름을 느낍니다. 어떤 애들은 할아버지 할머니가 추하다 하고, 어떤 애들은 할아버지 할머니에서 냄새가 난다하며 자기 할아버지 할머니를 가까이 하지 않는다는데, 어쩌면 그럴 수도 있을 것 같기도 한데, 우리 손자들은 나와 나의 안사람에게 거침없이 안겨 옵니다. 며칠 만에 애들이 찾아오는 날이면 사정없이 나에게 매달립니다. 그러면 아비와 어미는 할아버지 허리 다치신다고 주의를 줍니다. 그래도 나는 달려드는 손자가 좋습니다.

할아버지 할머니에 있어서 손자는 무엇이며, 손자에 있어서 할아버지 할머니는 무엇일까요? 할아버지 할머니는 손자를 보면 왜 그렇게 흐뭇한 것이며, 손자는 할아버지 할머니 앞에서 왜 그렇게 귀엽게 구는 것일까요? 할아버지 할머니와 손자 사이에 있는 아들과 딸은 어떠한 관계에 있으며, 그 위치는 무엇인가요? 할아버지 할머니는 손자를 보며 그들의 아들딸을 보고, 손자는 할아버지 할머니를 보며 그들의 아빠 엄마를 보는 것은 아닐까요. 할아버지 할머니가 손자를 귀여워함은, 손자가 할아버지 할머니에게 의지함은, 할아버지 할머니의 아들딸과 손자의 아빠 엄마에 대한 간접적인 애정의 표현이며, 삼대(三代)가 이어가는 끈끈한 혈육의 편애적 표현은 아닌가 합니다. 그것이 가족의 고리가 아닌가 합니다.

어머니 생각

모든 어머니의 자식사랑이 한결같음과 같이, 나의 어머니도 그런 평범한 어머니일 뿐이었다. 다만, 내가 두 살 터울인 형과 달리 약한 체질로 태어난 탓에, 어머니의 걱정은 이만저만이 아니었다. 게다가 어머니는 젖이 모자라서 모유마저 충분히 먹이지 못한 것에 마음 아파하였고, 대신 우유를 먹이려 하였으나 이상하게도 나는 우유를 한사코 거부하였다고 하였다. 이에 어머니는 좁쌀미음으로 나를 키울 수밖에 없었고, 이 일로 어머니는 내게 늘 안쓰러워했다. 미음만을 먹고 자란 내가 실할 리가 없고, 병약한 것도 그 때문이라는 것이었다.

자라는 동안 몸이 약한 만큼 나는 수줍음과 부끄럼도 많았다. 따라서 다른 아이들과 사귀기를 꺼려 늘 혼자였고, 심부름도 제대로 하지 못하는 심약한 아이였다. 여덟 살이 되어 학교에 가고자 하였으나 아직 어리다는 이유로 허락되지 않았다. 이듬해, 아홉 살이 되어 학교에 들어갔을 때도 또래에 비해 한참 키가 작은 어린애였다. 학교생활에서 주어진 공부는 꽤 하는 편이었으나, 몸이 약해서 체육점수만은 항상 밑돌았다. 어머니는 이러한 나의 성장장애와 무기력함에 마음이 놓일 리 없었다. 다시 말하면 나는 남자의 생존법칙을 터득하지 못한 미숙아였던 것이다. 그래서 어머니는 나를 품에서 떼지 못하였다. 그 결과 나는 딸 없는 어머니 밑에서 가사활동을 보조하는 딸과도 같은 존재가 되었고, 잔병이 많으신 어머니의 충실한 간병인이기도 하였다. 이로 인하여 어머니와 나 사이엔 묘한 연민의 정이 깊어질 수밖에 없었다.

이런 모자간의 밀착관계에서 어머니는 객지생활을 하는 아버지와 군에 입대한 형을 만나보기 위해서, 가끔 나를 두고 멀리 여행하는 날이 있었다. 이럴 때면 나는 어머니 품을 떠난 고아나 다를 바 없었다. 어쩌다 어머니의 귀가가 늦어질 때면 어머니와 나는 서로 걱정을 하는 처지가 되었다. 나는 객지에서 겪으실 어머니 병환에 마음이 놓이지 않았고, 어머니는 어머니대로 홀로 남겨진 아들의 생활에 걱정일 수밖에 없었다. 어머니는 고질적인 두통이 발작하는 날이 수시로 있었고, 발작하는 날이면 3, 4일을 자리에서 일어나지 못하였다. 나는 그것이 항상 싫었다. 그렇지만, 객지에 나가 있는 어머니의 병환소식엔 늘 근심이 앞섰고, 어머니 곁을 지킬 수 없는 것이 안타까울 뿐이었다.

사실 나는 중학교에 다니면서 다른 아이들과 같이 정상적으로 성장하였고, 고등학교 시절엔 스스로 나약한 존재라고 생각해 본 적이 없었다. 더 이상 나는 어머니 치마폭에 싸인 아이가 아닌 당당한 청년이었다. 그러므로 나에 대한 어머니의 지나친 관심과, 그것을 받아들이는 나 사이엔 많은 감정의 괴리가 있었다. 나는 어머니의 걱정이 나에 대한 기우에 지나지 않으며, 오히려 나를 위축시키는 간섭이라고 여길 수밖에 없었다. 그래서 가능하면 어머니의 보호로부터 벗어나기를 원하였다. 그러나 그 일은 쉽게 이루어지지 않았다. 대학을 다니면서 떨어진 적이 있었으나 그것도 잠시였다. 흩어진 가족을 합친다는 아버지의 뜻에 따라 서울로 새로운 터를 잡아 가족이 한데 모이게 되었기 때문이었다.

이후에도 어머니의 나에 대한 관심은 여전하였다. 내가 외출에서 돌아오면 어머니는 나의 일과를 일일이 캐묻곤 하였다. 학교에 다니는 학생에게 무슨 별다른 일상의 변화가 있을 리 없다는 것을 잘 알면서도 말이다. 나는 이럴 때마다 불쾌감과 함께 어머니의 궁금한 마음을 사정없이 묵살하곤 하였다. 자식을 위한 어머니의 마음을 이해 못할 바는 아니었지만, 20대의 나로서는 그만큼 사생활의 간섭과 같은 것이었다. 부모님과의 생활은 이렇게 일상에서부터 학업과 진로에 관한 부분까지 간섭의 대상이 되므로 오히려 내게는 여간 피곤한 일이 아니었다.

군복무를 마치고 돌아온 나는 어머니에게 정말 장한 아들이었다. 그러나 나는 역시 병약한 존재였던가? 제대 후, 가까스로 얻은 직장은 아침부터 밤늦게까지 근무가 이어졌고, 이로 인하여 발생한 과로와 영양실조는 나도 모르게 잠복 중이던 병원(病源)이 밖으로 나타나서 중환자가 되고 말았다. 이어 병을 치료하기 위하여 직장을 그만 두게 되고, 나의 와병은 집안의 분위기를 어둡게 만들고 말았다. 이 일은 어머니의 마음을 더욱 아프게 하였을 뿐만 아니라, 부모님과의 갈등만을 증폭시키는 원인이 되고 말았다. 그리고 나의 미래에 대한 기대마저 더욱 혼란케 만들었다. 이어, 약해진 나의 심신은 쇠약할 대로 쇠약해져 또 하나의 새로운 병을 만들고 있었다.

이런 나의 고통의 세월을 보내는 동안, 그래도 묵묵히 나를 지키고 보살펴 주신 이는 어머니였다. 2, 3년의 투병이 끝나고 다시 새로운 직장을 구하였을 때는 벌써 나이가 30에 가까웠다. 새로 첫 출근을 하는 나를 말없이 바라보는 어머니의 표정엔 격려하는 마음으로 가득하였다. 어머니 앞에 나는 아직도 나이어린 자식에 불과하였다. 나의 출근은 나의 생각을 바뀌는 한 분기점이었다. 다시 말하면 지금까지 어머니로부터 받은 관심과 보호가 내가 누려야 할 나의 권한의 전부가 아니라는 사실이었다. 얌전한 척하면서도 어머니의 뜻에 반항하며 제 뜻을 고집하고, 제 잘 난 척해 온 과정이 모두 나의 어리석은 결과라는 사실이었다. 부모님의 속을 썩이며 집안의 분위기를 어지럽히는 당사자가 나란 것을 조금도 모르고 있었다. 결국은 부모님의 보살핌 안에 머물고 있었으면서도 부모님을 원망하는 속 좁은 철부지 자식임을 새삼 느끼지 않을 수 없었다.

새로운 직장은 또래의 남녀 동료가 있었고, 그들로 하여금 새로운 친구가 되게 하였다. 동료들과의 생활이 새로운 활력이 되었다. 어머니는 나의 즐거움을 공감하고 있었다. 아니, 공감하고자 하였다. 어머니는 매일처럼 나의 퇴근을 기다렸다. 내가 퇴근하면 그 예의 관심 깊은 질문이 빠짐없이 던져졌다. "직장에서 무슨 일은 없었니?" "점심은 무얼 먹었니? 누구하고 먹었지?" 또 퇴근이 늦으면, "왜 늦었니? 누구하고 있었니? 남자니 여자니? 무슨 대화를 나누었니?" 그전 같으면 얼마든지 화가 날 일이었다. 처음 몇 번은 그 질문이 싫어 대답을 피하였다. 그런데 어김없이 매일처럼 던져지는 그 물음에 거부할 것만도 아니라는 생각이 들기 시작했다. 그래서 어머니의 물음에 한 마디씩 대답하고 설명하기 시작했다. 어머니는 나의 말을 들으면서 퍽 즐거워하였다. 나는 어머니가 아들과 같이 하고자하는 순수한 뜻에 가까이 다가가고 있었다.

어머니가 느끼는 행복이란 멀리 있는 것이 아니었다. 나는 퇴근과 함께 어머니 앞에서 하루의 일과를 보고하는 시간을 가지게 되었다. 직장 상사이야기, 동료이야기, 작업이야기, 시일의 흐름에 따라 교제하는 여성이야기도 빼놓지 않았다. 좋은 이야기에는 격려와 칭찬이 따랐고, 안 된 일에는 서운함도 감추지 않았다. 그리고 내가 잘못한 일에는 꾸중과 함께 그러면 안 된다는 타이름도 잊지 않았다. 그럴 때마다 어머니는 엄격하면서도 한결 행복한 표정이었다. 나도 흐뭇하지 않을 수 없었다. 이것이 어머니의 행복이라는 것을 알게 되었다. 이후로 어머니는 편안해 보였고 병의 발작도 뜸한 듯 보였다. 흔히 자식들이란 부모가 바라는 행복을 자기의 생각대로 진단하고 처방하고 만다. 그러므로 부모자식 간에 주고받는 행복이란 항상 엇박자의 연속일 수밖에 없다.

나는 비로소 효도란 이런 것임을 알았다. 누군가가 말했듯이 '효도란 부모에게 잘 해드리는 것이 아니라, 부모님을 기쁘게 해드리는 것'이라는 것에 공감이 갔다. 나는 남 보기엔 착한 아들이었는지 모르나 은근히 부모의 속을 썩인 불효자임을 자인하지 않을 수 없다. 하지만 나는 어머니와의 대화에서 작은 효도를 실행하고 있나는 사실을 알게 되었다. 내가 사귀는 지금의 아내를 처음 집에 데리고 왔을 때, 어머니는 그렇게 반가워할 수가 없었다. 어머니는 나를 믿고 있었다. 내가 택한 여인을 허물없이 받아주었다. 어머니는 나를 제쳐두고 그녀와 다정한 모녀처럼 대화를 나누었다. 이것이 어머니가 작은 며느릿감을 대면한 처음이자 마지막이었다.

달이 얼마 지나지 않아 어머니의 병환은 의외로 심해 갔고, 의사선생의 왕진도 잦아졌다. 어머니는 나의 일상의 대화도 들을 기력도 잃어갔다. 나는 어머니의 병 앞에 아무 것도 할 수 없는 나약한 존재가 되고 말았다. 우울한 나날이 지나갔다. 무더운 칠월의 여름 장맛비가 오락가락하던 날, 어머니는 말없이 눈을 감으셨다. 주위 사람들은 나의 충격이 클 것이라고 걱정하였으나 오히려 나의 마음은 빗속에 가라앉은 날과 같이 차분하였다.

어머니의 장례를 치르고 난 뒤, 나는 전에 앓았던 병이 다시 도져 자리에 눕게 되었다. 아버지는 어머니의 사망에 의한 충격으로 병이 재발된 것이라 하였다. 정말로 그런 것이었는지 모를 일이었다. 이후로 나는 밤마다 어머니의 꿈을 꾸었다. 그것이 나를 더욱 괴롭게 하였다. 어머니가 나를 못 잊어서인지, 내가 어머니를 그리워해서인지, 항상 나는 어머니와 같이 하고 있었다. 마지막 어머니가 떠나는 날에 나도 같이 따라가기를 원하였지만. 결국 생각과 같지 않았다. 그날부터 나는 이 세상의 고아가 되었다. 하지만 꿈은 날마다 이 고아를 생시의 어머니 곁에 있게 하여, 꿈과 현실을 착각케 하였다. 정말 어머니가 세상을 뜨고 안 계시다는 것을 알게 된 것은 적막함이었다. 어머니가 안 계신 주변은 정적만이 깔린 고요 그 자체였다. 그리고 너무도 쓸쓸한 세상이었다. 어머니가 떠난 빈 자리는 내가 홀로 남아있기엔 너무도 넓은 세상이었다. 그리고 어딘가 가야할 길목에 서있다는 것도 알았다. — 이것이 어머니를 향한 또 다른 나의 꿈이었는지도 모른 일이었다.

어머니가 돌아가신 지 벌써 수십 년이 지났다. 어머니 하면 좋은 인상

보다 항상 두통에 시달리며 누워계신 모습과, 그 곁에서 어머니를 어쩔 수 없이 지켜보던 나의 어두운 모습이 먼저 떠오른다. 그리고 수없이 반복되었던 어머니와의 충돌과 갈등의 세월도 잊을 수가 없다. 정이 깊으면 원망도 깊다고 하였던가? 어쩌면 어머니와 나는 지나치게 정이 깊었던 탓인지도 모른다. 그렇게 끊을 수 없는 천륜의 인연이 오늘에도 어머니를 생각게 한다.

(문학사랑 2012. 겨울호)

연하장年賀狀

연초, 헤어진 지 20년이 되어 잊었던 한 후배로 부터 한 장의 연하장을 받았다. 그는 많은 세월 속에 잊혀져가는 나의 추억을 새삼 일깨워주웠다. 후배의 이름 석 자가 반가울 수밖에 없었다. 그 연하장 속에 한 때나마 한 직장에서 희로애락을 같이 하던 선후배의 우정이 아직도 남아있기에 그것을 공유하고자 하는 메시지가 담겨져 있는 것이 아닌가? 우리가 서로 기대하였던 것이 무엇인가? 아무것도 없다. 아무것도 없기에 우리의 모든 것이 변하였다 하여도 어떤 아쉬움이 있을 턱이 없다. 서로 지난날에 새겨진 것들이 어느 구석엔들 지워지지 않고 조금이라도 남아있다면 그것으로 그만인 것이다. 어쩌면 서로 이름을 기억하고 부를 수 있는 것만으로 만족한 것인지 모른다. 그럼에도 갑자기 지난 그 시절, 그 얼굴이 보고 싶어진다. 연하장엔 그 시절 그때의 모습들이 자꾸만 아른거린다. 과거의 추억이란 이렇게 해서 연상이 되는 것인지도 모른다.

연하장이란 새해를 맞이하여 서로 아는 사이에, 새해를 축하하고, 지난 일 년 동안 격조하였던 시간을 돌아보며 주고받는 인사장이다. 그러므로 연하장을 보낸다는 것이 중요한 행사일 수도 있으며, 특히 존경하는 어른에게는 반드시 인사로써 행하여야 할 덕목 중의 하나이기도 하다. 하지만, 이러한 연하장이 때론 별 의미 없는 연중행사처럼 느껴져 씁쓸해질 때가 있었다. 그러다보니 으레 주고받는 것이 형식적인 것이 되어버리고, 한편으론 주고받는 것 자체가 부담으로 돌아올 때도 있었다. 지금은 정년퇴임하여 오랜 세월을 지내다 보니 연하장 받는 횟수도 가뭄에 콩나듯 하지만, 한 직장에 재직할 때는 꽤 많은 연하장을 주고받았었다. 생각해 보면 연하장을 보내는 자와 받는 자 사이엔 큰 차별이 있었던 것도 사실이었다. 어찌 보면 연하장이란 상사에게 눈도장 찍는 것처럼 되어 그쪽으로 많이 집중되었고, 반대로 상사로부터 받아보기란 극히 드문 일이었다. 한편 별 의미를 느끼지 못하였던 것은 직장의 동료거나 늘 친하게 지내는 친구들로부터 받는 연하장이었다. 매일 보다시피 하는 동료끼리 웬 연하장이 필요한 것인지 이해할 수 없었다. 만나서 새해인사를 하면 그만인 것을 —. 그러나 그냥 지나쳐버리기엔 어려움이 없는 것도 아니었다. 일단 받은 연하장에 대하여 답신을 하지 않으면 친구의 성의를 무시하는 것 같고, 아니면 친분의 정도를 의심하는 것처럼 보일까봐 부득이 답 연하장을 보내지 않을 수 없었다. 사실 나는 지금도 연하장에 답장이란 필요한 것인지 회의를 느끼곤 한다. 왜냐하면 연하장이란 주고받기식이라든지, 상호간의 유대를 확인하는 매개물이 아니기 때문이다.

그럼에도 주위에는 상습적으로 연하장을 남발하는 친구들이 많았다. 이런 친구들은 연말이 가까워 오면 많은 연하장을 쓰기에 바빴다. 아무튼 이런 친구들 때문에 오히려 피곤해지는 쪽은 연하장을 받는 쪽이었다. 한편, 연하장의 실물에도 문제가 되었다. 연하장의 질도 다양하여 선택의 폭이 넓어짐에 따라, 자연히 선택도 상대에 따라 구분하게 되는 어려움도 있었다. 그림이 좀 유치하거나 질이 좀 떨어진다 싶은 연하장은 받는 이로 하여금 오해를 살 수 있는 요인이 되었기 때문이다, 따라서 연하장을 주고받는 것도 여간 세심한 주의를 기울이지 않으면 안 되었다. 삼사십 년 전만 하더라도 한 장의 카드에 「謹賀新年」이란 네 글자만으로 족하였었다. 사실, 연하장이란 상점에서 고객에게 새해에도 계속 우리 가게를 많이 이용해 달라는 인사장(人事狀)을 보내는 것과 같이 난발이 될 그런 성질의 것은 아닌 듯싶다. 적어도 지난 일 년 동안 격조했던 스승이나 선배, 그리고 찾아뵙지 못한 어른께 새해 인사를 겸해서 하는 것이며, 또한 멀리 떨어져 격조했던 친구에게 보내는 것이 일반적인 상식이 아닌가 한다.

어쨌거나 이제 나이가 들어 뒷방에 앉아 있는 신세니 그 많이 오던 연하장은 무소식과 함께 모두 끊기고 말았다. 그래도 연말 연초가 되면 누구에선가 연하우편 한 통쯤 오지 않을까 기다려지는 마음은 어쩔 수 없다.

오래 살아야 할 이유

— 늙어버린 아내를 보며

칠십 후반인 내가 무슨 욕심이 있어 오래 살겠다고 하랴마는, 나처럼 늙어버린 아내를 보고 있노라면 적어도 아내가 존재하는 한은 나도 같이 살아있어야겠다는 생각을 떨쳐버릴 수 없다. 휜 다리와 굽은 어깨, 자그마한 키에 흰 머리가 싫다고 까맣게 물들인 파마머리, 거기에다 비슷한 옷차림, 비슷한 손가방을 들고 절름거리듯 불안하게 걸어가는 아내를 보고 있노라면, 영락없는 여느 할머니와 조금도 다름이 없다. 집 근처 길거리에서 항상 만나는 그만그만한 노파들 가운데 한 사람에 불과하다. 벌써 고희가 지난 나이니 어쩔 수 없는 세월의 결과겠지만, 건강하게만 보이던 아내가 어느새 저렇게 되었는가 생각하면 참으로 애처롭기 짝이 없다. 통통하고 탄력이 있던 팔과 다리는 힘없이 늘어지고, 말이 없던 입에서 무릎통증 허리통증 등 각종의 통증호소가 그치지 않는 것을 보니 이젠 아내의 건강에도 한계가 이른 듯하다.

실은 나나 아내나 오래 살아야겠다는 생각은 가져본 적이 없고, 인간백세를 꿈꿔본 적은 더더구나 없다. 다만 둘이서 고희를 넘겼으니 살만큼 살았다 할 것이며, 주어진 여생이나마 편안히 지내다 갈 수만 있다면 그것으로 만족하는데 공감하고 있었다. 그러한 생각 속에서도 아내에 대하여서는 건강상에 별 이상이 없고, 우리나라 여성의 평균수명에 따라 적어도 나보다는 10년 정도는 더 살게 될 것이라는 안이한 생각을 하고 있었다. 따라서 건강과 죽음에 대하여서는 항상 내가 먼저고 아내는 아직 걱정할 단계가 아니라는 것이 나의 지배적인 생각이었다. 다시 말하면 여자가 남자보다 오래 살 것이라는 전제가 아내의 건강을 나의 관심 밖으로 내몰고 있었다. 이러한 안이한 생각 속에 아내가 갑자기 힘없고 초췌하게 보이는 것은 나에게 큰 충격이 아닐 수 없다. 어쩌면 나보다 건강에 더 문제가 있는 것이 아닌가 하는 생각이 드니 마음이 덜컹 내려앉는다. 평균수명이란 누구에게나 적용되는 것이 아니며 건강도 생각처럼 그렇게 보장되는 것이 아닌 것을 —. 모든 것이 나와 자식, 그리고 가정을 위한 희생의 결과려니 하고 생각하니 더욱 마음이 아파온다.

참으로 긴 세월이라면 긴 세월이고, 짧다면 짧다 할 부부로서 지나온 세월이다. 한 몸처럼 희로애락을 같이 해온 세월을 뒤로 하고, 이제 얼마 남지 않은 여생을 백년해로의 가약을 지켜 부부가 함께 마감할 수 있다면 얼마나 좋을까? 늙어서도 건강하게 지내다가 저 세상으로 떠나는 날, 같이 가기를 원하였던 것이 결혼 당시의 약속이었으며, 또한 그렇게 되기를 소망하지 않았던가? 어쩌면 그 소망이 이루어지는 것을 우리뿐만 아니라, 여러 노부부의 마지막 바람인지도 모른다. 노년에 이르면 모든 것이 외로워진다 하였다. 그러므로 노부부는 자식의 효도보다 부부간의 애정을 더 갈망하고 신뢰한다. 아내는 할아버지가 되어버린 남편이 지켜주고 있는 것을 거부하지 않으며, 남편은 할머니가 되어버린 부인의 걱정을 마다하지 않으므로 노부부는 항상 같이 의지하게 된다. 한쪽이 아프거나 한쪽이 먼저 가면 그것은 균형을 상실하는 것이다. 우리는 흔히 할머니 앞에 세상을 뜨는 할아버지를 보고 복 받은 분이라 하지만, 할아버지 앞에 가는 할머니도 또한 복 받은 분이 아닐 수 없다. 그러나 그 불균형을 부부간의 마지막 순수한 사랑과 최선을 다하는 정성으로 감내한다. 한쪽이 먼저 가면 남은 이의 가슴 속엔 허전하고 야속한 마음이 가득 찰는지 모르고, 또한 한이 맺힐는지도 모를 일이지만, 누가 먼저 가고 누가 뒤에 가든 그것이 문제가 되는 것은 아닌 듯싶다. 나는 지금껏 노인네들이 오래 살기를 원하는 것을 노인네들의 부질없는 욕심이라고만 여겨왔다. 그리고 아내보다 먼저 간다는 것을 당연한 것처럼 생각해 왔다. 그런데 그 생각 자체가 나의 이기적인 생각에 불과하다는 것을 느끼지 않을 수 없다. 내가 병석에 누워 있으면 그 간호야 당연히 아내의 몫이 되겠지만, 만약 아내가 병석에 있다면 누가 그를 지킬 것이며, 누가 아내의 마음을 헤아릴 것인가? 그것은 당연히 남편인 나의 몫일 수밖에 없다. 그러므로 나는 아내가 있는 한 나도 건강히 살아 있어야만 한다. 나는 이 사실을 지금까지 생각 밖에 두고 있었다.

굽은 어깨에 휜 다리, 절름거리듯 불안하게 걷는 아내, 늘 보는 여느 할머니와 조금도 다름없는 모습이라서 별로 관심 밖이었던 아내가, 어느 순간 시간을 건너뛰어 미래에 와 있는 느낌을 받는다. 갑자기 늙어버린 아내를 보면 지나온 세월 속에 회한만이 착잡해 온다. 아내는 오늘도 아픔을 호소한다. 그 속에서도 생활을 즐기며 웃는 모습을 보면 더욱 안쓰러워질 뿐이며, 살갑게 대하지 못하던 내가 후회스러워진다. 이제 아내에게 위로가 필요할 때인 듯한데, 그 위로를 해줘야 할 사람은 나밖에 없다는 것을 새삼 느끼지 않을 수 없다. 백년해로하면서 저 세상으로 가는 날을 같이 하기로 했던 그 약속을 지키지는 못할지라도, 아내가 내 곁에 있는 한은 나도 아내 곁을 떠나서는 안 될 것만 같다. 그것이 남편 된 나의 도리이며, 나와 가족을 위한 희생으로 힘없이 늙어버린 아내를 위한 일이기 때문이다. — 이것이 내가 더 살아야 할 이유다.

(문학사랑 2011. 여름호)

외식外食

나는 미식가도 아니고 식도락가도 아니라서 맛을 찾아다니는 일은 거의 없다. 그러다보니 외식과는 거리가 멀고, 외식을 하는 경우란 극히 한정적이라서 밖에서 친구나 손님을 만나는 경우나, 어떤 모임의 회식이 있을 때뿐이다. 그 외론 외출 시에 한 끼의 끼니를 해결하는 정도가 고작이라서, 외식을 위한 외식은 항상 생각 밖이었다. 그러므로 가족과의 외식을 주도한 적이 거의 없어, 아내는 나더러 외식하러 가잔 말 한 마디 없는 메마른 양반이라고 핀잔을 밥 먹듯 한다. 사실 나는 외식을 그다지 좋아하는 편이 아니어서 선뜻 외식하러 가자는 말이 쉽게 나오지 않는다. 되돌아보면 외식하는데 그렇게 인색한 편도 아니었는데, 어쩌다 외식 기피자가 되었는지 나도 모를 일이다. 다만, 지금에 와서 외식을 권해 본 적이 없는 아내에게 미안한 마음만은 어쩔 수 없다.

내가 외식을 좋아하지 않는 데는 그만한 까닭이 없는 것도 아니다. 첫째는 어려서부터 식성이 유별나서 집의 음식이 아니면 잘 먹으려들지 않는 고집 때문이다. 그러므로 남의 집 음식은 물론 음식점의 음식이라 할지라도 쉬 내키지 않는 것은 당연한 일이며, 한 끼의 외식이 집에서 먹는 것만 같지 못한 것은 어쩔 수 없다. 다음은 소식하는 습성 때문이다. 내가 좋아하는 것은 진수성찬이 아니라 일품식(一品食)이거나 입맛에 맞는 간단한 차림의 음식 정도다.

이러한 습성에서 외식을 하다보면 음식의 다양성에는 유혹될 법도 하지만, 실은 한 끼의 끼니를 때우는데 여러 가지 음식이 내게 필요한 것은 아니다. 따라서 먹어보지도 않고 남겨지는 음식에 대한 거부감이 앞선다. 특히 뷔페식당에 가면 더욱 한심스러워지곤 한다. 음식을 마음껏 골라먹는다고는 하지만, 배열된 많은 음식의 유혹에 이것저것 골라 한 접시에 가득 담고 보면 한식(韓食)도, 일식(日食)도, 중식(中食)도, 양식(洋食)도 아닌 잡식이다. 그 맛 또한 무슨 맛이 될는지 나는 모른다. 그리고 그 음식을 다 처분하지도 못하고 그냥 남기는 사람을 보면, 과연 음식을 맛을 보러온 것인지 배를 채우러 온 것인지 분간이 서지 않을뿐더러 외식을 하는 의미조차 찾기 어려워진다. 물론 맛도 보고 배도 불리어야 하겠지만, 나처럼 소식하는 사람에겐 뷔페식당이란 사치와 낭비의 장소에 지나지 않는다. 사실 나에게 외식이란 외출하였을 때 한 끼의 요기를 간단히 해결하는 것 이상의 의미를 부여하지 않는다. 아니면 손님을 접대하기 위한 한 수단일 뿐이다.

나의 외식 기피현상은 어쩌면 그렇게 길들여진 탓도 있겠지만, 실은 아내에게도 그 책임이 전연 없다고는 할 수 없다. 신혼 때는 아내와 함께 외식의 기회를 자주 만들었었다. 그런데 외식하러 나서면 아내는 갑자기 마음이 돌변하곤 하였다. 고급 음식점으로 가면 일반 식당으로 옮기자 하고, 일반 식당으로 가면 집으로 돌아가자 하였다. 또한 값진 음식을 먹자하면 값싼 것을 찾고, 그럼 싼 것을 먹자하면 그 돈으로 재료를 사다가 집에서 해먹는 것이 훨씬 낫다고 고집을 부리곤 하였다. 결국엔 음식점 엔 들어가 보지도 못하고 이곳저곳 문전에서만 서성이다 돌아오곤 하던 때가 한두 번이 아니었다. 이어 집에 와선 한바탕 말싸움을 벌이곤 하였다. 그리고 "어디 두고 봐! 다시는 내 입에서 외식하러 가잔 말이 나오는가?" 라는 한 마디 지르는 것으로 싸움을 끝을 냈다. 우리의 외식은 항상 이런 식이었다. 물론 아직 생활의 기반이 서지 않은 어려울 때였으니, 가계를 담당한 주부로서 외식으로 소비되는 돈이 아까웠으리라는 것을 모르는 바 아니다. 이러한 과정이 반복되다보니 아에 나의 입에선 외식이란 말이 사라지고 말았다. 지금 아내가 나더러 외식 한번 하자는 말 한 마디 없는 구두쇠 또는 멋없는 남자로 폄하하지만, 실은 그 원인은 이렇게 아내가 제공한 면이 있다. 그렇다고 모든 원인이 아내에게만 돌리려는 것은 아니다. 보다 중요한 것은 아내의 마음을 헤아리지 못한 나의 무관심이 아닐 수 없다. 어려웠던 그 시절은 그때의 현실이고, 세월이 흐른 지금에 와서도 지난날의 일을 꼬투리 삼아 고집하는 것이라면 나의 치졸한 생각일 수밖에 없다.

그때를 생각하면, 외식에 관한 한 아내와 더불어 지금도 잊어지지 않는 일이 있다. 아내가 첫 임신을 하고 만삭이 다되어 출산일이 다가올 무렵이었다. 마침 토요일이라 일찍 퇴근하고 집에 오니 아내가 없다. 한참 만에 돌아온 아내는 산부인과병원에 다녀오는 길이라 하였다. 그럼 출산 예정일이 언제라 하더냐고 묻자, 일주일 후가 될 것이라고 하였다. 그리곤 "탕수육이나 실컷 먹고 애를 낳았으면 좋겠다."고 말을 덧붙인다. 임신 중이었지만 뭘 먹고 싶다거나 하는 말은 한 번도 해본 적이 없는 아내가 모처럼 꺼낸 말이었다. 얼마나 먹고 싶었으면 말을 꺼낼까싶어 "마침 내일이 일요일이니 우리 같이 나가서 한번 실컷 먹어봅시다." 하고 흔쾌히 응답해 주었다. 그런데 웬걸 저녁을 지으러 부엌에 들어간 아내가 진통을 시작하였다. 진통은 점점 심하여 바로 병원으로 갈 수밖에 없었다. 다음 날 오전에 아내는 아들을 출산하고, 그 뒤 내내 산후조리를 위하여 미역국으로 끼니를 대신하게 되었다. 출산 전에 먹고 싶어 하였던 탕수육은 이렇게 물 건너간 해프닝으로 끝나고 말았다. 이 일은 아내나 나나 내내 잊어지지 않는 사건이 되었다. 모처럼 약속하였던 외식의 기회를 놓쳐버린, 참으로 둘만의 아쉬운 젊은 날의 기억이 아닐 수 없다.

위의 탕수육 건엔 지금도 아쉬운 마음이 든다. 하지만 그날의 보상은 아니지만, 이제 와서 막상 아내를 데리고 외식하러 나가자니 마땅한 곳이 떠오르지 않는다. 어디로 가야 좋을 것이며, 아내가 만족할 수 있는 맛을 어디서 찾아야 할지? 그렇다고 아내에게 행선지를 정하라고 할 형편도 아니다. 식도락가도 미식가도 아니고 보니 정보의 부재는 당연한 것이라서, 딱히 어느 식당을 지정하여 무슨 음식을 먹으러 가자고 선뜻 말하기도 여간 어려운 것이 아니다. 아내는 고급음식도, 분위기 있는 곳도 바라는 것이 아니라는 것을 안다. 그렇다고 한 끼의 끼니를 때우기 위하여 아무 곳이나 찾아간다면, 그것이 무슨 외식의 의미라 할 것인가? 당장은 아내에게 미안한 일이겠지만, 음식을 잘하는 음식점을 선택한 뒤에 적당한 기회를 보아 나서는 것도 나쁘지는 않을 것이라 여겨진다. — 아내여 기다리시라, 반드시 우리 내외만이 외식할 좋은 날이 곧 있으리라.

왼손잡이의 수난受難

8월 13일은 세계왼손잡이의 날이라 한다. 이 생소한 날이 관심 밖이었던 왼손잡이에 대한 일을 환기시킨다. 왼손잡이, 통계상으로 세계 전 인구의 10 내지 13%에 해당한다는 왼손잡이. 사실 왼손잡이라 하여 특이할 것도 없다. 오른손잡이와 달리 왼손잡이라고 하는 것만 제외하고는 별다를 것이 없다. 그 왼손잡이 중에서도 2%만이 자신을 당당하게 왼손잡이라고 시인한다고 하니, 왼손잡이에도 차별성을 둬야 할 것이 아닌가 생각도 하여 본다. 어쨌든 나야말로 철저한 왼손잡이라 자처하는 바다. 그 왼손잡이가 왼손잡이란 이유로 어렸을 적부터 편견의 대상이 되었다는 사실을 생각하면 그리 좋은 감정일 수는 없다. 물론, 오른손 위주의 문화적 사회에서 왼손 사용으로 주위의 놀림감이 된다고 하는 것은 있을 수 있다고 하겠지만, 집안에서조차 상애자나 되는 것처럼 취급되었던 사실을 잊을 수가 없다. 내가 성인이 되었을 때면 마치 천인(賤人) 취급이나 받을 것처럼 염려하시던 부모님의 극성도, 생각해 보면 얼마나 왼손잡이에 대한 차별이 극심하였는지 알 수 있는 대목이다.

왼손잡이의 수난이란 오른손잡이용으로 일반화된 도구를 사용하여야 하는 것과, 그리고 사회적 통념에 의하여 오른손잡이로 교정되어야 하는 과정이 나에게는 여간 괴로운 것이 아니었다. 부모님은 내가 숟가락을 잡기 시작할 무렵에서부터 나의 왼손잡이를 바로 잡기 위하여 물리적 제재를 가하셨다. 나는 으레 밥상을 받으면 숟가락을 왼손에 잡았고, 이때마다 아버지는 항상 나의 여린 왼손을 사정없이 때리곤 하셨다. 그것도 한번으로 끝나는 것이 아니라 매 끼니 때마다 반복되었다. 이로 인해 왼쪽 손등은 벌겋게 부어오르고 결국엔 밥도 제대로 먹지 못한 채 울음으로 끝나는 날이 많았다. 어떤 때는 왼손을 쓰지 못하도록 붕대로 감기고 왼팔을 묶이기도 하였다. 이런 일이 되풀이되면서 나는 식사 때마다 먼저 아버지의 눈치를 살피며 숟가락을 든 왼손을 등 뒤로 감추곤 하였다. 이런 수난을 겪으면서도 나의 숟가락잡기는 좀처럼 고쳐지지 않았다. 나의 왼손에 대한 고집이 꽤 세었던 모양이다. 결국 나이 열 살이 지나서야 가까스로 오른손에 잡는 것에 익숙해졌다.

나의 오른손 숟가락잡기의 강요된 교정은 나에게 육체적인 고통일 뿐만 아니라, 주어진 정신적 충격은 나로 하여금 내성적이고 소극적인 성격으로 성장케 하였다. 어렸을 때부터 왼손잡이로 인하여 놀림감이 되면 성장 후에 육체적 정신적 손상으로 이어진다는 것은 심리학자의 지론이다. 그리고 왼손잡이의 강제적 교정은 오히려 창의력을 현저하게 손상시킨다 하였다. 이럼에도 부모님은 나를 철저히 교정하려 하였고, 나는 고집스럽게 그 교정을 거부하여 왔다. 그래서 지금도 오른손을 사용하는 것은 글 쓰는 일과 식사 때 뿐이다. 연필을 왼손으로 잡으면 학교를 다니지 못한다는 경고에 스스로 교정한 결단의 예다. 이 두 가지를 제외하고는 오른손을 쓰는 것이란 하나도 없다. 그 외엔 모두가 왼손과 왼발을 사용한다. 전화 수화기를 드는 것으로부터 시작하여 모든 작업이 왼손 아니면 할 수가 없다. 그런데 나이가 들어 오른손을 쓰게 되는 일이 하나 늘었다. 활을 배우면서부터다. 원래 왼손잡이는 좌궁(左弓)을 잡아야 하지만 나는 우궁(右弓)을 잡게 되었다. 당초 우궁을 잡고자 한 것이 아니라, 좌궁을 잡으려면 시위를 당기는데 쓰는 깍지라는 것을 왼손 엄지에 끼워야 하는데, 어렸을 적에 유리병을 가지고 놀다가 엄지손가락에 생긴 큰 흉터가 신경을 자극하여 깍지를 낄 수 없게 된 때문이었다. 이로 인하여 활을 배우는데도 다른 사람보다 힘이 더 들었던 것은 사실이다.

오른손잡이 중심으로 만들어진 일상생활의 모든 도구를 사용하는데 그 불편함이란 말하여 무엇할까마는 예를 들어, 야구놀이를 할 적에 왼손잡이용 글러브가 없어서 거추장스러운 행동을 거듭하던 것은 어찌 나 혼자만이 일이었을까? 오른손잡이용인 글러브를 왼손에 끼어 왼손으로 공을 받고, 공을 받은 다음 글러브를 벗어 오른손에 옮겨 쥐고, 그 받은 공을 왼손으로 던지는 일이란 참으로 거북스러운 일이 아닐 수 없었다. 이와 같은 동작은 친구로부터 소외되는 결과가 되었다. 그래도 가장 불편하였던 것은 일상 사용하는 가위라 할 수 있다. 지금은 대부분의 가위가 좌우공용으로 만들어져 손잡이에 모가 나지 않은 것이 많지만, 그전에는 모든 가위가 오른손에 맞춰 만들어졌기 때문에 왼손에 끼고 가위질하기에는 모난 부분이 엄지손가락을 자극하여 여간 불편한 것이 아니었다. 또 한 가지는 낫이었다. 농업중학교를 다녀서 실습시간에도 그랬으려니와, 직장생활을 할 당시 해마다 있었던 농촌 일손돕기를 위한 벼베기행사 때마다 그 곳에서 받아든 낫이란 항상 오른손용뿐이었다. 때문에 나는 왼손에 그 낫을 쥐고선 오른손잡이가 하듯이 벼를 베어 나갔다. 이럴 때마다 주위 사람들의 시선은 나에게 쏠리고, 나의 행동을 신기하게 쳐다보곤 하였다. 그리고 어떤 일이든지 공동으로 작업을 할 때마다 왼손잡이와 오른손잡이 사이에서 일어나는 엇갈린 행동은 종종 실수와 웃음거리를 만들곤 하였다.

분명히 오른손잡이의 세상에서 왼손잡이는 이단자이며 장애자이며 아웃사이더다. 왼쪽 편향의 행동으로 인하여, 어렸을 적에는 알게 모르게 친구로부터 놀림감이 되었고, 사회적으로는 예의 없는 짓이라 경멸의 대상이 되었다. 하물며 술좌석에서까지 선후배 동료로부터 왼손으로 술을 따르고 왼손으로 술잔을 받는다고 책망 듣기가 예사였다. 더구나 왼손잡이는 종교적으로도 기피의 대상이었다니 기막힌 사실이 아닐 수 없다. 이와 같은 약점을 보상이나 받듯, 왼손잡이에는 천재적 소질이 있다는 말을 많이 들어왔고 그것을 또 자랑처럼 여겨왔다. 그러나 천재적 소질이란 어디 왼손잡이 뿐이던가? 천재라 하면 오히려 그 수에 비례하여 오른손잡이 쪽이 더 많을 수밖에 없는 것이 상식이다. 왼손잡이에 천재적 소질이 많다고 하는 것은 어쩌면 자기 합리화나 자기 우월감일 수도 있으며, 달리 생각하면 약자인 왼손잡이에 대한 배려일 수도 있다. 다만, 천재의 확률이 수적으로 많은 오른손잡이보다 왼손잡이 쪽에 월등히 많다면, 어느 정도 수긍할만한 일이겠지만 아직까지 그런 통계를 접해본 사실이 없어서 유감이다.

그렇다면 왼손잡이란 자랑할 일도 폄하될 일도 아니다. 다만 지금까지 오른손잡이와 함께 아무런 생각 없이 살아오면서, 문화적 편견에 의하여 차별되어 왔다는 그 자체가 불행일 뿐이다. 그러나 과거의 불이익이 점차 없어지는 추세에서 더 이상 편견에 사로잡힐 필요는 없다고 본다. 하지만 미국 모 학자의 학설에 의하면, 지금도 왼손잡이는 육체적 정신적 손상에 의하여 평균수명이 9년이나 단축되며, 오른손잡이에 비하여 교통사고를 당하는 확률도 여섯 배나 높다는 설명이다. 이와 같은 현실이 서글픈 일이 아닐 수 없다. 물론 오른손잡이 위주의 사회가 만들어낸 결과다. 과거의 세대에 의하여 기정사실화된 사회적 불평등한 조건들이 사라지지 않는 한, 왼손잡이에 주어지는 육체적 심리적 피해는 언제든지 있기 마련이다. 근래에 들어 우리나라도 왼손잡이에 대한 인식이 많이 변하고 편견 또한 사라지고 있는 것은 분명하다. 그러나 아직도 이 땅 곳곳에 전근대적 사고에 의하여 만들어진 모든 도구와 의식이 그대로 잔존하고 있음도 부인할 수 없다. 그리고 우리가 모르는 가운데도 오른손 위주의 기기와 시설이 많은 것도 사실이다. 지금 생각하면 오른손 사용의 강요 속에 일부의 행동에서나마 좌우의 양쪽 손을 불편 없이 쓸 수 있게 된 것이 오히려 다행인지도 모르겠지만, 그것은 희생에 의하여 얻어진 것일 뿐 자연이 주어신 능력은 아니다. 하지만 왼손잡이만이 가지고 있는 특별한 재능이 있다고 한다면 그만큼 왼손잡이는 혜택을 받은 것이나 다름없다.

부전자전이라 했던가, 내 아들놈도 왼손잡이다. 아버지는 이 사실에 놀라워했으나 나에게 대하였던 것처럼 손자에게는 더 이상 어쩌지는 않으셨다. 아들은 나처럼 골수 왼손잡이는 아닌 모양이다. 그러나 그가 왼손을 쓰는데 대하여 나는 일체 간섭하지 않는다. 오른손을 쓰든 왼손을 쓰든 본인이 생활에 지장이 없으면 그것으로 그만이다. 현대사회에서는 오른손잡이와 왼손잡이를 굳이 차별하거나 제재할 아무런 이유가 없기 때문이다.

(문학사랑 2009. 가을호)

우리가 대하는 얼굴엔

우리의 주변에는 항상 마주 보며 지내는 얼굴이 있다. 우선 태어나면서부터 만나는 부모형제와 친척들, 그리고 어떤 인연으로든 서로 만나게 되는 이웃과 친구 동료들 —. 우리는 이들과 좋든 싫든 자주 얼굴을 대하면서 가까이 살아간다. 헤어지고 만나고를 반복하면서 희비를 같이한다. 이렇게 매일처럼 보면서 지내다 보면, 많은 세월이 흘러도 얼굴은 항상 그 얼굴이라서 변함이 없다. 한 순간을 딱 떼놓지 않고서는 어떤 인상을 떠올리기도 어렵다. 그러므로 인상에 많이 남는 사람은 항상 가까이 있는 사람이 아니라 멀리 헤어져 있는 사람들이다. 헤어질 때의 마지막 인상이 우리 머릿속에 깊이 각인되고 항상 연상되기 때문에 잘 지워지지 않는다. 다시 말하면 한 장의 사진처럼 오래 남는다. 그러므로 헤어진 사람을 떠올린 때에는 아무리 세월이 흘렀다 해도 헤어질 당시의 인상만이 연상하게 된다. 반면에 늘 마주치는 사람들끼리는 어떤 한 순간의 사건이 아니면 평소의 인상을 떠올리기란 그렇게 쉽지가 않다. 마치 물 흐름처럼 흘러가는 한 순간을 잡기가 어려운 것과 같다. 항상 보는 사람들의 인상이란 영화 필름이 돌아가는 것처럼 연속성이 있기 때문이다. 헤어진 사람을 과거형에 비유한다면 항상 마주하는 사람은 현재진행형이다. 헤어진 사람의 모습은 고정되어 있지만, 늘 대하는 사람은 어느 한 시점에 고정되어 있지 않으므로 그 변하여 가는 모습을 발견하지 못한다.

우리는 모두 생활 속에 변하여 가고, 우리 가족 또한 마찬가지다. 그 속에 집사람은 나처럼 늙어있고, 자식은 벌써 중년이 되었다. 그러나 그렇게 변해 있는 것으로는 보이지 않는다. 그렇다고 어느 순간에도 변해 있는 사실을 확인하려들지 않는다. 집사람은 결혼할 당시나 지금이나 그 얼굴 그대로며, 자식들도 어렸을 적 모습과 지금 모습이 다르지 않다. 집사람을 보면 지금도 아름다운 신부일 수도 있고 늙은 여인일 수도 있지만, 그렇다고 늙은 할머니로만 보이지도 않는다. 또한 자식을 보면 어렸을 적 꼬마일 수도 있고 어엿한 중년일 수도 있다. 나 자신만 하여도 그렇다. 매일처럼 거울에 비쳐보는 얼굴에 변하였다는 사실을 그다지 인식하지 못한다. 우리는 어느 한 시절을 구분지어 살아가지 않기 때문이다. 다시 말하면 매일처럼 자주 대하는 사람들에겐 어느 한 때의 인상만을 인식하려 하지 않기 때문이다. 그렇기 때문에 가족들과 같이 자주 대하는 사람들은 변하여 있어도 변한 줄을 모른다. 어느 한 순간의 인상이 남아있다면 그것은 추억의 한 컷과 같은 것뿐이다. 그 한 컷을 보고 지금을 대조하면서 우리가 변하여 있다는 것을 확인하기도 하지만, 별로 큰 의미는 주어지지 않는다. 진정 인상이 깊이 남아있는 것이라면, 그것은 어떠한 사건의 극적상황이거나 서로 헤어짐의 한 순간일 뿐이다. 필름으로 말하면 사건의 한 컷이거나, 필름이 끊기는 마지막 장면에 해당한다. 그 가운데서도 마지막 장면이란 인정의 아쉬움을 남기고 기억에 많이 남기는 법이다. 그래서 헤어졌던 사람과 다시 만날 때는, 잠재된 기억과 현실적 인상의 차이에서 많은 갈등을 느끼게 된다. 반겨야 할지 경계해야 할지 망설이게 된다. 이산가족들이 상봉하는 장면들이란 거의 그렇게 이어진다. 이것은 오랫동안 끊겨진 필름을 현재 돌아가는 필름과 연결을 시키는데 시간적 긴 공간이 있기 때문이다. 이 공간을 극복하면 쉽게 옛 정을 복원할 수 있으나, 그렇지 못하면 옛 친구도 멀어질 수밖에 없다.

우리는 흔히 많은 세월이 지난 뒤에 우연이든 예정된 모임이든, 초등학교나 중고등학교 시절의 친구들과 만나는 경우가 있다. 오랜만에 만난 친구라는 것이 이름만 기억될 뿐, 친구의 학창시절의 모습은 어느 한 구석인들 찾아볼 수가 없다. 이럴 때마다 서로는 서먹하게 한동안 얼굴만을 쳐다본다. 그 속에 무엇인가 한참을 찾는다. 지금은 모두가 변해버린 그 인상 속에서, 서로 머리에 새겨진 지난날 학창시절의 진주알 같은 모습을 찾는다. 어딘가 조금이라도 그 모습을 발견하였다싶으면 그 때서야 "네가 ○○ 아니냐? 많이 변해서 몰라보겠다!" 하며 손을 내밀고 악수한다. 반면 같은 경우라 할지라도, 기억된 학창시절의 얼굴이 얼른 그대로 들어오면 두말할 나위 없이, "야! 너 ○○ 맞지! 학교 다닐 때 모습 그대로네!" 하고 감탄하면서 포옹을 한다. 이렇듯 새겨진 인상과 현실로 다가오는 인상의 차이는 같은 대상이라 할지라도 사뭇 다르게 비쳐진다. 한쪽은 변했다고 보고, 한쪽은 아직도 학창시절 그대로라고 본다. 어느 고등학교 동창회의 수첩을 보았다. 그 수첩에는 졸업앨범에 있는 사진 그대로 복사되어 있었다. 나이가 들었어도 그 사진에 의하여 친구를 알아보고 찾는 것이 수월하다 하였다. 그리고 정이 더 간다 하였다. 그래서 그런지 대부분의 동창회원 수첩이란 그렇게 졸업앨범의 사진으로 꾸며지고 있는 모양이다. 그런데 나와 같은 6·25전쟁의 여파 속에 졸업한 세대는 졸업앨범은커녕 졸업사진 한 장도 변변한 것이 없다. 중년이 지나고서야 동창회수첩을 만든다고 사진을 모은 것이 머리가 반백인 초로들의 모습이다. 어릴 적 모습은 간데온데없다. 수첩을 보면 바로 지금 서로가 대하는 얼굴이라 알아보기는 쉽지만, 학창시절에는 어떤 얼굴을 가졌던 친구였는지 상상이 가지 않는다. 이렇다 보니 학생 때 몸을 비비대며 정을 나누던 추억은 사라지고, 서로 서먹한 대화만 오가는 형편이 되고 만다. 젊은 시절이든 지금이든 우리 머릿속에 깊이 새겨진 인상이란, 오랜 경험에 의하여 남겨진 인상이 아니면 흐려진 옛 모습뿐일 것이다. 돌아가신 분들의 모습처럼 말이다. 그런데 그렇게 우리의 기억 속에 깊이 각인된 인상이 어느 순간 아주 달라진 모습으로 다가올 때, 우리는 친밀감보다 오히려 거부감을 느낄 때가 많다. 모든 일에 있어서 생각과 현실이 괴리될 때에 당황하고, 아울러 거부감을 느끼는 것은 어쩌면 당연한 것인지 모른다.

흔히 하는 이야기 중에, 세월이 흐른 뒤에는 첫사랑의 애인을 만나지 않는 것이 좋다고들 한다. 많은 시간을 넘겨 만나는 순간, 너무나 많이 변하여버린 것들이 실망만 안겨주기 때문이다. 사랑을 하던 당시에 흠모하던 그 아름답고 늠름하던 모습을 지금도 그대로 간직하고 있는 사람은 거의 없다. 지난날의 환상에서 만나서 거부감을 느끼고 실망을 하기보다는, 차라리 아름다웠던 옛 추억이나마 비밀처럼 고이 간직하고 지내는 편이 훨씬 행복하다는 의미다. 고등학교 때, 아주 친하게 지내던 친구가 있었다. 졸업과 동시에 서로 헤어지고 40여년이 지난 어느 해 동창회 날에 만날 기회가 있었다. 서로 악수는 하였으나 도무지 옛날이 실감나지 않았다. 나와 친하게 지냈던 기억마저 잊었는지, 그 친구의 멀쑥한 표정은 나를 실망시켰다. 그렇게 만났다가 헤어지고 마는 친구가 어디 한 둘뿐이겠는가? 이것은 우리가 연결고리를 찾지 못한 탓이다. 다시 말하면 정에 대한 연속성을 갖지 못하였기 때문이다. 우리가 만나고 헤어지는 것은 인지상정이라 하지만 만나는 사람마다 모두 인연은 아닌 듯싶다.

가족 그리고 이웃이나 친구들이란 무슨 끈질긴 인연이 있기에 얼굴을 자주 대하게 되는 것인지 모르지만, 항상 만난다고 좋은 일만 생기는 것도 아니다. 좋든 싫든 같이 얼굴을 마주 대하게 되는 묘한 인연은, 세월을 잊게 하는 묘술마저 가지고 있어서인지 아무리 세월이 흘러도 한결같은 인상을 보이게 한다. 그러므로 누구 하나 나를 보고 늙었다고 하지 않으며, 나 또한 상대를 변하였다고 여겨지지 않는다. 세월에 관계없이 부모는 자식들에게 항상 그 모습이고, 부모에게 자식은 항상 어린 그대로다. 친구란 놈들도 서로에게 변함이 없다. 우리는 항상 같이 있기에 변하면서도 변함을 모른다. 이런 현상이 한 집단의 최면인지 도취인지 모르지만, 우리는 그렇게 살아오고 그렇게 살아가는 것이 아닌가? 내가 노인이라는 것과 나이 들어 변했다고 인정하는 사람은 나와 가까이 있는 사람이 아니라, 처음 만나는 낯선 사람이거나 오랜만에 만나보는 옛 주변 인물들이다.

(문학사랑 2008. 여름호)

우리 활 이야기

나는 서울 남산(南山)에 있는 활터 석호정(石虎亭)에서 활을 쏜다. 석호정에선 국궁(國弓)만을 쏜다. 국궁은 우리나라의 전통 활이다. 국궁은 민속 활로써 일명 각궁(角弓)이라 한다. 각궁이라 함은 다른 나라의 민속 활과는 달리 물소 뿔(角)을 재료로 하여 만들었기 때문에 일컬어지는 이름이다. 우리가 국제대회 등에서 흔히 볼 수 있는 양궁(洋弓)은 총처럼 조준장치가 달려있는 반면, 우리 국궁은 조준장치가 없다. 그리고 양궁은 사정거리가 짧지만 우리 국궁은 사정거리가 긴 것이 특징이다. 그러므로 과녁을 적중하는 데는 마음의 자세가 더욱 요구된다.

우리민족은 옛날 고조선 때부터 활을 잘 쏘는 민족이었다. 그래서 중국에서는 우리를 동이족(東夷族)이라 하였다. 그 뜻은 동쪽의 활을 잘 쏘는 민족이란 뜻이며,「夷」자는「大弓」의 합성문자이다. 고구려 동명성왕(東明聖王)의 이름 주몽(朱蒙)은 부여(夫餘)말로 활을 잘 쏘는 사람을 일컬음이라 하였다.

활은 동서양을 막론하고 옛날부터 수렵용에서 전투용 무기로 발전해왔다. 우리나라도 예외는 아니지만, 고구려 벽화에 말 타고 달리면서 활로써 수렵하는 그림을 보면 통쾌한 마음이 절로 난다. 말을 타고 활을 쏠 수 있다는 것은 우리 활의 길이가 그만큼 짧기 때문에 가능한 것이다. 뿐만 아니라, 우리의 활은 강궁(强弓)이면서도 유연성이 좋고, 탄력과 복원력이 좋아서 멀리 가고, 팔의 충격도 활이 흡수하여 주는 장점이 있어, 그 성능에 있어서는 세계 어느 나라 민속 활과 비교할 바 아니다. 그래서 활은 1894년 갑오경장(甲午更張)으로 군대가 근대화하기까지 우리나라의 주무기였고, 이 활로써 그 많은 외침(外侵)을 극복해 왔다. 임진란(壬辰亂)의 실전을 체험한 유성룡(柳成龍)은 "궁시(弓矢)의 예(銳)나 이(利)는 우리나라를 당할 나라가 없다" 했고, 이수광(李睟光)은 "활은 조선이오, 창은 명(明)이오 총은 왜(倭)라" 했다. 따라서 우리나라엔 역대로 유명한 궁사들이 많았다. 그 중에도 고구려의 동명성왕, 유리왕(琉璃王), 양만춘(梁萬春)장군, 고려의 신숭겸(申崇謙)장군, 조선의 태조 이성계(李成桂)와, 김종서(金宗瑞)장군, 이순신(李舜臣)장군 등은 우리 입에 흔히 회자되는 명궁이며, 이 외에도 많은 임금과 장군들이 활 못 쏘는 분이 없었다.

활은 무기이기는 하나, 우리나라는 예부터 무관(武官)뿐만 아니라 임금은 물론, 문관(文官)과 사대부(士大夫)의 자제까지 활을 쏘았다는 기록이 있는 것만큼, 활은 호연지기를 키우고 심신수양의 수단으로 활용하였음을 보여준다. 그래서 공자(孔子)는 유학(儒學)의 최고 이념인 인(仁)을 활 쏘는 것에 비유해서 '군자는 반드시 활을 쏘아야 한다.'고 하였는지 모른다. 실학자 이익(李瀷)은 "명절에 아녀자까지 활 솜씨를 겨루는 것이 국속(國俗)이 된 나라가 우리나라 말고 또 있다는 말을 들은 적이 없다"하였으니, 우리의 활쏘기는 옛날부터 남녀 구분 없이 얼마나 성행하였는지 알려 준다. 1800년대에는 서양인의 방문으로 우리 활에 대한 이야기가 많이 서구(西歐)에 전달된 것으로 되어 있고, 근래에는 우리 양궁 선수들이 세계를 제패함으로 말미암아 우리의 활 솜씨를 만방에 알리는 계기가 되었다. 이 모든 것이 따지고 보면 조상들의 오랜 전통의 뒷받침이 되어서 가능한 것이 아닐 수 없다.

지금에 와서 우리의 활쏘기도 양궁과 같이 한낱 스포츠로 전락하고 말았지만, 옛 전통을 이어받아 육체의 건강과 정신수양의 수단으로 활발히 보급되고 있음은 다행한 일이다. 활쏘기의 특징을 말하자면, 먼저 우리 민족 고유의 스포츠라 할 것이며, 남녀노소 누구나 할 수 있고 혼자서도 수련할 수 있다는 것이다. 독일 하이델베르크의 철학교수였던 오이겐 헤리겔(1884-1955)은 그의 저서 『활쏘기의 기예로서의 선(禪)』(Zen in the Art of Archery)에서 일본에 교환교수로 가 있는 동안 엄격한 사범 밑에서 활을 배우는 과정을 소상히 적고 있다. 물론 일본 활은 길고 연궁(軟弓)이라서 사정거리도 매우 짧아 우리의 활과는 비교도 되지 않고 가르치는 방법도 다르겠지만, 그가 선(禪)을 접하기 위한 수단으로 활을 택하여, 수도(修道)의 길을 닦는 과정은 우리 활을 수련하는 것과 다를 바 없다. 그는 저서에서 수련과정을 다음과 같이 말한다. "육체적인 이완과 정신적인 자유의 두 가지 상태 사이에는 수준의 차이가 놓여있다. 이 차이는 무아의 경지를 통해 모든 종류의 구속으로부터 근본적으로 벗어남으로써 극복될 수 있다." 활이란 단순히 표적을 맞힌다는 데만 국한한다면 궁도로서의 아무런 의미는 없을 것이다.

우리 전통 활, 각궁의 제작은 전통적으로 계승되고 있기는 하나 수작업으로 밖에 할 수 없고, 더구나 요즘에 와서는 거기에 쓰이는 천연재료의 조달에 한계가 있어 대량생산에도 어려움이 있다. 따라서 가격은 비싸고 개인이 관리하는데도 쉽지 않은 단점이 있어 널리 보급되지 못하는 것이 흠이다. 그러나 거의 각궁의 형태로 제작되는 개량궁(改良弓)이 많이 보급되어 있어 일반인이 활을 즐기는 데는 어려움이 없다.

그러면 활쏘기는 어떻게 하는가? 활은 우선 눈으로 쏘는 것이 아니라 마음으로 쏜다 하였다. 활쏘기는 언뜻 보기에는 정적(靜的)인 운동이라서 힘이 들지 않을 듯 보이나, 머리로부터 척추 그리고 엉덩이 무릎 발에 이르기까지 흔들림 없이 힘을 주어 일직선으로 심주(心柱)를 세우는 자세란 그리 쉬운 일이 아니다. 심주란 온몸에 흩어지고 맺혀있는 마음의 응어리를 풀어 이에 결집시킨다 해서 마음의 기둥이다. 활쏘기는 곧 심신의 합일(合一)에 있다. 이렇게 설명하면 처음부터 겁을 먹어 시작도 하기 전에 포기할는지 모르지만 꼭 그럴 필요는 없다. 활도 배우면서 터득해 나가는 것이며 경지에 이르기도 하는 것이기 때문이다.

한 편, 활터를 찾아보자. 전국 각 시군(市郡)에 활터가 없는 곳이 거의 없다. 각 곳마다 활터는 공기가 좋은 곳에 자리 잡고 있어, 그 곳에 가면 시원한 자연을 접하게 됨으로 우선 마음부터가 상쾌해진다. 서울의 석호정만 해도 남산 허리에 자리하여 소나무 숲과 사계절 변하는 남산의 풍경을 바라보는 자체만 해도 가슴이 탁 트인다. 거기에다 활을 쏘아 살이 145미터의 거리에 있는 과녁에 맞고 산을 울려 되돌아오는 소리를 듣노라면 십 년 쌓인 스트레스가 한꺼번에 풀리는 기분이다. 이렇게 접하다보면 궁도의 새로운 맛도 느끼게 되고, 명궁의 욕심도 나기 마련이다.

아무튼, 우리나라 사람이라면 누구나 한번쯤 훌륭한 우리 전통의 활을 접하여, 활쏘기의 묘미를 터득하는 기회를 가져보기를 바라는 마음이다.

(문학사랑 2005. 가을호)

원로유감元老有感

나이가 들었다. 소속된 모임에서 원로란 말을 자주 듣는다. 원로란 어떤 단체나 조직에 오래 종사하여 경험과 공로가 많은 선배를 가리키는 말이니, 나이 많은 내가 원로란 말을 듣는다 해도 이상할 것은 없다. 그러나 엄격히 말하면 원로란 그 조직의 선배로서 나이와 더불어 그에 알맞은 덕망이 있어야 하며, 아울러 선배로써 후배들에게 존경의 대상이어야 함으로, 나이 많은 선배라고 모두 원로일 수는 없는 것이다. 어떤 조직에서는 자격을 정하여 한정된 인원을 고문(顧問)으로 추대하여 원로로 예우하는 경우도 있지만. 대부분은 특별한 구분 없이 관습적으로 나이 많은 선배를 원로로 지칭하는 데는 문제가 없는 것도 아니다.

원로란 적어도 나이든 이에게 주어지는 일반적인 생활덕목쯤은 이행하면서 살아가는 사람이어야 하며, 그런 분이 덕망이 있고 너불어 원로의 자격이 있지 않은가 한다. 가령 그 덕목을 예를 들면, 1) 젊은이를 이기려 하지 말고, 현재의 일은 젊은이에게 맡긴다든가. 2) 과거의 자기를 자랑하지 않으며 아는 척 하지 않는다든가. 3) 비판적인 말보다 칭찬을 많이 하며, 남이 무엇을 무르면 조심조심 일러준다든가. 4) 모든 일에 한 결음

물러서서 양보한다든가. 그리고 5) 매사에 감사하고, 고마워하며 산더미 같은 덕을 쌓는다든가 하는 것 등이다.

어쨌거나 나이 많은 선배란 후배들에게 있어선 관심을 놓을 수 없는 대상일 수밖에 없다. 특히 학교 동창회라면 더욱 그렇다. 그래서 후배들은 무슨 사안이 있을 때마다 원로회의라는 명목으로 나이 많은 선배를 종종 모시게 되며, 사전에 선배로부터 자문이나 동의를 얻어, 사업을 추진하는데 절대적인 후원을 얻고자 하는데 있다. 그리고 다른 한편으론 어떤 사안에 대하여 자문을 구한다는 명분으로 평소에 소외된 선배를 한 번쯤 모시고 대화를 나누고자 하는 배려의 경우도 있을 수 있다. 아주 소외된 선배가 아니라 지금도 후배들의 존경의 대상으로 조직의 중요한 역할을 담당하고 있는 일원임을 일깨우는 선의의 원로회의의 경우다. 선배로서는 매우 고마운 일이라 아니 할 수 없다. 그러나 원로들의 소집에는 분명히 다른 의도도 포함될 수 있기 때문에 선배 원로들은 후배들이 초청하는 의도를 잘 파악하여 할 것이며, 이에 잘 대처하는 지혜가 필요할 때도 있다. 왜냐하면 가끔 후배들이 조직 내에서 어떠한 집단을 조성하여 원로들의 후원을 배경으로 세를 확장하려는 옳지 못한 의도도 있기 때문이다.

그러나 정작 초청된 원로회의에 참석해 보면, 회의의 의도를 파악하지 못하고, 선배라는 것만 내세워 독선적이고 일방적인 의견을 고집하는 자가 꼭 한두 명은 있어, 여러 참석자들을 민망하게 만들고 회의 분위기마저 어지럽히는 경우가 있다. 참으로 같은 선배로써 서글픔을 느끼게 하는 경우다. 지난 날, 내가 소속했던 한 친목단체의 경험에 의하면 원로 중에, 소위 카리스마적인 강성 원로가 있어 그의 독선에 후배들이 항상 주눅이 들어, 그의 말 한마디에 꼼짝하지 못하였다. 그런가 하면, 그런 카리스마적 원로를 등에 업고 조직을 맘대로 주무르는 경향도 있어 조직이 독선적 사조직으로 변모되는 현상을 낳게 하였다. 그 결과는 조직이 바른 방향으로 잘 유도될 리가 없었다. 선배원로란 한 조직의 특정한 권한이 주어진 계층이 아니다. 그럼에도 특정계층인 냥 여기는 자가 있어 자기 고집을 내세우고, 후배를 질책하는 따위로 어떤 모임이거나 회의에 찬물을 끼얹는 행위가 종종 발견할 수 있다. 적어도 선배원로라고 한다면 나이답게 어질고 너그러움을 보여서 후배들에게 존경과 모범의 대상이 되어야 함에도 그러지 못하는 것이 같은 선배로 안타까울 때가 있다. 어차피 원로란 현역에서 물러난 사람들이다. 그렇다면 후배들의 하는 일을 너그럽게 봐주고 격려해 주는 것이 선배들의 도리다.

사실 선배원로들을 초청하는 이유는 원로들의 자문을 얻고자하는 것이 첫째 이유겠지만, 그것이 전부가 아닐 수도 있다는 사실이다. 다시 말하면 원로들의 자문이란 그렇게 중요한 것이 아닐뿐더러, 절대적인 효력이 있는 것도 아니다. 다시 말하면, 선배원로들이 아무리 좋은 의견을 내서 자문에 응했다 해도 그 의견을 받아드리는 것은 어디까지나 후배들의 몫이기 때문이다. 그럼에도 신배원로들은 후배 앞에서 권위적이고 싶어하는 경향이 있어, 가끔 몇몇 선배원로들에 의하여 비상식적인 일로 언성을 높이다 회의를 파단에 이르게 하여 빈축을 사는 일은 없어야 할 것이다. 후배들의 일에 필요 이상의 간섭과 잔소리는 후배를 당혹케 할뿐 아니라, 후배들로부터 선배의 권위를 실추시키는 현상을 초래한다. 후배들의 자문에 응하고자 한다면, 어떤 정해진 범위를 벗어나거나 이해와 화합에 지장이 되는 일을 제외하곤 전적으로 신임을 보내고, 아울러 경험에 의한 약간의 유의할 점만 일러주어 격려해 주는 것이 선배원로의 도리라고 생각한다.

만약에 후배들이 순수한 뜻을 벗어나 선배원로를 후견인으로 하여 조직 내에 어떤 집단을 구성하여 힘을 과시하고자 하거나, 권위적인 선배원로와 부화뇌동하여 결탁함으로서 조직을 장악하고자 한다면 그것은 조직을 위하여 바람직하지 않을뿐더러, 이에 말려드는 선배원로가 되어서는 안 될 일이다. 하지만, 순수한 선배원로를 위하여 모임을 주선한 것이라면 그 고마움에 더욱 감사하여야 할 것이다. 어쩌면 그것이 후배들의 선배에 대한 온정이니까 말이다. 그런 후배와 이를 고맙게 느끼는 선배의 정이 항상 교환되는 일이 있다면 얼마나 아름다운 선후배의 교감인가? 아무쪼록 원로란 후배 앞에 권위를 내세울 것이 아니라. 너그러운 마음가짐과 후배를 믿는 아량이 보다 필요한 것이 아닌가 한다.

이발관理髮館에서

지금은 남자들의 머리를 다듬어 주는 곳을 이용원(理容院)이라고 하지만, 전에는 이발관(理髮館)이라 했다. 언제부턴가 여성의 머리나 얼굴을 아름답게 매만지는 미장원(美粧院)이 성행하면서 그 이름을 미용원(美容院)으로 바꾸더니, 이발관도 그에 따라 이용원이란 이름으로 바뀌고 말았다. 그 뒤로 많은 젊은 남자고객들이 여자미용원으로 옮겨가고, 젊은 고객을 잃은 이용원은 노인이나 상대하는 초라한 신세가 되고 말았다. 그러나 나는 이발관시대를 겪은 세대가 되어서 그런지, 아무리 초라하게 변해버린 이용원이라 해도 그곳을 찾아 머리를 다듬는 것이 훨씬 편하게 느껴지는 것은, 내가 다니던 옛 고향의 이발관도 그렇게 초라하였었기 때문인지 모른다. 그래서 명칭도 '이용원'보다 '이발관' 쪽에 익숙해 있다.

내가 어렸을 때는 이발관이란 어른들만이 다니는 별천지였다. 내 두발은 이발관과는 상관없이 늘 집에 있는 바리캉으로 아버지의 손에서 깎이었기 때문이었다. 이발관을 처음 찾게 된 것은 턱 밑에 솜털 같은 수염이 굵어지면서 내 스스로 면도하기가 어려워지고, 한창 모양을 내고 싶었던 고등학생시절이었다. 나의 이발관 첫 경험은 내 모든 것을 맡김으로써 제삼자에게 철저히 서비스를 제공받은 최초의 인격적 수혜의 장소였다. 따라서 성인으로 인정되는 하나의 통과의례와 같은 것이었다. 그러나 나에게 다가온 이발관은 그렇게 마음이 놓이는 곳만은 아니었다. 어쩌면 공포 그 자체였다. 잔뜩 긴장한 탓에 눈을 부릅뜨고 이발사의 일거수일투족에 신경을 곤두세울 수밖에 없었다. 먼저 가위와 빗을 대어 긴 머리를 자르고 바리캉을 사용하는 것까지는 좋았으나, 다음 나를 눕히곤 비누거품을 나의 턱 주변에 잔뜩 바르는 것도 그러려니와, 그 위에다 뜨거운 수건을 갖다가 얼굴을 덮는 것은 전연 경험해 보지 않은 불쾌한 촉감이었다. 그리고 흉기와 다름없는 면도칼이 눈앞에 어른거리는 데는 소름이 쫙 끼치지 않을 수가 없었다. 이발관 풍경을 코믹하게 연출할 때 종업원이 종종 뜨거운 물수건을 손님의 얼굴에 내던져, 관객으로 하여금 웃음을 자아내곤 하는 코미디를 연상하면 더욱 그랬다. 면도가 시작되고 면도날이 피부에 닿을 때마다 살갗이 싸늘한 느낌이 들어 이때마다 몸을 움츠리곤 하였다. 면도사로부터 면도 할 때는 눈을 감고 있으라고 주의까지 듣곤 하였지만, 눈을 감는다는 것도 공포를 견디기엔 아무 도움이 되지 못하였다. 나는 이후로도 면도를 할 때마다 그 뜨거운 수건과 면도칼을 보면 우선 겁부터 삼키며 가슴을 달래었다. 언젠가는 면도사의 실수로 약간의 자상을 입은 적도 있었기에 말이다. 원래 이발은 외과의사의 소관이었다고 하였던가? 그리고 붉고 흰 줄무늬의 간판은 피와 붕대를 상징한다고 하였던가?

고등학교를 졸업하고 머리를 기른 뒤, 그 아슬아슬한 면도가 끝난 다음 찾아온 것은 불에 달군 고데기였다. 그 고데기로 머리모양을 낸다고 머리카락을 지질 때마다 머리카락은 타서 부스러지지나 않을까, 머리피부는 데이지 않을까 항상 마음이 조였다. 더구나 머리카락이 타는 연기와 냄새가 코를 찌를 때는 더욱 그랬다. 이런 두려움은 이발관에 갈 때마다 떠나지 않았다. 그러나 일을 마치고 이발관을 나올 때는 공포로부터의 해방과 머리와 얼굴을 깨끗이 다듬었다는 이중의 상쾌함을 느꼈다. 그리고 이발관을 찾을 때마다 순간 주어지는 공포의 스릴을 즐기는 재미도 있었으나, 이발관에서의 공포는 비단 면도칼과 고데기에만 있는 것은 아니었다.

1960년대 후반이라고 생각이 된다. 이발관의 대형화가 서울을 비롯한 대도시에 유행처럼 번진 적이 있었다. 이렇게 새로 개업한 이발관은 청결하고 위생적이었으며, 넓은 벽면의 앞뒤를 대형 거울이 설치된 가운데 여러 개의 이발용 의자가 놓여 있었다. 그리고 화려한 전등 불빛에 이발관 안은 한결 넓고 환하였다. 그 속에 하얀 가운을 입은 종업원들의 친절한 서비스로 손님은 안내되었고, 이발은 각 부분별로 분담된 종업원에 의하여 순서대로 착착 진행되었다. 게다가 젊은 여성의 부드러운 손결에 면도와 세발 그리고 간단한 안마와 화장 마무리까지 이루어졌다. 그리고 약간의 수면시간도 손님에게 주어지곤 하였다. 소발(調髮)에서부터 면도, 세발, 머리 모양내기, 그리고 마무리의 얼굴화장까지 그 시간이 무려 한 시간 넘어 걸렸다. 그래서 손님들 가운데는 일부러 휴식을 위하여 찾아오는 이들도 꽤 있었지만, 나에게는 이 긴 시간이 그리 반가운 것만은 아니었다. 이런 대형이발관의 영업형태는 시일이 지나면서 일부는 퇴폐 이발소로 변질되어 갔고, 이어 사회의 지탄과 치안의 감시 속에 점차 자취를 감추게 되었다.

언젠가, 이 화려한 이발관 의자에 앉아 무심코 앞 거울에 비친 내 얼굴을 쳐다보고 있는데, 나와 똑 같은 얼굴을 가진 사람이 수없이 앞뒤로 앉아있지 않는가? 앞 거울에 비친 내 얼굴이 뒷거울에 비치고, 뒷거울에 비친 내 뒷모습이 다시 앞 거울에 비쳤다. 이렇게 앞 거울과 뒷거울이 마주 비치고, 그 속의 거울이 다시 마주 비치면서 거울 속은 끝이 보이지 않는 긴 터널로 이어지고 있었다. 그리고 그 속에 수많은 나를 비롯하여 이발을 하는 여러 사람의 앞모습과 뒷모습이 연이어 수없이 앉아있지 않은가? 뿐만 아니다. 이발사의 말없는 지시에 따라 고개를 오른 쪽으로 기우리면 거울 속의 그 많은 내가 일제히 고개를 오른쪽으로 일사불란하게 기울였다. 다시 머리를 왼쪽으로 돌리면 모두 왼쪽으로 머리를 돌리곤 하였다. 갑자기 공상과학에서나 있음직한 현실이 바로 눈앞에서 나타나고 있다는 것이 두려움이 되어 돌아왔다. 언젠가 들은 적이 있는, 앞으로 현대과학은 공장에서 똑같은 물품을 계속 만들어내듯이, 사람도 그렇게 똑같은 인물을 다량생산 할 때가 온다고 한 이야기를 떠올리지 않을 수 없었다. 그리고 대량생산된 사람은 어떤 조정자에 의하여 세뇌되고 조정되어서 단추 하나만 누르면 모두가 일사불란하게 움직인다고 하였다. 그러면 지금, 거울 앞에 앉아 있는 나는 누구며, 거울 속에 비친 같은 얼굴을 가진 군상은 누구들인가? 어쩌면 미래의 과학에 의하여 대량생산된 그 첫 생산물이 바로 내가 아닐는지? 그리고 나는 누군가의 지시에 따라 무의식적으로 움직이는 거울 속의 똑 같은 얼굴 가진 많은 나 가운데 하나

일 뿐이라는 생각이 드는 순간, 놀라움과 무서움이 한꺼번에 몰려오는 것이었다. 그러자, 거울 속의 터널로부터 어서 탈출해야겠다는 충동을 참을 수가 없었다. 이때부터 나는 이발관에서의 새로운 두려움을 경험하게 되었다. 그 다음부터는 이발관에서 거울을 마주하는 시간이 길어지는 것이 그렇게 싫을 수밖에 없었다.

지금 이용원은 옛날 이발관에 비하여 너무 초라하게 변하고 말았다. 어느 골목에 있는지조차 찾기 어렵게 된 이용원은 이발의자가 두세 개가 고작이고, 그렇다고 그 의자가 손님으로 차는 법도 없다. 종업원은 나이든 주인 이발사 한 분이 고작이고, 어쩌다 바쁠 적엔 부인이 나와 면도를 돕곤 한다. 물론 손님도 젊은이란 없고 나이든 동네 노인들이 고작이라서, 이발사와 이런 저런 시정 이야기를 주고받는 정감이 있어 좋을 때도 있다. 그리고 가끔은 과거의 공포와 스릴을 연상하면서 이용원을 찾지만, 나의 이발습관이 달라진 것이 있다면 이발시간이 길어지면 갑갑증이 생긴다는 것이다. 이발관이 휴식처일 수도 있다고는 하지만 나에게는 그것이 허용되지 않는다. 그러므로 면도나 세발과 고데 따위는 생략하고, 소위 머리만 자르는 컷(cut)으로 만족하며 이용원의 체류시간을 가능한 한 최소화한다. 이발관으로부터 조속한 탈출을 위해서다. 벽에 걸린 커다란 거울에 비친 내 얼굴을 보다보면 누구에겐가 세뇌되어버린 그 속의 많은 내가 연상되고, 그것이 오히려 공포로 다가오는 것은 어쩔 수 없다.

이변異變과 승패勝敗

2012년 8월의 여름철은 무더운 밤이 여러 날 계속되었다. 마침 지구 반대편의 영국 런던에서 열리는 올림픽 중계방송이 한밤중에 있어, 그 경기를 시청하며 더위를 잊을 수가 있어 다행이었다. 이것도 잠 못 이루는 열대야에 우리들에게 주어진 행운이라면 행운이었다. 각국의 내로라하는 실력자들이 모여 각종 경기에 최선을 다하며, 우리에게 한편의 드라마를 제공하였다. 사실, 경기는 상대적이어서 실력이 뛰어난 자가 승리의 월계관을 쓰게 되는 것이 당연한 이치인 것을 모르는 사람은 없을 것이다. 그러나 경기는 가끔 우리의 생각과는 달리 예상치 못한 결과를 목격하게 하였다. 그 예상치 못한 결과란 곧 선수의 순간적 방심과 과잉된 동작으로 발생하는 실수이고, 한편으로는 심판마저 판단의 오류로 이어지는 이변들이다. 어쩌면 이런 예상 밖의 결과가 경기를 보는 이로 하여금 재미를 더해 주는 것인지는 모르지만, 승리와 패배, 기쁨과 슬픔, 필연과 우연, 그리고 기대와 아쉬움 등의 여운을 남겨, 당사자인 선수는 물론, 이를 보는 관객 역시 의아하게 만든다. 올림픽 경기란 그렇게 재미로만 보아 넘길 수 없는 우리들의 삶의 한 단면을 보는 것 같아 씁쓸함을 남기게 하였다.

흔히들 경기에는 영원한 승자도 없고 영원한 패자도 없다고 한다. 물론 경기자의 실력이란 항상 변할 수도 있는 것이며, 또한 새로운 강자가 탄생하는 것이고 보면 영원이란 있을 수 없다는 것은 당연한 이치다. 하지만, 실력을 겨루는 마당에 선수의 순간적인 실수나, 심판의 오심에 의하여 승패가 결정된다는 것은 결코 정당한 경기양상이라고 하기엔 문제가 있다. 그러나 그와 같이 있어서는 안 될 일들이 순간 발생하고, 그 순간에 의하여 두 선수 사이에서 실력을 떠난 승패가 결정되는 결과가 발생하고 만다. 두 선수에게 승패의 원인을 묻는다면 무엇이라 답할 것인가? 두 선수는 최선을 다하였음에도 결과가 그렇게 되었을 뿐이다. 어쩌면 결전의 선수에게 주어진 것은 상대를 제압할 수 있는 당당한 실력보다는 그 날에 주어진 '운'이라고 생각할는지 모른다. 그래서 승자는 운이 좋아서 이겼다고 하고, 패자는 운이 없어 졌다고 하는지 모른다. 다만, 운이란 승자에겐 겸손의 표현이고, 패자에겐 한낱 변명일 뿐이다. 실수를 해서는 안 될 선수들이 실수를 하게 되는 것이나, 오심을 해선 안 될 심판이 오심을 하게 되는 것은 도무지 상식적으로는 이해할 수 없는 일이다. 그럼에도 그런 예상 밖의 일들이 발생한다는 것은 그렇게 단순하게 보아 넘길 문제가 아니라는 생각이 들 수밖에 없다. 어느 순간에 본인의 의지와는 다른 결론이 주어진다는 것은, 아무리 생각해 봐도 불가사이한 일이며 이해하기 어려운 일이다.

심판의 오심은 심판의 절대적인 권위에 의하여 매우 일방적인 결과로 승패를 갈라놓고 만다. 어찌 보면 냉정한 결론이다. 그러나 선수의 실수는 본인이든 상대든 그 실수를 극복하는 자에게 승리가 주어지기 마련이다. 그럼에도 상대의 실수를 극복하지 못하고 본인도 덩달아 실수를 함으로써, 주어진 우승의 기회를 놓지는 경우는 참으로 아이러니한 일이다. 무슨 조화일까? 생각하면 선수에게 주어지는 승패는 실력과 기회만은 아니라는 생각을 떨쳐버릴 수 없게 하는 대목이다. 중요한 시점에 변수는 왜 생기는 것이며, 그 변수가 상대에게 유리하거나, 아니면 실수한 선수에게 오히려 유리하게 역작용하는 이유는 또 무엇일까? 어떠한 경기에서도 상상할 수 없는 변수는 얼마든지 일어나고 있다.

나 역시 활을 쏘는 아마추어 궁도선수라서 여러 해를 걸쳐, 크고 작은 궁도경기에 참가한 적이 있었다. 물론 기량으로 따지면 어림없는 실력이지만, 가끔은 상위권에 진입하는 경우도 없지 않아 있었다. 이런 경우란 운이 좋았던 결과일는지는 모르지만, 나 또한 어김없이 운이 좋았다고 그렇게 생각하곤 하였다. 물론 컨디션이 좋으면 실력도 상승할 때가 있다. 그러나 토너먼트 경기라면 부전승으로 올라가는 행운이 있듯이, 강자와의 대전을 피할 수 있는 운도 주어질 때도 있었다. 아무리 내가 실력이 있다고 하더라도 첫 대전부터 강자와 실력을 겨루는 것은 그리 달가운 일이 못될뿐더러, 그로 말미암아 초전부터 패하고 돌아서는 모양은 선수로써 참으로 부끄러운 일이 아닐 수 없다. 상대를 이긴다는 것은 먼저 본인의 실수가 없어야 함은 물론이지만, 만약에 상대가 실수하여 실점하였다면 그 상대의 실수를 기회로 이용할 수 있는 능력이 우승의 지름길이다. 그러나 그것은 어디까지나 원론적인 이야기일 뿐이다. 좋은 성적을 얻고자 하면 그날의 행운도 행운이려니와 먼저 실력이 따라주어야 하는 것이 아닌가싶다.

승패와 변수, 비단 운동경기에만 있는 것은 아니다. 세상의 모든 일상에 변수가 있어 행운과 불행의 지름길 역할을 한다. 모든 일이 생각하는 대로 결과가 이루어진다면 얼마나 좋을까마는, 좋을 일이 있다고 여기는 순간 불행은 어디선가 도사려 때를 기다리고 있고, 어려운 시절이 지겨울 때면 언젠가 그 고통을 삭여주는 기회도 있을 수 있다. 이것이 우리들의 삶이며 그 변수이다. 기쁨과 슬픔이 예고 없이 오늘도 우리에게 주어지고 있다고 한다면, 그것은 평범한 생활에 변화를 제공하는 것일 수도 있으며, 상황에 대처할 수 있는 지혜를 얻는 기회가 주어지는 것인지도 모른다. 그것이 운명이든 아니든, 경기에 최선을 다한 뒤 판정만을 기다리는 운동선수처럼, 열심히 살아가는 가운데 주어지는 어떠한 결과든 그에 승복할 수밖에 없는 것이 우리의 삶이 아닌가? 그래서 '진인사대천명(盡人事待天命)'이라 했던가?

(문학사랑 2013. 여름호)

인연因緣의 흔적痕迹

출생은 곧 인연의 시작이며, 삶은 인연의 연속이다. 인연이란 우리가 살아가는 동안 맞닥뜨리게 되는 시간과 장소, 그리고 인물과 사건들과의 관계다. 그 인연이 우리에게 다가와 어떠한 영향을 끼쳐 삶에 변화를 주었다면 그 결과가 곧 인연의 흔적이다. 태어나면서 그 시대와 지역, 부모를 첫 인연으로 맞이하고 다시 새로운 인연을 맺어가는 것이 우리들의 삶의 과정이다. 인연이란 바람 스치듯 순간 지나가버리는 경우도 있지만, 대부분의 인연은 우리에게 영향을 주어 행불행의 흔적을 남긴다. 좋은 인연은 행복을 약속하지만, 악연이 되면 인생은 파탄에 이르고 질시와 원망으로 살아가게 한다. 따라서 삶의 과정이란 이와 같은 인연의 파편들이 쌓이며 엮어져 나가는 것이다.

우리가 태어나면서 맺은 첫 인연은 미래를 예고한다. 출생의 시간은 사주팔자라는 이름으로 운명처럼 평생을 따라다니고, 가연(家緣)과 지연(地緣)은 앞날의 삶을 가늠하는 역할을 한다. 좋은 고장과 좋은 가문에서 좋은 사주팔자를 타고 난다면 그것처럼 축복된 인연은 없을 것이다. 하지만 타고난 인연의 좋고 나쁨을 떠나 새로운 인연은 삶의 방향을 수시로 변화시켜 나간다. 인연이란 필연이든 우연이든 우리에게 다가오고, 자의든 타의든 인연의 결과는 예상치 못한 방향으로 결정지어진다. 다시 말하면, 새옹지마(塞翁之馬)와 같이 인연의 흔적은 예상 밖의 결과를 낳기도 한다. 어려운 가운데서도 뜻하지 않은 사람을 만나 도움을 받는 경우가 있는가 하면, 반면에 믿음 가운데 사기를 당하여 폐가하는 일도 있다. 자기가 기르는 애마(愛馬)의 뒷발에 치어서 불구가 되는 경우가 있는가 하면, 어떤 때는 느닷없이 누군가가 끼어들어 나의 삶을 휘젓고 사라지는 경우도 있다. 평화의 시대와 격동의 시대를 맞는 것도 인연이며, 어떠한 장소에 가게 됨으로 인하여 희비가 엇갈리게 되는 것도 인연의 결과다. 6 · 25전쟁도 우리의 민족에게 안긴 절박한 인연이며, 피치 못할 시대적 사건이 아닐 수 없었다. 6 · 25가 그렇게 우리국민에게 혹독한 고난을 안겨준 것은 사실이지만, 그렇다고 결과에 있어서 모두에게 절망과 죽음만을 남긴 것도 아니다. 전쟁 속에서도 행운의 여신은 존재하고 있다는 사실이다. 기회가 성공을 이루고, 난세가 영웅을 만든다고 하였던가? 시류(時流)를 잘 타는 것도 우리에게 주어진 인연이다. 우리 앞에 놓인 길은 멀리 트인 외길일 수도 있지만 갈림길을 만날 수도 있다. 그러나 기로에서 어느 길을 택하느냐 하는 것은 본인의 선택이든 타인에 의한 선택이든 신댁된 길로 들어서는 것은 각자에게 주어진 또 다른 인연이다.

가령, 우리가 어느 곳에 갔을 때, 마침 그 지역에 전염병이나 폭동이 발생하여 통행이 차단되고 오도가도 못 할 지경에 이르렀다고 한다면, 우리의 신변에 뜻하지 않는 상황이 닥칠 수밖에 없다. 사건에 휘말리어 봉변을 당할 수도 있고, 죽음을 당할 수도 있다. 아니면 사태의 심각성에 비추어 그 사건에 적극 참여할 수도 있고, 심적 변화를 일으켜 인생의 방향을 바뀔 수도 있다. 어느 길을 가든 순간 각자에게 닥친 인연의 상황에 따라 삶의 방향이 결정될 뿐이다. 또한, 여행 중에 버스 안에서 두 사람 간에 뜻하지 않은 다툼이 생겨 운전기사와 다른 손님으로부터 하차를 강요당하였다고 하자. 그 중도하차한 것이 불행이었을지 모르지만 오히려 교통사고를 모면할 수 있는 동기가 되었다면, 그것은 분명히 그들에게 주어진 행운이며 뜻하지 않은 인연의 결과다. 이 모든 것이 사람과 때와 장소에 의한 인연이며, 그 인연이 남긴 흔적이라 할 수밖에 없다. 왜 하필이면 그 때에 그 장소로 가서 그 사람을 만나고 그 사건에 휘말리게 되었을까 하는 문제와, 왜 그런 결과가 생겼는가 하는 문제는 회의일 수밖에 없지만, 그래도 그렇게 맺어질 수밖에 없는 인과관계에 있다고 하면 그것은 필연의 결과다.

흔히들 '노력하는 자만이 성공을 기약한다.'는 말을 금과옥조처럼 되뇌는 사람들이 많다. 그렇다고 반드시 노력만으로 성공이 주어지는 것도 아니며, 반대로 나태가 불행만을 안겨주는 것만도 아닌 듯싶다. 노력과 나태의 생활 속에 어떤 인연이 끼어들면 그 인연이 동기가 되어 본래의 생활과는 전혀 다른 패턴의 전환이 올 수가 있기 때문이다. 가령 피나는 노력에도 불구하고 그 결과를 포기하지 않으면 안 될 뜻밖의 상황이 닥쳐오듯이, 게으름에도 어떤 반전의 계기가 주어질 수 있다. 입지전적(立志傳的) 인생이란 목표를 향한 그의 강한 의지의 노력의 결과일는지 모르지만, 반면에 그의 강한 의지와 끊임없는 노력을 유지하는데 결정적인 장애요인이 주어지지 않았다는데 있다. 그것이 그 사람에게 주어진 행운의 인연이며 결과일 수가 있다. 다시 말하면 비록 내 몸이 내 것이라 하지만, 그 삶이 반드시 내 의지대로 결론지어지는 것이 아니라는 사실이다. 우리에게 주어지는 인연이란 어떤 계기를 만들고, 그 계기는 전기(轉機)가 되어 성공과 좌절의 인생역전(人生逆轉) 드라마를 연출케 한다. 이러고 보면 회고담, 회고록이란 반드시 위인이나 어떤 성공한 특정인들만이 독점할 인생담도 기록도 아닌 듯싶다. 아무리 평범한 사람들의 삶이라 할지라도 각자에게 남겨진 인연의 흔적, 즉 희열과 좌절, 긴장과 흥분, 즐거움과 괴로움, 그리고 기쁨과 슬픔으로 점철된 인생역정(人生歷程)의 파노라마는 모든 이에게 똑 같이 주어진 소중한 경험이며 값진 자산이기 때문이다. 인연이 남긴 흔적, 그것은 곧 우리들에게 주어진 각기 다른 귀중한 삶의 결과다.

(문학사랑 2011. 봄호)

자판기字板器 앞에서

컴퓨터의 키보드(자판기)를 치며 글을 쓰고 있노라면, 지난날 펜으로 문서를 작성하고 원고를 쓰면서 서구(西歐)의 타자기문화를 부러워하던 기억이 떠오른다. 학창시절 소설을 공부한답시고 매일 원고지에 매달려 습작하다보면 파지도 파지려니와 손에 쥐가 나서 몇 번이고 작업을 중단하곤 했었다. 비단, 이 고통이 원고지를 사용하는 사람들만의 것도 아니었다. 공무원은 물론 일반 직장인이라 할지라도 문서를 작성하는 일에 종사하는 사람은 누구나 펜을 들고 손 고생을 하여야만 하였다. 1960년 초 나는 군에서 제대한 뒤, 말단지방공무원으로 근무한 적이 있었다. 당시 문서를 기안하고 작성하는 데는 미농괘지(美濃罫紙)와 먹지(墨紙)와 골필(骨筆)이 필수도구였고, 미농괘지를 3, 4장 겹쳐서 사이사이에 먹지를 끼고, 다시 괘지가 찢어지지 않도록 그 위에 세로판지를 받쳐서 골필로 힘을 주어 세로로 써내려갔다. 그리고 결재된 문서를 여러 부서로 배포하자면 등사원지를 줄판(가리방)에 놓고 철필(鐵筆)로 복사한 다음, 그 원지를 등사기에 끼워 필요한 만큼의 수량을 등사하는 작업이 이루어졌다. 이 과정에서 오자나 탈자가 발생하면 그를 수정하는 것도 만만치가 않았다. 지금과 같이 모니터를 보면서 문서를 작성하고, 오류가 생기면 바로 수정하고, 그리고 키 한번 누름으로 요구하는 수량만큼 문서가 복사되어 나오는 컴퓨터시대를 생각하면, 참으로 비능률적이고 원시적이었던 먼 옛날의 이야기가 아닐 수 없다.

그와 같은 비능률과 더불어 당시의 웃지 못 할 일이 있었다면, 정부의 한글전용의 지시에도 이를 따르지 못했던 문서작성이었다. 한자병용이 금지되면서 이에 따른 개선방안이 없었으므로, 문서에 쓰이는 용어와 세로쓰기는 종전과 다름이 없었다. 그러므로 문서는 '수제지건에 관하여……' 라는 글로 시작되었고, 종결에 가서는 '…… 하오리까.' 로 끝을 맺는 것이 하나의 규칙처럼 되어 있었다. '수제지건(首題之件)'이라는 것을 모르는 바 아니었지만 한글로 표기하면서 한자어의 음만 옮긴다는 것이 나로서는 도무지 이해가 되지 않았다. 그래서 나는 '수제지건'은 '위 건' 또는 '…… 건'으로, '……하오리까.'를 '……합니다.' 또는 '……함.' 등으로 고쳐 썼더니 여러 선배 직원들이 큰 변이 일어날 것처럼 그러면 안 된다고 야단이었다. 그래도 고집을 굽히지 않자, 차츰 문서의 기안은 나로부터 다른 직원에게로 넘겨졌다. 더욱 가관스러운 것은 상급기관에서 시달된 문서조차 '정호수질', '미입구매', '계토사육원수조사' 따위의 문구가 쓰여 있어, 처음에는 무슨 말인지 얼른 이해되지 않아서 당혹한 적이 한두 번이 아니었다. 이 글을 한자로 옮기면 '井戶水質', '米叺購買', '鷄兎飼育元數調査'다. 한글로 고쳐 쓴다면 응당 '정호'는 '우물'로, '미입'은 '쌀가마니'로, '계토'는 '닭과 토끼'로 써야 옳을 것이며, 그렇게 썼더라면 누구든 쉽게 알아볼 수 있었을 것이다. 그럼에도 이를 개선하려는 의지는 누구에게서도 발견되지 않았다.

사실, 나는 공무원이 되기 전에 군에서 문서작성요령을 익혔었다. 당시 군대의 문서행정은 정부 어느 기관보다도 선진화 되어 있었고 한글전용과 가로쓰기는 기본이었다. 물론 선진화라는 것이 미군의 문서작성 방식을 군대가 앞서 받아들이게 된 데 원인이 있다고 하겠지만, 한편 한글타자기의 보급이 어느 곳보다 군부대가 빨랐던 탓이 아닌가 한다. 그 결과 모든 문서는 자연스럽게 한글 가로쓰기로 이어졌다. 한편, 작성된 문서의 원안은 일단 문서통제 부서에서 문장과 띄어쓰기 등 글이 다듬어지는 과정을 밟았다. 그 다음에야 문서과로 넘겨져서 인쇄되고 시행되었다. 이와 같은 능률적인 문서작성을 경험한 나로서는 한글타자기가 빨리 일반화되기를 희망하였고, 우리도 서구의 작가들처럼 타자기에 의하여 작품을 쓸 수 있는 날이 있기를 꿈꾸었었다.

타자기란 당시만 하여도 보편화되지 않은 귀한 기계였다. 영자타자기는 필요한 곳에 충분히 보급되어 사용되고 있었으나, 한글타자기는 관공서라 하더라도 각 부서에 한 대 정도 있을까 말까하였으며 말단기관에는 꿈도 꿀 수 없었다. 그러기에 누구나 만질 수 있는 것도 아닌 특정인의 관리품목이었다. 타자기를 이용하자면 일정한 자격이 필요하였고, 또한 '타자수'라는 직종에 의하여 취업이 허락되곤 하였다. 그래서 여학교에서는 타자교육이 필수였을 만큼 타자수는 인기 직종이었다. 특히 영자타자수는 미군부대거나, 외국인의 회사 또는 외국인을 상대하는 회사에 채용되어 여자로서는 좋은 보수를 받는 직업인이었다. 따라서 한글타자수 또한 직장마다 필요한 존재였다. 각 부서마다 문서를 정서하자면 타자수에게 의뢰할 수밖에 없었고, 그 우선순위는 타자수의 결정에 달려 있었다.

그러므로 타자수의 인기는 대단하였고, 특히 엔간한 직장에선 홍일점이니 직장의 꽃으로도 인기를 독차지하고 있었다. 그런 타자수의 성수기도 타자기의 소멸과 더불어 사라지고 말았지만, 지금 생각하면 당시 작장생활과 타자수의 관계가 아련한 추억으로 남는다. 이러한 한글타자기는 나의 손에 닿기도 전에 컴퓨터가 먼저 내 앞에 다가와 놓이고 말았다. 타자기의 보급만이 한글의 발전을 기약하는 것이라고 믿었던 지난날이 오히려 나를 공허하게 하였다. 급진적으로 발전한 과학은 나를 놀라게 하고 그 결실은 지금 나로 하여금 편히 글을 쓰게 하고 있다. 컴퓨터와 그 자판기의 고마움이다.

제4부

햇볕 1℃의 기적

잘못된 기억記憶

우리는 지난날의 기억을 되새기며 살아간다. 그런데 가끔 그 기억이 반드시 정확한 것만은 아니라는 것을 발견하게 된다. 물론 시간이 흐름에 따라 기억이 희미해 질 수도 있고, 유사한 많은 경험들이 기억을 혼란시켜 지나간 사건들을 명확하게 떠올리지 못할 수도 있다. 그러나 우리는 대부분 잠시 흐트러진 기억을 바로 잡으며 살아간다. 그럼에도 우리는 경험했던 과거사를 이야기하다보면 서로의 기억이 다르다는 것을 자주 발견하게 된다. 어떤 경우에는 다른 기억을 고집하다가 서로 언쟁을 일으키기도 하고, 터무니없이 잘못된 기억을 사실처럼 확신하다가 낭패를 보는 수도 있다. 순간의 착각에 의한 잘못된 기억은 바로 되돌릴 수가 있지만, 머릿속 깊이 입력되어버린 잘못된 기억은 확신이란 자기 신념 속에 사실로 합리화하여버린다. 이 잘못된 기억은 제삼자에게는 사실로 전달될는지는 모르나, 사건을 같이 경험한 사이라면 바로 탄로되기 마련이다. 사건의 경험이란 가족, 특히 형제나 친구가 함께 겪는 경우가 많으므로, 서로가 마주하는 자리면 으레 함께 경험했던 과거의 사건이 화젯거리가 된다. 이들의 화제에서 그 기억이 서로가 일치한다면 별문제이지만, 그와는 달리 엇갈린다면 그 진위를 놓고 내가 옳으니 네가 틀렸느니 따지다가 결국엔 언성을 높이게 된다. 우리 형제도 이런 일로 가끔 다투곤 한다. 분명한 것은 어느 한쪽이든 양쪽 모두든 잘못된 기억을 가지고 있다는 것이겠으나, 문제는 사실을 증명할 근거가 없는 한 그 진위를 쉽게 가릴 수 없다는데 있다. 그러므로 누구도 자기만의 기억을 부인하려 하지 않게 된다.

그러면 이 잘못된 기억은 어떻게 해서 생기는 것일까? 잘못된 기억은 보통 다른 사건과의 착각과 혼돈에서 발생한다고 본다. 착각이란 경험된 대상이 실제로 존재하는 것과는 달리 인식되는 현상이다. 따라서 잘못된 기억은 사실을 재생하는 과정에서 다른 기억과 혼돈되어 일어나는 경우가 많다. 착각의 대상은 주로 사건의 때와 장소가 될 수도 있으며, 따라서는 사건 자체가 변질되기도 한다. 가령, 1975년 여름 창경궁에서 고향 친구인 이 군과 만나고, 2년 뒤인 1977년에 여름에 같은 고향 친구 김 군을 덕수궁에서 만났다고 한다면, 여러 해를 지난 후에 그 기억을 되살리면서, 우리는 가끔 1975년에 김 군과 만나고, 1977년에는 이 군과 만났다고 착각하는 경우가 있다. 아니면 1975년 이 군을 만난 곳이 덕수궁이고 1977년 김 군을 만난 곳은 창경궁이라고 기억할 수도 있다. 부산을 여행한 친구가 항구에 정박해 있는 국제호화유람선(國際豪華遊覽船)을 보았다면, 과거 인천에서 많은 크고 작은 배를 본 적이 있는 그는 시일이 흐른 뒤에 그 국제호화유람선을 기억하면서 인천항에서 보았다고 생각한다. 이와 같이 비슷한 경험이면 으레 그 사건에 대하여 기억의 혼돈을 일으켜 이것을 머리에 저장하게 된다.

이와는 달리, 전연 경험하지 않은 사건도 실제처럼 기억되는 경우도 있다. 그 하나는 꿈과 현실의 혼돈에서 오는 경우다. 꿈속에 보았던 일이 인상 깊게 남아서 그 기억이 오래 지속되다보면, 그 꿈 자체가 마치 실제로 경험한 것처럼 머리에 각인되고 만다. 가령 꿈에서 어느 장소에 갔었다고 한다면 실지 가본 경험이 없는데도 그 곳에 갔었다고 확신하는 것이다. 다음은 아무런 기억이 없는데 남이 전해 준 정보에 의하여 실제 자기가 경험한 사실로 기억하고 있는 것처럼 느껴지는 경우다. 가령 부모님이 '네가 세 살 때 집 앞에서 놀다가 크게 다쳐 울고 있었다.' 라고 말하였다면, 마치 본인이 집 앞에서 놀다가 크게 다쳐 울고 있었던 세 살 적 기억이 생생하고 당시 주변 환경까지도 눈에 선하다고 여긴다. 다시 말한다면 애당초 본인의 기억에는 전연 없었던 사건임에도 꿈에서 본 사건과 남으로부터 전해들은 사건이 마치 본인이 분명히 경험하고 기억하고 있는 것처럼 느끼는 것들이다. 또한 희미해진 기억을 재생하는 과정에서 전연 엉뚱한 사고가 개입되어 사건의 전말이 전도되는 경우도 있다. 우리는 이런 도착된 기억을 실제의 기억으로 착각하고 지내고 있다는 사실을 간과할 수 없다.

몇 해 전에 나는 오래된 상자를 정리하던 중에 학창시절의 일기장을 발견하곤 호기심 있게 읽어본 적이 있다. 그런데, 그 내용에는 내가 기억하고 있던 그 시절의 일들의 상당 부분에서 차이가 있다는 것을 발견하고 놀라지 않을 수 없었다. 과거사를 재생해내는 우리의 기억이란 이와 같다 할 것이니 어찌 내 기억이라고 확실성을 장담할 수 있을까 하는 생각이다. 만약 기록이 없다면 우리의 잘못된 기억은 사실로 인정되고, 이로 인하여 역사는 왜곡되고 마는 결과를 초래하게 된다. 이런 과오를 시정하기 위하여 기록이란 얼마나 중요한 것인지를 다시 한 번 느끼게 한다. 우리에게 아무런 기록도 주어지지 않은 상태에서 지나간 일을 기억하며 회고한다는 것이 얼마나 비사실적이며 허구인가를 짐작케 할 뿐이다.

(문학사랑 2006. 여름호)

제삿날 유감有感

부모님의 제사가 있는 날이다. 세월이 많이 흐르다 보니 세대도 바뀌고, 알게 모르게 제사의 풍습도 많이 변하고 말았다. 내가 어렸을 적만 하여도 제삿날의 주인공은 역시 돌아가신 분이고, 다음은 제사를 받드는 어른들이었다. 그러므로 제삿날은 항상 엄숙할 수밖에 없었고, 그런 환경 속에 어린이들이란 어쩔 수 없이 받아들인 불청객에 불과하였다. 그러나 지금에 와선 제삿날의 주인은 어린 애들로 바뀌고, 그 엄숙하던 분위기는 왁자지껄한 가족의 잔치 분위기로 변하고 말았다.

전 같으면, 제사란 고인의 돌아가신 전날 저녁에 설상 하였다가 돌아가신 날 자정을 기하여 제를 올리는 것이 예였다. 그러므로 제삿날이 돌아오면 며칠 전부터 제기를 닦으랴, 음식을 장만하랴, 온 가족이 모여 부산을 떨었다. 제삿날이면 음식을 만드는 냄새가 온 동네에 퍼져 제사임을 알렸고, 애들은 전을 부치는 엄마 곁에 붙어 앉아 계란 전 한쪽을 얻어먹고자 졸라댔다. 그러면 제사가 끝나기 전에는 안 된다는 어머니의 따끔한 한마디에 아무소리 못하고 군침만 삼키던 기억이 잊히지 않는다. 이러던 제사가 오늘날엔 '가정의례 준칙'에 의하여 고인이 돌아가신 날 저녁에 치르게 되었고, 음식도 간단한 것만을 집에서 만들고 대부분 시장에서 필요한 만큼 사서 상에 올린다. 그러다보니 제사음식에 정성이란 깃들어지기 만무하고, 어린 애들이 음식에 손을 대도 별로 탓하려 들지 않는다.

내가 어렸을 때에 할아버지가 주관하시던 제사에는 많은 가족과 친척들이 모여들었고 초저녁부터 분위기는 사뭇 엄숙하였다. 제사상이 높이 차려진 안쪽에는 신주가 모셔져 있고, 발이 처져 있는 방에는 촛불과 향이 타는 냄새로 가득하여 마치, 돌아가신 조상님의 혼백이 찾아와 그 자리에 앉아계신 듯하였다. 제복(祭服)을 입은 어른들의 무거운 분위기는 어린 우리를 따분하게 하였고, 거기에다 자시(子時)를 기다리는 지루한 시간은 어느새 방 한 구석에 쓰러져 잠이 들게 하였다. 제사가 시작되어 잠을 깨우나 졸음에 겨운 우리는 눈도 제대로 뜨지 못하였다. 제사는 파하였어도 정작 잠에 취해 그렇게 먹고 싶었던 제사음식도 먹을 수가 없었다.

어느 때부터인가 정부에서는 관혼상제의 간소화를 위하여 '가정의례준칙'을 제정하여 지키게 하였고, 이어 시행된 가족계획은 저출산과 핵가족이라는 상황에 맞물려 제사의 개념마저 흔들어 놓고 말았다. 기일(忌日)을 맞이하여 조상에 대한 명복과 돌아가신 분에 대한 불효를 뉘우치고, 또한 고인을 회고하던 옛 제사의 의미는 사라져버리고, 오직 고인의 돌아가신 날의 개념만이 남았다. 제사를 주관하는 제주(祭主)가 할아버지에서 아버지, 아버지에서 맏형, 그리고 장조카로 내려가다 보니 제사도 고인의 중심에서 가족 중심으로 변모하고 말았다. 헌주(獻酒)와 배례(拜禮)에 남녀는 물론 어른 아이의 구분이 없어졌고, 제사상에 오르는 음식도 선별 없이 현실적이 되고 말았다. 외래 바나나와 파인애플이 오르는가 하면 프라이드치킨과 피자도 오른다. 제수의 진열방법과 제사의 진행절차는 파괴된 지 이미 오래고, '홍동백서' '어동육서' 등 한마디씩 뇌어보나 그것은 제사의 격식을 설명하기보다는 그냥 던져보는 제삿날 덕담에 불과하다. 술잔을 올리는 것도 분별이 없다. 이렇게 제사의 격식이 파괴되는 형편이니 변모해 가는 제사의 풍습을 어찌 막을 것인가?

이야기를 들어보면 다른 집의 제사풍경도 우리 집과 별로 다를 바가 없다. 제사의 엄숙함이 예전 같지 않다는 이야기다. 어찌 보면 몇 안 되는 손자의 부산스러운 장난과 재롱 속에 제사라기보다 애들의 잔칫날이 아닌가 하는 착각이 들 정도다. 정작 제사가 시작되면 갓 걸음마하는 꼬마로부터 철모른 어린 것들의 절하는 모습에 한바탕 웃음이 반복되는 것도 제삿날이 아니면 보기가 어려운 풍경이 되고 말았다. 그리고 따로 사는 가족들이 오랜만에 한데모여 앉아 그 간의 이야기를 나누는 것도 제삿날에 주어진 기회가 아닐 수 없다. 물론 옛날도 식구들의 모임엔 변함이 없었으나, 조상의 제삿날이라 어른들이 주인이었고 따라서 웃음이 없었던 것만은 사실이있다. 점점 변하여 가는 세태는 제사가 고인을 추모하기보다는, 가족들이 모여 즐기는 날이 되어가고 있다. 하지만 제삿날이, 고인에게 자손들의 즐거움을 보여드리는 날이 된다면 이상한 일도 아니며, 이런 현상이 잘못이라고 여겨지지도 않는다. 어쩌면 현실에 맞는 풍습으로 변모해 가는 과정인지도 모른다. 각자 멀리 헤어져 살고, 핵가족화로 단출하여진 지금, 이나마 식구들이 모일 수 있다면 그것으로 다행이다. 어쩌면 조상님도 그것을 바랄는지 모를 일이다. 나는 사촌형의 제사를 보기 위하여 일 년에 한번은 당질(堂姪)의 집을 찾게 되고, 그 때마다 당질 내외만이 쓸쓸하게 제사를 모시는 것을 보게 된다. 당질은 외아들인데다가 그 아들마저 하나다. 그런데 그 하나인 아들마저 외국에 나가 있으니, 이를 보는 나로서는 그 쓸쓸함이란 여간 안쓰러운 것이 아니다. 이러한 일이 어찌 나의 당질 하나의 일이라고만 할 것인가? 핵가족은 조상을 부끄럽게 할뿐만 아니라, 제사마저 외롭고 쓸쓸한 가정행사로 전락시키고 있다.

이전 세대에서는 제삿날이면 많은 자손이 모이는 것은 물론, 고인의 친구와 이웃까지 초청하여 고인을 회고하던 것이 보통이었다. 그러나 현재에 와선, 특히 도시생활에 있어서의 제사는 그렇지가 못하다. 찾아올 친척은 몇 안 되고, 그렇다고 이웃을 초청하는 일도 없다. 이런 상황이라면 차라리 격식에 약간 어긋나고 경건한 분위기가 못 된다 하더라도, 모일 수 있는 가족만이라도 한데 모여, 어린 자손들이 재롱을 떠는 떠들썩한 분위기를 연출할 수 있는 제삿날이, 오히려 돌아가신 조상을 위하여 바람직한 일이 아닌가 하고 생각해본다.

지하철 노인석老人席

지하철 노인석이란 각 차량 앞뒤에 장애인, 노약자, 임산부의 좌석이라고 정해 놓은 좌석을 통칭하는 말이다. 지하철을 타다보면 가끔 이 노인석을 두고 앉아있는 사람과 서 있는 노인 사이에 묘한 갈등이 벌어지는 경우를 본다. 사실 나는 만 65세가 되어 노인 우대권을 받는 시점에서도 이 노인석은 관심 밖이었다. 아직 그 쪽을 넘볼 때가 아니란 생각도 있었지만, 사실은 차량 양쪽 귀퉁이 자리한 것이 답답하게 느꼈기 때문이었다. 그런데 하루는 교도요원인가 질서요원인가 하는 어깨띠를 두른 노인네가 차 칸 내부를 돌아다니며 노인석에 앉아있는 젊은이를 일으켜 세우더니, 일반석에 앉아 있는 나에게 와서는 젊은이가 앉게 노인석으로 가 앉아라 한다. 하도 기가 막혀서 한마디 하려다 그만 둔 일이 있다. 노인석이란 항상 비어있는 것도 아니고 그렇다고 차내의 좌석이란 노인과 일반인이 구분하여 앉으라는 좌석도 아니다. 다만, 노인석이란 아무리 만원이라 할지라도 거동이 불편한 노인 또는 장애인이 오면 언제라도 앉을 수 있도록 하는 배려 차원에서 만들어진 곳이다. 그렇다면 굳이 노인이라고 하여 노인석에만 앉으라는 법은 없지 않으냐는 생각이었다. 그러던 것이 어느 날부터인가 일반석으로 가는 것이 젊은이에게 폐가 되는 것 같아 노인석 쪽으로 방향을 옮기게 되었다. 비단 이러한 현상은 나 뿐만은 아닌 것 같다. 물론 젊은이 앞으로 가면 젊은이들은 자리를 양보한다. 그렇지만, 노인들은 젊은이 앞으로 다가가는 것이 마치 자리 양보를 강요하는 것만 같아서, 그를 피하고자 자연히 노인석 쪽으로 모여들게 하는 것 같다.

사실, 노인 보호석이 실시된 초기에는 노인석은 노인 이외의 사람은 불가침의 자리였다. 젊은이가 앉아 있으면 영락없이 다혈질의 노인으로부터 한마디 꾸중을 듣고 쫓겨나곤 하였다. 지금도 그런 예는 종종 있으나 그전처럼 흔히 보이지는 않는다. 노인들도 많이 자중하는 자세다. 언젠가 목격한 사실이다. 방금 차에 탄 노인이 노인석에 앉아있는 젊은이를 보고 버릇없이 노인을 앞에 보면서 버젓이 앉아있다고 욕을 퍼붓고는 일으켜 세웠다. 일으키고 보니 젊은이는 거동이 불편한 뇌성마비 청년이었다. 그를 본 노인은 얼마나 민망했던지 그 청년에게 미안하다며 다시 앉으라 하나 그 청년은 끝내 앉지 않았다. 무안한 것은 그 노인일 수밖에 없었다. 젊은이가 노인석에 앉아있다고 함부로 젊은이를 꾸짖거나 일으켜 세울 처지만은 아닌 것 같다.

사실 보면, 노인석에 노인만이 앉아있는 것은 아니다. 젊은이가 앉아 있으면 얼른 일어서기라도 하지만, 50대 후반이나 60대 초반의 인물들이 늙은 척 그냥 앉아 있는 경우를 종종 본다. 요즘처럼 고령화시대에 5,60대가 어디 노인인가. 몸이 불편한 노인네가 앞에 다가와 서있어도 부동인 것을 보면 어쩌면 염치가 없어 보인다. 부인들도 마찬가지다. 보다 꼴

불견인 것은 노인을 앞에 두고도 어린 아이들마저 조르르 앉히고 뻔뻔하게 자리를 독차지하고 앉아있는 젊은 부인이다. 어린애는 앉아있지 않겠다는데 굳이 가만히 앉아 있어라 붙들어 놓는다. 언젠가 모 신문 독자란에 실린 글을 보았다. 자기 아이를 노인석에 앉히고 가는데 어느 노인이 애더러 호통을 치면서 일으켜 세우더라는 것이다. 어디 노인석이 노인만 앉으라는 곳이냐는 것이다. 노약자석이라고 쓰여 있으니 당연히 어린이도 약자임으로 앉을 권리가 있다는 것이다. 그러면서 노인네의 무례가 도를 지나치다 하였다. 사실 국어사전을 보면 노약자란, 1) 늙은이와 연약한 어린이. 2) 늙은이와 병약한 사람. 3) 늙어서 기운이 쇠약한 사람이라고 되어있다. 설명 1)이라면 할 말은 없다. 그러나 노약자라 한다고 꼭 1)의 해석만은 아니지 않는가. 2)도 있고 3)도 있다. 보다도 노약자의 표시를 영문으로는 'senior citizen'(65세 이상의 국민, 연금 생활자)이라고 표기해 놓았다. 더구나 중요한 것은 지하철공사에서 노인 보호석을 지정하게 된 동기부터 이해하여야 한다. 전동차의 차내 방송을 들어보면 '할아버지 할머니와 몸이 불편한 사람을 위하여 자리를 항상 비워둡시다'한다. 이 내용으로 보면 노인을 비롯한 거동이 불편한 사람을 주로 한 좌석임이 분명하다. 그럼에도 노인 인구가 많아서 그런지 요즘은 이 노인석도 차례를 얻기란 그리 쉬운 일이 아니다. 이제는 노인들도 좀 젊다싶으면 이 자리를 엿보아서는 안 될 처지가 되었다.

끝으로 한 마디 보태어 말한다면, 젊은이 중엔 자리를 양보하면서도 좋은 인상을 주지 못하는 경우가 있다. 앞에 노인이 오면 슬그머니 꽁무니 빼듯이 자리를 피하고 마는 경우다. 왜 그런지 알 수 없다. 일어서서 당당히 '어르신 이쪽으로 앉으세요.'라고 한마디 한다면, 노인도 기분이 좋아서 '젊은이, 고마워요!'하고 반갑게 웃음으로 대할 것을 ―. 이런 풍경이 얼마나 아름답겠는가. 그런데 아무 말 없이 슬그머니 자리를 뜨고 마니 동작이 느린 노인은 항상 재빠른 다른 이에게 그 자리를 빼앗기고 만다. 이것이 지하철의 한 풍경이기도 하다.

(문학사랑 2006. 봄호)

직장과 동료

우리는 사회적 동물이라 어차피 여러 사람과 부대끼며 같이 어울려 지낼 수밖에 없다. 가족을 제외한 학교 동창, 직장 동료, 동호회 및 친목회 회원, 기타 여러 조직에 속해 있는 같은 조직원으로서 자주 얼굴을 대하며 살아간다. 특히 한 직장의 동료라면 매일같이 아침 출근으로부터 시작하여 일과가 끝나는 시간까지 좋든 싫든 얼굴을 대하며 지내야 한다. 학교의 동기생이나 직장의 동료는 본의 아니게 서로 만나서 한 배를 타고 지내온 형편이므로 서로 가까이 지낼 수밖에 없는 현실에 처해진다. 동호회나 친목회는 자의에 의하여 맺어지는 것임으로 회원 간의 친분은 그래도 무난한 편에 속한다. 그러나 한 조직의 동료로서 그 조직을 위하여 일할 적에는 의견을 같이 모을 수가 있으나, 개인적으로는 성격과 상호간의 이해에 따라 그 친분의 정도가 달라지지 않을 수가 없다. 그러므로 같은 동료라 해도 모두가 진한 사이는 될 수 없고, 자연히 멀고 가까운 거리감이 생기기 마련이다.

특히 직장에 있어서 동료의 관계란 불가근불가원일 수밖에 없다. 상사와의 갈등이나 동급끼리 경쟁하는 경우라면 서로 적이다. 이럼에도 불구하고 아무렇지도 않은 듯 아침에 만나면 인사하고 대화하고 웃으며 하루를 맞이하는 것은 한낱 동료로서 직장의 예의에 불과한 것일 뿐, 거기에는 서로 견제하는 생존경쟁의 심리가 깔려 있음은 어쩔 수 없다. 여기에 까탈진 상사, 모든 일에 참견하는 동료, 그리고 빈들거리는 부하직원이 있다고 한다면, 직장이란 살벌하고 정떨어진 곳일 수밖에 없다. 이런 모든 것을 생각하면 하루라도 직장에 다닐 마음은 저만큼 사라지고 만다. 그렇다 하더라도, 심리적으로 나약한 자가 아니라면 쉽게 직장을 포기하려 들지는 않는다. 직장이란 생존이 수단이며, 또한 경쟁의 장소이기 때문이다. 그래서 우리는 쉽게 직장을 떠나지 못한다. 몸이 아파도 쉬지 못하고, 휴가를 가서도 직장에 대한 관심을 끊지 못한다. 중요한 일이 없음에도 연장근무를 자청하는 것은 직장에 대한 충성이라기보다는 자기를 과시하고, 직장에서 일어나는 정보에 뒤지지 않으려는 마음에서다. 그래서 직장인은 좋든 싫든 매일같이 직장에 매달리게 된다.

그런데 가끔은 직장이란 반드시 살벌한 곳만은 아니라는 것을 발견하게 된다. 거기에는 보기 싫은 상사도 있고 상대하기 싫은 동료도 있겠지만, 반대로 나를 인정하고 아껴주는 상사, 나를 반겨주는 동료, 그리고 나를 존경하는 후배가 따로 있기 때문이다. 그래서 직장에 다니는 맛을 느끼며, 그 짜증스럽기만 하던 직장도 쉬 버릴 수 없게 된다. 아래 직원에게 욕을 달고 다니는 상사가 있고 얄미운 동료가 보기 싫다 해도, 아침에 직장을 향하여 나설 수 있는 것은, 내게 주어진 일이 있고, 그리고 내가 보고 싶은 동료와 나를 기다려주는 동료가 있기 때문이다. 그리고 나를 따르는 후배가 있기 때문이다. 어떤 친구는 항상 상냥하게 대해 주는 여직원의 모습을 잊을 수가 없어서 출근한다 하고, 어떤 친구는 늘 걱정해 주는 동료가 있어 출근하지 않을 수가 없고, 어떤 친구는 오늘도 술벗이 되어 주는 동료가 나를 기다리기에 출근이 즐겁다 한다. 직장이 싫고 상사가 밉다지만, 나를 기다리고 또한 내가 보고 싶은 동료가 항상 그 자리에 있기에 직장 자체가 즐거워지는 것인지도 모른다.

사람이 사는 곳이란 모두 다 이런 것이 아닌가 한다. 직장뿐만이 아니라 어떠한 모임이라 할지라도 여러 사람이 모이는 곳이라면 모든 것이 내 뜻과 같을 리 없고, 모두가 내 뜻과 같이 한마음이 되어 줄 수가 없다. 그래서 우리는 가끔 어떤 모임이나 어떤 인물을 기피하고 싶을 때가 있다. 하지만 그 중에 나를 기다려주고, 걱정해 주는 친구가 단 하나라도 있다면 그 자리를 피할 이유가 없다. 내가 나가지 않으면 나를 기다리고 있을 것만 같고, 나 또한 그들이 보고 싶어 그 자리에 먼저 나가게 된다. 조직이란 이렇게 한 사람 한 사람의 정이 얽히고설킨 가운데 움직여 나가는 것인지 모른다. 우리는 그곳에서 뜻이 맞는 동료를 만나고 동료의 귀함을 알게 된다. 그리고 나 또한 그들에게 어떤 존재인지 확인하게 된다. 만일 우리에게 이와 같은 동료가 없다고 한다면, 우리의 삶이 얼마나 외롭고 서글프고 삭막할까 하는 생각이 먼저 떠오르게 된다. 서로 얼굴만 쳐다보아도 즐거운 친구, 말벗이든 술벗이든, 하물며 아무런 인연도 없는 사람이라 할지라도 내 곁에서 늘 미소를 짓거나 인사하는 이가 있다면, 그것 자체가 우리에겐 그만큼 행복이 아닐 수 없다. 그 얼굴을 보고 싶은 마음만으로도 삶의 청량제가 되고 삶의 흥이 절로 나기 마련이다. 우리는 그렇게 살아가고 있다. 늘 작은 일에 보람과 기쁨을 느끼고, 또한 내일의 희망을 가지며, 그렇게 하루하루를 지낸다. 이것이 삶인지도 모른다. 직장과 동료, 우리는 어쩌면 치열한 경쟁사회 속에서도 서로 믿고 의지할 수 있는 동료가 있기에 인간관계를 유지하며, 그런 개개인의 작은 믿음이 모여 직장과 사회가 유지되는 것인지도 모른다.

— 오늘도 어디선가 나를 기다려주는 동료의 정이 그리워진다. 스치는 미소가 그리워진다. 대화 한 마디, 술 한 잔을 허물없이 같이 나눌 수 있는 동료, 그런 친구가 그 곳에 있어 나는 오늘도 행복한 하루를 지낼 수 있는 것인지 모른다.

집안의 물건들

20평 남짓한 주거공간이 넘쳐나는 많은 생활도구들로 인하여 여간 협소해진 것이 아니다. 언제 이렇게 물건들이 늘었는지 모르지만, 실은 이런 과잉된 물건들에 의하여 넓게 쓰여야 할 공간이 잠식되고 있다는 사실에 가슴이 답답하여 올 때가 한두 번이 아니다. 모든 수납장이 가득 차서 물건이 수납장 밖으로 넘쳐난다면 물건의 수급관리에 문제가 있을 뿐만 아니라, 가사(家事)의 운영에도 문제가 없다고 할 수 없다. 이런 현상은 새로운 물건에 유혹되어 사들이는데 있지만, 불필요한 것을 바로 처분하지 못하는데도 더 큰 원인이 있다. 수급이란 처분한 것만큼 취득하든지, 아니면 취득한 것만큼 처분해야 균형이 잡히는 법인데 그러지 못하니 과잉현상이 일어날 수밖에 없다.

집안의 넘쳐나는 물건에 골치를 앓는 것은 비단 우리 집의 문제만은 아닌 듯싶은데, 그 해결책을 시원히 말해주는 사람은 거의 없다. 좋은 방법을 말하라면 겨우 집을 옮겨보라는 정도다. 이사를 두어 번 하다보면 어느 정도의 물건이 줄 것은 분명하지만, 이사란 조건이 되어야 하게 되는 것임으로 그냥 해보는 구두선에 불과하다. 생활 잡지를 보면 수납장을 정리하는 방법에 대하여 쓰인 글을 종종 발견하게 된다. 거기에 보면, 자주 쓰는 물건, 1년에 한 번은 쓰는 물건, 2년이 지나도 쓰이지 않은 물건을 구분하여 보관하고, 이들 물건이 3년이 지나도록 쓰이지 않을 때는 과감히 처분하라고 지시한다. 그러나 주부들을 포함한 대부분의 사람들은 그 글을 보면서도 이를 실행하지 못한다. 작은 물건 하나에도 애착이 남아 함부로 버리지 못하기 때문이다. 그래서 집안에 물건은 자꾸만 쌓여간다.

사실, 처분대상이 되는 물건이란 여러 가지 있겠지만, 오래된 침구 의류거나 그릇 같은 부엌용품이 대부분이고, 그리고 한쪽 벽을 차지하는 책들, 그 밖의 잡동사니 생활도구들이다. 나는 가끔 집사람과 그 쓰이지 않는 물건에 대한 처분을 논의해 보지만, 집사람은 그 뜻에 일단은 수긍하면서도 정작 처분에 대하여는 인색하기 짝이 없다. 오히려 책부터 버리라고 나에게 역공해 올 때가 있다. 책도 마찬가지지만 쓰이지 않는 물건들이 수납장을 장기간 차지하고 있으므로 집안은 좀처럼 정돈이 되지 않는다. 1년이 가고 2년이 지나도 깊숙이 자리한 오래된 의류와 침구, 신발, 그리고 식기류를 버리자고 몇 번을 이야기해도 집사람은 언젠가는 쓰일 날이 있다고 막무가내다. 어찌 보면 물건이 귀하였던 시절에 필요한 물건을 하나하나 사 모으고 버릴 줄 몰랐던, 그런 시절의 어머니와 같은 사고가 답답하게 느껴진다. 딸이 시집을 가거나 며느리가 들어오면 주어야 한다고, 하나 둘 사 모은 그릇과 침구가 푸대접 속에 아직도 우리 집 수납장에 그냥 보관되어 있다. 오래 전에 사 모았던 것임으로 딸은 딸대로, 며느리는 며느리대로 지나간 패션을 환영할 리가 없다. 그런 형편에 누구에게 준다고 반가워할 사람도 없으니, 그저 아까운 마음에 처분하지도 못하고 그저 보관만 하고 있을 따름이다.

가끔 주변을 보면 습관적으로 고물을 주워 모으는 사람들과 마주하게 된다. 길에 버려진 물건이라도 쓸만하다싶으면 우선 집으로 가져가고, 그렇게 쌓인 물건은 언젠가 쓰일 날을 기다린다. 주부도 마찬가지다. 일단 집에 들어온 물건은 앞으로 쓰일 날을 기대하면서도 처분에는 눈을 감아버린다. 생각하면 근검절약의 표본일 수도 있겠으나, 보다도 물건에 대한 집착이 아닌가 하고 느껴질 때가 한두 번이 아니다. '지금은 당장 쓸모없겠지만 언젠가 필요한 날이 있겠지? 그 때면 없애서 다시 새로 구입하느니보다는 그냥 가지고 있는 것이 훨씬 났겠지.' 하는 생각이다. 그러나 불확실한 미래를 가정하여 현재 불필요한 것을 고집하여 간직한다는 것은 분명히 잘못된 집착이다. 사실 쓰던 물건을 버린다는 것은 그리 쉬운 일은 아니다. 더구나 사연이 있는 물건이라면 더욱 버리기 아쉽기 마련이다. 결혼 때 가져온 혼수품, 젊었을 때 즐겨 입었던 옷, 존경하는 분에게서 선물로 받았던 구두와 가방, 자식들의 어렸을 적에 손수 지어 입혔던 앙증맞은 옷가지 등, 이제는 낡아서 쓸모없겠지만 아름다운 추억이 담긴 물건이라면 고이 간직하고 싶은 마음은 누구나 마찬가지일 것이다. 그러나 취사선택을 잘하여 반드시 보관해야할 것을 제외하고, 생활에 불필요하거나 보관상 장애가 되는 물건이라면 필요로 하는 분에게 양도하거나, 아니면 다른 방법으로 처분하는 것이 현명할 수도 있다. 필요 없는 물건을 너무 오래 가지고 있으면서 짐이 된다는 것을 모른다면, 그것은 어리석은 욕심일 수밖에 없다. 가능한 한 쓰지 않는 물건은 과감하게 처분하여 생활공간을 넓히고, 주변을 단조롭게 하여 여유롭게 사는 것도 생활의 지혜다. 그러나 나에게는 집사람을 설득하는 것이 더 어려운 과제다.

사실, 이사를 해본 사람들의 말에 의하면 그 많은 이삿짐에 진저리가 난다고 한다. 평소에는 얼마 되지 않게 보이던 물건이 이사를 하는 날엔 어느 구석에서 그렇게 쏟아져 나오는지? 그래서 이사할 때는 이삿짐을 최소한 줄이려고 불요불급한 물건을 과감히 처분해보는 것이 이삿날의 풍경이다. 그리고 새로 이사한 집에 가면 이삿짐이 차지하는 최소한의 공간을 요리저리 가늠하면서 주거공간을 최대한 넓게 활용하고자 해본다. 하지만, 날이 가고 세월이 가면 새로 받아들이는 물건으로 그 공간은 다시 조금씩 잠식당하고 만다. 따라서 너그러웠던 마음도 조금씩 사라져 욕심의 때가 같이 묻어가는 것은 어쩔 수가 없다. 다시 한 번, 결혼초의 단출한 신접살림 시절로 되돌아가서 불요불급한 물건을 과감히 처분해 보는 용단이 필요한 것이 아닌가 한다. 그것이 쉽지 않다면 차라리 거주지를 옮기는 결단과 함께, 이삿짐을 과감히 줄이는 방법을 실행할 수밖에 없다. 불필요한 것을 안고 사는 것보다 훨씬 가벼운 기분이 될 것은 뻔한 일이다. 한편으로 생각해보면, 10년 주기로 이사를 하며 생활환경을 변화시켜보는 것도 정서생활에 나쁘지 않을 것이란 느낌이다.

(문학사랑 2013. 봄호)

짧은 詩의 매력

중학교 다닐 때였던 것으로 여겨진다. 장 콕토의 시 '귀'를 접하고 나는 이 시에 매료되었었다. 어쩌면 시를 알기 전부터 일찍 외우고 다녔던 시인지도 모른다. 그래서 나는 이 시를 잊을 수 없다. 내가 이 시를 좋아하는 데는 나를 노래하고, 내 고향을 노래하는 것 같아 깊은 공감이 있었기 때문이다. 짧으면서도 함축성 있는 이 시는 지금도 나를 어린 시절과 고향으로 유도하고, 넓은 바다에 대한 향수를 갖게 한다. 뿐만 아니라 나로 하여금 짧은 시에 대한 매력을 갖게 한다.

내 귀는
조그만 소라 껍데기
언제나 바다 물결소리
그리워하오.

나는 바다가 있는 고장에서 태어나 그 곳에서 자랐다. 항상 바다가 좋은 놀이터였다. 썰물에 널리 펼쳐진 모래밭에는 동력선의 프로펠러에 파인 웅덩이가 있고, 물이 고인 그 속에는 미처 빠져나가지 못한 작은 고기가 헤엄치는 것을 보기도 하고, 호미를 들고 모래 바닥을 긁다보면 조개가 돌멩이처럼 호미 끝에 와 닿았다. 아니면 친구들과 모래집을 짓느라 시간 가는 줄도 모르고, 밀물이 다가와서야 그 자리를 뜨곤 하였다. 갯바위를 찾아가서 물속을 들여다보면 바위틈에 성게며 소라가 숨어있고, 물속 깊이 팔을 집어넣어 그것을 끄집어내는 재미와, 사람의 기척에 얼른 숨어버리는 게를 먹이로 유인하여 잡는 재미 또한 심심치 않았다. 이런 바다 놀이에서 늘 듣는 것이 바다의 물결소리다. 바람이 부는 날이면 파도소리는 거칠게 다가와 우리의 접근을 경계하고, 바람이 없는 날이면 바다물결은 부드러운 촉감으로 우리를 보듬듯이 쓰다듬었다. 어쩌면 그 소리는 어머니의 자장가처럼 조용히 들려왔다. 모래바닥을 스치는 소리, 자갈을 밀고 왔다 쓸고 가는 소리, 이것이 물결소리인지, 모래가 스치는 소리인지, 자갈이 구르는 소리인지, 그 분간조차 할 수 없는 간지러운 소리가 우리 마음을 달래곤 하였다. 모래알을 만지다 보면 쪼개진 하얀 조개껍질, 바닷가 어느 한 쪽 구석에 버려진 빛바랜 소라껍질, 우리는 그것을 주어들고 무슨 소리를 듣고자 했는지 모르지만, 귀에다 대고 진지하게 귀를 기울였다. 어쩌면 신비스러운 바다 속의 소리를 듣고자 하였는지도 모른다. 이런 어린 시절 우리들의 행위를 고스란히 이 시는 담고 있다. 지금은 고향을 뜬 지 오래 되었지만, 아직도 이 시를 외면 어린 시절의 그 때와 고향의 바다가 그리워진다.

젊음은 파랑새를 좇는다 했던가. 나는 바닷가에 앉아 먼 수평선을 바라보며 거기에 펼쳐지는 신기루를 찾고자 하였다. 그 이상향을 꿈꾸며 고향을 떠나온 지도 벌써 수 십 년, 그 품었던 꿈은 마음에만 간직한 채 그만 현실에 안주하고 말았다. 어린 시절의 꿈을 한낱 신기루의 허상으로 치부하여 버리고 스스로 자조하는 모습이란 난들 다르랴마는, 이런 내 모습을 유치환(柳致環) 선생은 '별똥'이란 시로 이렇게 말해 준다.

별똥 떨어진 곳.
마음에 두었다
다음 날 가 보려
벼르다 벼르다
이젠 다 자랐소.

그리움이 많았던 시절, 사춘기의 그 시절, 그리움은 왜 그렇게 마음을 괴롭혔는지 지금도 생각하면 마음 설레게 하지만, 보고 싶은 그녀를 보고도 또 보고 싶은 마음 어쩔 수 없었다.

얼굴 하나야
손바닥 둘로
폭 가리지만

보고 싶은 마음
호수만 하니
눈감을 밖에

정지용(鄭芝鎔) 선생의 '호수(湖水)'란 시다. 몇 번을 읽어도 싫지 않고 실감나는 시다. 그 그리운 마음을 눈감는 것으로 마음을 달랠 수밖에 없는 심정을 누가 쉽게 이해할 수 있을까. 지금 이 시를 읽으면 오히려 그 젊었을 때의 설렘이 되살아나는 기분이기도 하다. 이어 김기림(金起林) 선생의 '동해수(東海水)'란 시 한 편을 다시 읽어보자.

순이 ……
우리들의 손수건을
저 푸른 물에 새파랗게 물들입시다.
돌아가서 서랍에 접어두고서
순결이라 부릅시다.

순수한 사랑의 약속, 그렇게 오래도록 간직하자고 굳게 다짐하였던 맹세는 어디로 사라져버리고, 그 잊을 수 없었던 나의 첫 사랑 순이는 지금 어디서 어떻게 지내고 있는지? 이 모든 젊은 날의 추억은 한낱 부질없는 것일까? 그래서 유치환 선생은 시 '낙엽(落葉)'에서 이렇게 마음을 정리해 준다.

너의 추억을 나는 이렇게 쓸고 있다.

꿈과 그리움, 고뇌와 좌절. 이렇듯 우리는 그 추억을 반추하거나 지우면서 세월을 넘긴다. 이와 같은 경험을 몇 자 안 되는 글로 함축하여 표현되는 짧은 시가, 어쩌면 신기할 정도로 우리에게 쉽게 다가오며 깊은 공감을 안겨준다. 우리의 삶의 감정을 세 줄의 글로 표현되는 시조(時調) 또한 마음에 와 닿기는 마찬가지다. 그래서 나는 그런 짧은 시가 좋은 것인지 모른다. 우리에게 생소한 일본의 전통시인 하이쿠(俳句)도 한 줄의 문장에 찰나와 우주를 담는다 했던가?

(문학사랑 2009. 봄호)

착시錯視와 환각현상幻覺現象

우리는 귀신을 보았다든지 헛것을 보았다는 말을 종종 듣는다. 실지로 귀신이 있고 헛것이 보이는 것일까? 나는 이것을 착시(錯視)에 의한 환각(幻覺)현상이라고 생각한다. 어렸을 적에 경험하였던 일이다. 외갓집 제삿날이면 나는 항상 외할아버지 곁에서 자게 되었는데, 그때마다 잠결에 하얀 옷을 입은 백발의 노인이 다가오곤 하였다. 나는 그 백발노인이 귀신이라고 여길 수밖에 없었고, 그 뒤로는 한동안 무서움에 외할아버지 댁에서 자는 것을 피하여 왔다. 몇 해가 지나 다시 외할아버지와 자게 되었다. 다시 그 백발노인이 나타나는 것이 아닌가? 놀라 잠이 깨면서 노인을 주시하는 순간, 그 백발노인은 서서히 뒤뜰로 난 작은 창문으로 변하면서 창문이 하얗게 눈에 들어왔다. 결국 하얀 창문이 착시에 의하여 백발노인의 환상으로 나타난 것이다. 그 다음부터 나는 외할아버지와 잘 적에는 창을 피하여 머리를 바꾸고 반대쪽 벽을 향하여 잤다. 그 후로는 백발노인이 나타나지 않았다.

우리는 종종 자리를 옮기거나, 낯선 곳에 가거나, 피로한 경우에 잠이 설들어 눈을 완전히 감지 못하고 실눈을 뜨고 자는 경우가 있다. 이런 경우에 꿈과 어울러 착시현상이 일어나 무서운 환상으로 나타날 때가 많다. 또한 가위눌림이 동반하여 피할 수 없는 괴로움을 겪을 때도 있다. 가위눌림이란 어떤 경우에 오며, 그리고 왜 오는지 알 수는 없으나 우리가 종종 경험하는 현상이다. 20대 후반에 나는 또 한 번의 귀신을 만나 그 귀신으로부터 칼로 협박을 받은 적이 있다. 강원도 평창까지 갈 일이 있어 버스로 비포장도로를 달리는데 서울서 무려 열 시간 이상이 걸렸다. 평창에 도착하자 녹초가 되었다. 피곤하여 일찍 잠자리에 들었으나 방이 낯설어 그런지 잠이 들긴 들었는데, 시커먼 고릴라 같은 거인이 누워있는 나를 깔고 앉아 칼로 나의 목을 찌르려 하고 있지 않는가? 나는 이를 피하고 싶었으나 움직일 수가 없었다. 순간 나는 이것이 가위눌림이라고 느끼고 나를 깨워달라고 소리를 질렀으나, 이 소리는 누구에게도 제대로 전달되지 않았다. 점차 잠이 깨면서 제 모습으로 돌아오는 것은 벽에 대나무를 가로 걸어 맨 옷걸이에 걸친 나의 검은 바지였고, 바지의 허리띠 끝이 길게 늘어져 바로 나의 목을 향하고 있었다. 이것이 나를 찌르는 칼로 보였던 것이다.

우리는 습관적으로 잠을 잘 적에 한쪽으로 향하여 자는 각자의 습성을 가지고 있다. 가령 창 쪽을 향하여 잔다든가, 아니면 벽 쪽을 향하여 잔다든가 하는 습성이다. 이럴 때 눈이 향하는 쪽에 어떤 물건이나 그림 같은 것이 있다면, 본인도 모르게 그 물건이 착시의 대상이 될 수 있고, 그것이 무서운 환상의 대상이 될 수가 있다는 것을 모르는 경우가 있다. 이런 현상이 나타날 때에는 잠자리를 바꿔보는 것이 좋으며, 아니면 물건을 옮겨보는 것도 한 방법이다. 그렇지 않으면 항상 악몽에 시달릴 수가 있다. 우리들의 착시현상은 항상 빛과 그 빛에 의하여 반사되는 피사체를 보는 순간적 오류에 있다고 생각한다. 비가 부슬부슬 내리는 초겨울의 밤이었다. 부모님의 심부름에 의하여 형과 함께 길을 나섰는데, 신작로의 넓은 길이지만 앞만 봐서는 도무지 길을 분간할 수 없었다. 물론 가로등도 없는 시골길에다 손전등도 없는 상태였다. 가는 길은 어떻게 잘 갔는데 돌아오는 길이 영 방향이 가늠되지 않았다. 하늘을 보니 전봇대 끝이 희미하게 보이는 듯하였다. 두 전봇대 사이가 바른 길이라는 것을 알고, 손을 꼭 잡고 걸어가다가 그만 형과 함께 길옆 아래 밭으로 굴러 떨어지고 말았다. 두 전봇대가 길 좌우의 것이 아니라 길 한쪽 앞뒤의 두 전봇대를 우리는 길 좌우의 전봇대로 착각한 것이다. 그런데 그 순간에 한 가지 사람의 초능력을 발견하게 된 것은 매우 큰 경험이었다. 그렇게 앞뒤를 분간할 수 없는 어두움 속이었지만 밭으로 굴러 떨어지는 순간, 사방이 대낮처럼 훤히 밝아 보이고 마른 풀잎의 갈색 빛마저 뚜렷이 눈에 들어왔다는 사실이다. 그런 어두움에도 불구하고, 그렇게 밝게 볼 수 있는 능력이 사람의 눈에도 있다는 사실을 경험해 보지 않고선 정말 모를 일이었다. 그 능력에 의하여 우리는 그 어두움의 방황에서 길을 찾아 집에 무사히 돌아올 수 있었다.

옛날 고향 동네 다리 밑에서 추락사고가 자주 발생하여 매년 2, 3명의 사람이 죽곤 하였다. 다시 말하면 사고 다발지역이다. 죽은 사람의 혼백이 사람을 그쪽으로 유인하기 때문에 추락사고가 해마다 발생한다고 하였다. 그래서 귀신이 붙은 자리라고 하여 가끔 굿도 하곤 하는 것을 보았다. 사고가 나는 날을 보면 대부분이 그믐날이거나 날이 흐린 아주 어두운 밤에 국한되었다. 이것도 생각해보면 우리가 전봇대를 잘못 판단하여 밭으로 굴러 떨어졌던 것처럼, 멀리 보이는 무엇이 다리로 바로 가는 길을 잘못 유도하여 착각하게 하는 것이라고 생각하게 한다. 사고가 나는 곳이 다리가 아닌 난간마저 없는 다리입구의 한 쪽에 치우쳐있다. 이것은 평상시 다리 쪽으로 유도하는 어떤 빛과, 어둠 속에 판단을 흐리게 하는 어떤 무엇이 분명히 있기 때문이라는 것이 나의 소신이다. 그렇지 않고서는 한 자리에서 계속 같은 사건이 일어날 리가 없다. 흔히 우리가 도로를 달리다보면 「사고다발지역」 이라고 팻말이 붙어있는 것을 보게 된다. 왜 그곳이 사고다발지역인가? 분명한 것은 사고를 유발할 만한 여건이 주어져 있기 때문이다. 그 여건을 제거하거나 시정하면 그 장소에서 교통사고가 날 리가 없다. 특히 어두운 밤에 일어나는 사고는 분명히 우리를 현혹하는 빛과 관련이 있을 것이라는 생각이 항상 든다. 나의 아버지의 경험담이다. 언젠가 밤중에 술을 드시고 돌아오는데 느닷없이 길 한가운데에서 거인과 맞부닥뜨려 겁에 질린 적이 있다 하였다. 알고 보니 항상 다니던 길임에도 옆으로 빠져 길가의 큰 바위와 마주해 있더라는 것이다. 이 모든 것이 무엇인가 사람의 방향을 잘못 유도하거나 판단을 흐리게 하는, 우리가 느끼지 못하는 밤의 빛의 현상에 있는 것이 아닌가 한다. 이 빛이 사람을 착각하게 하고 어떤 환상을 유도한다. 이 빛을 사람들은 귀신의 유혹이라 하는지도 모른다. 어두운 밤에는 빛이 없다는 것은 우리가 몰라서 하는 소리일는지도 모른다. 우리가 다만 느끼지 못하는 것뿐일 것이다. 우리는 이 느끼지 못하는 빛에 의하여 유린되고 공포를 느끼고 하물며 의구심마저 느끼게 하는 것은 아닐는지? 어느 어두운 밤에 담벼락을 끼고 가노라면 아무도 보이지 않는데 무엇인가가 옆으로 확 하고 지나갔다거나, 아니면 무엇인가가 같이 따라오는 것 같은 느낌을 느낀다고 하는 사람이 있다. 순간 헛것을 보는 느낌이 오고 간담이 서늘해진다고도 한다. 그것이 무엇인가? 긴장상태에서 자기도 모르게 보게 되는 자기의 그림자일수도 있다는 나의 생각이다.

나는 귀신이나 헛것을 믿지 않으며 또한 귀신이 붙어있는 장소라곤 있을 리 없다고 믿는 사람 중의 한 사람이다. 그러나 겁이 많아 혼자서 아무도 없는 밤길을 다녀오라면, 아마도 남보다 먼저 귀신이나 헛것에 신경이 쓰여 꼼짝도 못할 것 같다. 이것이 사람의 마음인지 모른다. 누가 말했던가, 사실 귀신이 무서운 것이 아니라 사람이 무서운 것이라고 ㅡ.

(문학사랑 2006. 가을호)

책장書欌

나에게 작은 방 벽 한 쪽을 채울만한 책이 있었고, 그 책은 두 개의 책장에 정리되어 있었다. 젊은 가정에서 볼 때에 그리 작은 수량의 책이 아니었다. 일찍이 문학을 한답시고 전집류를 포함한 문학서적을 사 모은 것으로부터 시작하여 신간 서적이 나올 때마다 하나 둘 사 모은 것이, 많은 책이 되어 보는 이로 하여금 제법 장서가로 보이게 했다. 사실, 장서란 책을 읽기 위함보다는 장식용으로 인식하는 경우가 많기 때문에 책을 많이 가지고 있다는 것이 그리 자랑할 만한 것은 아니었다. 그러나 한편 문학수업을 위하고, 한편으론 지식과 경험을 얻고자 하는 욕구가 나로 하여금 그렇게 책을 모으게 하였으니 장식용과는 거리가 먼 것이었다. 그렇다고 내가 독서광이냐 하면 그렇지도 못하였다. 책을 많이 읽고 싶기는 하였지만 그것도 그렇게 뜻대로 되지 않았다. 만성결막염인 안질로 책을 보노라면 눈이 쓰라려 몇 십 분을 견디지 못하는 고통의 탓도 있었겠지만, 신경쇠약 증세로 책을 읽어도 그 내용이 머리에 주입되지 않아 결국에는 문학수업마저 포기하여야 할 처지까지 이르렀기 때문이었다. 그 후에는 직장생활에 시달리게 된 것도 독서를 못하게 된 이유라면 이유였다. 이러다 보니 자연히 책과 거리가 멀어지게 되었고, 책은 자연히 장식품으로 전락하게 되었다. 그렇다고 꼭 그런 것만도 아니었다. 왜냐하면 이 책이 자라나는 아들과 딸이 차례로 읽었으니 그 가치가 전연 없는 장서도 아니었다. 그리고 나의 문학에 대한 미련만은 그대로 남아있어 책에 대한 집착은 여전하였기에, 아무리 책이 머리에 들어오지 않는다 해도 틈틈이 꺼내서 보는 여유는 있었다. 다소 시간이 걸리긴 하였으나 한두 권의 책을 소화하는 데는 그리 어려운 것도 아니었다. 그래서 나는 아직 얄팍한 지식이나마 간직하고 있는 것이 아닌가 한다.

이런 나의 책장에 언제부터인가 변화가 생기기 시작하였다. 자세히는 모르지만 자식들이 대학에 다니면서부터가 아닌가 한다. 나의 책장에 그들의 책들이 잠식하기 시작한 것이다. 큰 변화는 집을 이사할 때였다. 이사를 한 번 하고 나면 내 책부터 퇴출되었다. 이삿짐을 줄인다고 몇 권의 책이 버려져나가고, 방이 비좁다고 버릴 책을 다시 추리다보니 그것이 모두 내 책이다. 그 퇴출 된 나의 책의 빈자리에 애들의 책이 하나 둘 채워졌다. 하기야 그럴 만도 한 것이 나의 책은 일정 때 발간된 일본어판이나, 해방과 6·25 전후해서 발간된 책들, 그리고 월간 문예지가 반 이상을 차지했었다. 이런 책들이 이십여 년을 흐르다보니 책같이 보일 리 없었던 것은 당연한 일이었다. 지질과 제본이 좋지 않아 벌써 찢어지고 해어져서 항상 퇴출 영순위였다. 내가 애지중지하던 책들이 오래되었다는 이유로 버림을 당하니 나로서는 여간 서운한 것이 아니었다. 선입선출(先入先出)이라 했던가, 책장은 그대로인데 거기에 자리하던 나의 책은 말없이 사라져가고, 아들딸들의 새로운 책들로 채워지고 있었다.

그렇게 시간이 흐르면서 시나브로 책장은 아들의 책으로 바뀌고, 정작 보고자 한 나의 책은 어느새 그 책장에서 사라졌다. 책장의 책도 세월 따라 변하여 50년 세월이 지난 지금, 우리 집 책장에는 완전히 다른 책들로 채워져 있다. 나의 문학서적으로부터 시작하여 일반 교양서적, 대중잡지이던 것이, 아들딸이 대학을 다니면서 대학교재와 전공서적이 차지하더니, 이제는 목회자가 된 아들의 종교서적 일색으로 변하고 말았다. 그렇게 책장을 장식했던 나의 책은 이제 찾아볼래야 찾아볼 수 없고, 몇 남지 않은 책은 어느 한구석에 밀쳐져 있다. 나는 이렇게 나의 책장에서 나의 책이 밀려나고, 아들의 책으로 채워진 것을 보고 있노라면 허전한 마음을 감출 수 없다. 책장은 주인인 나를 버리고 어느새 아들에게 몸을 맡기고 말았다. 어찌 보면, 오히려 책장이 나보다 나은지 모른다. 모든 것이 때가 되면 새로운 것으로 바뀌는 것이 순리가 아니던가? 한 세대가 지나면 새로운 세대로 넘어 가듯이 책장도 젊은이의 책으로 채워졌다 한들 무엇이 잘못인가? 나의 몇 안 되는 책이 나의 책장에서 밀려나 어느 한 구석에 놓이어 있듯이, 나도 지금 그렇게 인생의 언저리에 놓여 있는 것이 아닌가 한다. 그렇다고 체념할 것도 야속하게 생각할 것도 아니라는 생각이다.

(문학사랑 2009. 여름호)

친구의 농장農場에서

노년의 휴식과 일거리 삼아 시골에 자그마한 농지를 구입하여, 혼자서 전원생활을 즐기는 친구가 한번쯤 다녀가는 것이 어떠냐기에, 하지(夏至)를 전후해서 3, 4일 지내다 올 작정으로 출발하였다. 서울에서 버스로 한 시간 반 정도의 거리니 그리 먼 곳도 아니다. 버스를 타고 강원도 홍천에서 인제로 가는 도중, 두촌면사무소 앞에서 내리니 친구가 기다리고 있었다. 그와 함께 그의 거처에 이르러 잠시 쉰 다음 집 주위를 살피니, 앞으로 3, 40 평에 가까운 농장이 있고, 농장을 끼고 나란히 흐르는 개울과 용수로가 일정한 리듬을 타고 미드미칼하게 물소리를 내고 있다. 좌우로는 이웃 농장과 이어지고, 개울을 따라 늘어선 잡목들은 주변 농장을 품위 있게 꾸미고 있다. 뒤로는 30여 미터나 자란 짙푸른 잣나무가 빽빽하게 들어서서 장엄하게 보였고, 멀리 첩첩이 들어선 산은 하나하나 높이를 더해 그 마지막 끝에 해발 1,000미터의 가리산 주봉이 아득히 서있다.

밭을 보니 여러 종류의 농작물이 오밀조밀하게 심어져 있어서 나의 호기심을 돋우기에 충분하였으나 한편 한심스럽기도 하였다. 사실, 농장이라기보다는 텃밭이라고 하는 편이 타당하리만큼 그 규모가 작았다. 그래도 그 속에 배추, 상추, 열무, 고추, 호박, 오이, 딸기, 토마토, 콩 등 야채류와 장미, 작약, 그리고 관상용 나무도 몇 그루씩 취향대로 심어져 있는 것이 오히려 신기하게 보였다. 그러나 그 텃밭에는 재배작물과 구분이 잘 되지 않을 정도로 잡초가 무성하여 이것도 작물을 심은 텃밭인가 싶기도 하였다. 말에 의하면 제초제를 뿌리지 않아서 그런 것이라 했다. 무공해 작물을 재배하기 위하여 제초제뿐만 아니라 작물에 농약도 치지 않는다 하였다. 그러고 보니 배추 무 잎사귀에 벌레 먹은 흔적인 구멍이 송송 나 있다. 더구나 모든 작물에 화학비료는커녕 유기비료도 주지 않는 터라 그 작물의 성장상태가 말이 아니었다. 친구는 그것이 자연생육이며 친환경적이라 하였다. 제초작업을 하지 않은 이유를 물었더니 잡초도 공존할 가치가 있는 것이 아니냐는 것이었다. 친구다운 그럴듯한 변명이었지만, 사실은 농사 경험이 없는데다가 혼자서 모든 일을 하자니 힘이 모자랐던 것이다.

다음 날 아침, 일어나자 밖에는 싸늘한 공기와 함께 안개에 싸이고, 사방은 신비 속의 딴 세상처럼 아득히 멀어만 보였다. 하룻밤을 지내는 동안, 이곳이 농촌이라는 생각이 거의 들지 않을 정도로 숙소엔 전기, 수도에 가스시설까지 잘되어 있다는 사실이 놀라웠다. 나는 친구와 함께 농장을 구입하게 된 동기와 전원생활의 느낌 등을 물어보며 집 주변을 거닐었다. 나뭇잎과 풀잎에는 아침 이슬이 맺혀 신발은 얼마 걷기도 전에 흠뻑 적고 말았다. 나는 텃밭으로 돌아와 잡초와 작물이 구분되도록, 우선 잡초를 뽑을 양으로 괭이와 호미를 들고 나섰다. 밭엔 잡초뿐만이 아니라 많은 돌멩이마저 혼재되어 있었다. 학교에 다닐 적에 농촌 실습을 하던 기억을 더듬으며 작업을 하였으나 역시 서툴기 짝이 없었다. 어느 정도 진행되기도 전에 몸에는 땀으로 덮이고 손에는 물집이 생겼다. 그리고 허리는 끊길 듯 아파왔다.

한 낮에, 친구의 건의로 약 6킬로미터 거리인 가리산 휴양림 입구까지 가보기로 하였다. 주변의 밭마다 옥수숫대가 사람의 키를 훨씬 넘겨 싱싱하게 자라고 있어 옥수수의 고장다운 풍경이 그대로 보여준다. 서로 이야기하며 산길을 오르는 것이 참으로 얼마 만인가? 그리고 길 양옆에 서있는 나무며 야생화를 보며, 그 이름을 아는 대로 서로 되새겨보았지만 아는 것은 별로 없었다. 새까맣게 익은 오디는 따서 저절로 입에 넣게 되고, 어떤 열매는 땄다간 미심쩍어 버리기도 하였다. 산이 높으면 골이 깊다고 했던가? 오르면 오를수록 골은 깊어만 가고, 사방은 그 흔한 매미소리도 없이 그저 조용하기만 하였다. 다만, 졸졸 흐르는 개울물 소리만이 살아있는 자연을 증명해 주는 것 같았고, 가끔 시간을 알리듯 뻐꾸기 울음소리가 들려올 뿐이었다. 주위의 모든 나뭇잎과 풀잎은 뜨거운 햇볕에 힘없이 축 늘어져 있어 개울물 소리와 뻐꾸기 소리가 아니었더라면, 마치 자연은 시간이 멈춰진 죽음과도 같은 것이었는지 모른다. 산에 다가갈수록 산은 우리를 압도하고 정상은 보다 높게 멀어만 보였다.

가리산을 앞에 두고 휴양림 입구 매점에서 커피 한 잔씩 마시며 잠시 쉰 다음, 다시 천천히 가던 길을 내려왔다. 땀에 젖은 몸을 시원한 지하수에 씻고 낮잠을 한잠 자고 나니 어느덧 해가 저물었다. 서로 이렇게 저렇게 말을 맞춰가며 솜씨 없는 음식을 만들고, 텃밭의 상추랑 고추랑 한 바구니 따다 밥상을 차리니 진수성찬이 따로 없었다. 여기에 술을 곁들여 잔을 기울이니 시간과 공간이 과거로 회귀하였다. 개울가에 조그맣게 지어놓은 정자로 자리를 옮겨 어둠 속에 이야기를 이어갔다. 가끔 개구리 소리가 물소리에 섞이어 들려오고, 소쩍새 소리도 멀리서 들려왔다. 반딧불이가 서너 마리가 빛을 내면서 주위를 맴돌자, 이어 모기도 가느다란 소리를 내면서 달려든다. 하늘을 쳐다보니 별이 총총하다. 모든 것이 오랜만에 겪어보는 경험이니 정겨운 풍경이 아닐 수 없었다.

다시 날은 바뀌어 텃밭을 돌아보니 어제 매다만 잡초가 그냥 그대로 남아있다. 그것을 다 뽑아야 한다는 것이 나의 소명으로 다가왔다. 나는 다시 괭이와 호미를 들고 나섰다. 잡초란 역시 강인한 생명력으로 그 질긴 뿌리를 땅 속 깊이 박고 좀처럼 내게 내주지 않았다. 이렇게 하루 이틀을 잡초와 싸우는 가운데 텃밭 주변의 잡초는 거의 나의 노력에 굴복하고, 돌멩이마저 제거된 텃밭은 제법 텃밭다운 모양새가 갖춰졌다. 작물은 작물대로 생명을 다시 찾은 것 같았다. 나는 할 일을 끝낸 성취감을 맛보며 텃밭의 작물이 잘 자랄 것이라는 믿음을 가졌다.

나는 그렇게 3, 4일을 유숙한 뒤, 친구의 아쉬움을 뒤로하고 서울로 돌아왔다. 흙과 물, 햇빛과 공기, 나무와 풀, 새소리와 물소리, 도시생활에서 잊었던 자연을 다시 찾을 수 있었던 소중한 시간이었다. 잡초를 뽑으면서 맡았던 풀냄새와 흙냄새가 코끝에서 떠나지 않는다. 그리고 모든 것이 차분히 가라앉은 그 조용한 환경이 마음을 끌리게 하였다. 가까운 시일 내에 다시 그 곳으로 갈 것을 다짐해본다.

(문학사랑 2010. 가을호)

틈입자闖入者

일상생활에서 사람과 사람 사이에 서서 연결고리가 되어 서로 이익과 불이익을 창출하는 사람들이 있다. 이들은 모르는 사람 사이에 서로 인사를 하게하고, 친분이나 우정을 맺게 하기도 하고, 어떤 오해나 나쁜 감정으로 반목하게 된 사람 사이에 오해를 풀고 화해를 시키는 역할도 한다. 그리고 선남선녀 사이에 혼사를 맺게 하는 중매쟁이와, 물건의 공급자와 수요자 사이에는 매매를 성사시키는 중개인도 있다. 모두가 서로 이익을 창출하는 사람들이다. 이와는 반대로 양자 사이에 약점을 노리고 계획적으로 끼어들어 사기를 치는 자가 있는가 하면, 아무런 이해관계 없이 느닷없이 끼어들어 자기 멋대로 행동함으로서 두 사람 사이를 훼방하여 피해 또는 쌍방을 난처하게 하고 불이익을 창출하는 사람도 있다. 이것도 인연이라면 인연이겠지만, 좋은 인연만은 아닌 듯싶다.

틈입자, 내가 말하고자 하는 틈입자란 본인과는 아무런 이해관계 없이 어떤 두 사람 사이에 끼어들어, 오히려 두 사람 사이를 난처하게 만드는 사람이다. 어쩌면 제 딴에는 순수한 마음으로 끼어들어 선의의 역할을 담당하려는 뜻을 가지고 하는 일일는지는 모르지만, 결과는 이와 반대의 현상이 나타나는 경우가 있어 당혹스러울 때가 한두 번이 아니다. 일단 중간적 역할을 한다고 나섰으면 신의가 있고 쌍방을 배려하는 미덕을 보여야 함에도, 사전에 아무런 동의나 이해관계 없이 오지랖 넓게 끼어든 탓에 아니 끼어든 만 못할 때가 많다. 가끔 소설이나 TV 드라마를 보고 있노라면, 제3자가 전연 관계없는 사건에 끼어들어 소설이나 드라마의 줄거리를 반전시키는 예가 있듯이, 이와 같은 틈입자의 행동에는 당초부터 신의와 배려 따위는 없어 보인다. 어떠한 목적도 없이 돌발적으로 끼어들기 때문에 언제 어느 때에 무슨 돌출행동으로 우리를 당혹케 할는지 아무도 모른다. 원래 틈입자란 좋은 목적을 가지고 끼어든다고 하지만 그 결과는 항상 그 뜻과 같지는 않는 것이 흔한 예다.

우리는 가끔 주위에서 큰일에든 작은 일에든 이런 틈입자를 만나게 된다. 최근에 내가 직접 경험한 일이다. 멀리 있는 친구가 어느 날, 내가 모르는 친구를 대동하고 찾아왔다. 하도 오랜만이라 반갑지 않을 수가 없었다. 우리는 술이나 한 잔 하면서 그간의 담소나 즐기고자 밖으로 나섰다. 그런데 나와 친구 사이에서 한 발짝 비켜 서 있어야 할 친구의 동행자가 우리 사이에 끼어드는 것이 아닌가? 그는 우리의 의향은 전연 무시한 채, 주점은 어디로 가고, 식사는 무엇으로 하고, 혼자 다 결정하고 유도하는 바람에 우리는 망연자실할 수밖에 없었다. 그리고 혼자 떠들어대며 우리에게 말할 기회조차 주지 않음으로, 우리는 우정의 대화도 제대로 나누지 못하고 서로 어색한 시간만 보내다 헤어지고 말았다. 주객이 전도된 상황이었다. 틈입자란 전연 모르는 사람인 경우도 있을 수 있으나, 대부분은 친구나 친지와 같이 주변 인물인 경우가 많다. 이들은 친분을 근거로 전연 자기와 관계없는 남의 일에 끼어들곤, 애당초 당사자와는 상관없이 제 맘대로 생각하고 행동하고 처리한다. 그렇다보니 그 결과는 아무런 이유도 없이 양쪽을 해코지하는 경우가 있는가 하면, 결국엔 이해관계가 있는 사이를 이간시키고 사업을 파탄으로 몰아가는 경우도 발생하곤 한다.

내가 아직 학교에 다닐 때였다. 별로 가까운 사이도 아니었던 한 친구가, 아무런 연락도 없이 나와 한 여인 사이에 끼어들므로 인하여 나는 그녀와의 교제에 틈이 생기고, 결국엔 절연상태에 이르고 말았다. 그 동안 나는 그녀가 왜 나를 피하는지 전연 알지 못하였다. 오랜 뒤에야 알게 된 사실이었지만, 친구가 그녀를 찾아간 것이 그녀로 하여금 불쾌감을 갖게 하였을 뿐만 아니라, 나 또한 그녀로부터 파렴치한으로 매도되는 결과를 낳게 하였다. 나는 그것도 모르고 오랫동안 그녀만 야속하다 했었다. 이 사실을 안 뒤, 나는 그 친구를 만나서 완강하게 질책하였으나 이미 물은 엎질러진 뒤였다. 그러나 그 친구의 반응은 대수롭지 않은 태도였다. 마침 그녀가 거주하는 곳에 갈 기회가 있어 내 생각이 났고, 그래서 나의 교제가 진전되는 것 같지 않아서 더 가깝게 맺어주려고 그녀를 만났던 것이었는데, 무엇이 잘못된 것이냐고 오히려 나에게 서운해 하는 것이었다. 친구니까 그런 일도 자청하고 나서는 것이 아니겠느냐는 것이다. 참으로 기가 막힐 일이었다.

'남의 집 잔치에 감 놔라 배 놔라 한다.'란 우리 속담이 있다. 이와 같이 본인과는 아무런 상관이 없는 남의 범사에, 느닷없이 끼어들어 중간에서 주인행세를 하거나, 시키지도 않은 일을 마음대로 저질러 서로 난처하게 만들곤, 오히려 마치 자신이 희생양인 양 억울해 하는 사람이 바로 달갑지 않은 틈입자의 소행이다. 오지랖이 넓은 것은 좋으나, 이렇게 시키지도 않은 일에 끼어들어 훼방을 놓는 틈입자가 종종 우리 주변에 나타나서 우리를 곤혹스럽게 한다. 물론 우리가 살아가는 동안 얼마든지 있을 수 있는 일이기는 하지만, 이와 같이 무작정 끼어드는 자로 하여금 무모한 사람이 그만큼의 상처를 받게 되는 것은 서글픈 일이 아닐 수 없다.

판소리 감상鑑賞

언젠가 모 신인 여류국악인의 판소리 심청전(沈淸傳) 완창 발표회에 초청을 받은 적이 있었다. 국악에 문외한인 나로서는 그 초청이 그리 내키는 것은 아니었지만, 초청자에 대한 인사도 인사려니와 생소한 무대를 경험하는 것도 좋을 듯싶어 공연장을 찾았다. 다행히 공연은 나에게 깊은 감동을 주었다. 그러나 공연이 끝난 뒤 나는 감상의 실마리를 얼른 찾을 수가 없었다. 판소리를 들었다고 해야 옳은 것인지, 보았다고 해야 옳은 것인지, 도무지 확신이 서지 않아 혼란스럽기만 하였다. 판소리에 대한 나의 무식의 탓이었다. 사실, 국악에 대한 지식이 모자란 것은 나뿐만이 아닌 듯하였다. 국악을 전공한 어느 분의 말에 의하면, 우리가 우리의 음악에 대한 지식이 없는 것은 우리 것을 제대로 가르치지 못한 우리의 잘못된 교육에 있다고 하였다. 일제의 식민사관에 의한 교육정책을 청산하지 못하고 그대로 답습해 온 결과라는 것이다. 학교에서 서양음악을 주로 가르쳐왔으므로 노년층이든 젊은 층이든 우리음악에 관심이 없거나 모르는 것은 당연하다는 것이다. 그리고 우리민족의 정서가 깃든 우리의 노래와 우리가락이 국민 모두에게 널리 보급되지 못하고, 일부 외국 관광객이나 해외 홍보용 쯤으로 인식되고 있는 현실이 못내 유감스러운 일이라고 하였다.

나만 하더라도 우리의 민요를 아는 것이란 '아리랑'이 고작이었고, 그것마저도 학교에서 배워서가 아니라 그냥 듣고 습득된 것이었다. 내가 아주 어렸을 적에 '창부타령' '태평가' '신고산타령'과 같은 민요음반 몇 장이 집에 있었던 것으로 기억되나, 모두가 나와는 무관한 것들이었다. 무슨 날이면 농악대가 한바탕 마을을 휩쓸고 지나가곤 하였지만, 그 때마다 나는 우선 시끄럽다는 인상부터 받았다. 대학시절, 꽤나 용기를 내어 시조창(時調唱)을 배운 적이 있었다. 그러나 그 노력은 주위에서 환영받지 못하고 오히려 웃음꺼리가 되어 중도에서 그만두고 말았다. 당시 시조를 배우려 했던 것은 우리소리에 대한 관심보다는 어떤 객기 같은 것이었는지 모른다. 정작 우리소리에 대한 관심을 갖게 된 것은 나이가 들면서부터였다. 언제부턴가 우리가락에 흥이 나고 그 장단에 익숙해지고 있다는 것을 알았다. 이것이 어쩔 수없는 우리의 것이라는 생각을 갖게 되었다. 마치 본능에 따라 원초적인 것에 마음이 끌리듯, 그런 감정이 자꾸만 나를 우리소리로 유도하는 것만 같았다. 우리의 민요가락이 나오면 나도 모르게 장단에 맞추어 어깨가 으쓱거리게 되고, 자연스럽게 소리의 후렴도 따라 부르게 되었다. 이어 가사를 익히고자 많은 노력도 하였다. 그러나 그 가사(사설)란 노래를 부르는 사람마다 제각기 달라 어느 것이 정식사설인지 얼른 다가오지 않았다. 각 노래마다 첫 한두 절의 가사만을 빼고는 일정하게 주어진 가사도 없었고 이렇다 할 가사집도 찾기가 어려웠다. 뭐가 이런가싶었다. 결국 많은 시간이 흘러서야, 우리가락은 일정한 사설 없이 주어진 그 순간순간마다 자기의 감정을 자유롭게 표현하는 장점이 있다는 것을 알게 되었다. 그리고 그 속에 우리 민족의 자유분방한 심성과 정서가 배어 있다는 것도 알 수 있었다.

국악에 대한 인식이 부족한 나에게 판소리 완창을 처음 접한다는 것은 큰 부담이 아닐 수 없었다. 공연이 열리는 날, 나는 제법 정장을 갖추고 좀 흥분된 기분 속에 공연장으로 향하였다. 판소리 한 대목쯤은 방송매체를 통하여 종종 들을 수 있는 것이었지만, 완창의 무대는 특별한 기회가 아니면 사실 접하기 어려운 것이기 때문이다. 한편, 공연이란 TV나 라디오를 통하여 보고 듣는 것과 공연장에서 직접 실연하는 것을 감상하는 것은 사뭇 다른 분위기를 연출하기 때문에, 무대를 대하는 관람자로서 어떠한 태도를 취하여야 하는 것인지 불안한 마음도 없는 것은 아니었다. 해설자가 편안한 자세로 추임새를 넣으면서 소리꾼과 호흡을 같이 하라는 당부도 있었지만 어쩐지 쑥스럽기는 마찬가지였다. 박수소리와 함께 막이 오르자 주인공인 소리꾼과 고수(鼓手)가 나란히 등장하였다. 넓은 무대에는 스물넷 폭의 병풍이 둘러쳐져 있을 뿐 아무 것도 없이 휑하였다. 고수의 북장단과 더불어 심청전 판소리는 시작되었다. 단순한 무대에서 외롭게 펼쳐지는 지루한 시간이 거부감을 갖게 되지나 않을까 하는 염려가 앞섰다. 하지만 염려하였던 우려와는 달리 시간이 흐름에 따라 소리꾼의 소리와 동삭에 끌려 그 속으로 몰입되어 갔다. 현실의 시간은 이미 나의 것이 아니었다. 오히려 소리꾼의 감정에 동화되어 울고 웃기 여러 번, 나는 이미 심청과 그 주변 인물이 되어 있었다. 나는 소리가 이어지는 동안 모든 것을 잊고 소리꾼과 한 무대를 같이하고 있었다.

무대는 소리꾼 한 사람의 것만은 아니었다. 사설이 전개됨에 따라 소리꾼의 동작과 목소리는 무쌍히 변해 나가고, 여러 등장인물은 제각기 제 감정을 표현하며 무대 위에 나타났다가 사라져갔다. 그 인물들은 때로 고수를 향하여 대화하고, 때로는 관객을 이끌면서 같이 웃고 같이 울게 하였다. 감정이 상승하면 누가 시키지 않는데도 그에 맞는 추임새가 관객으로부터 저절로 터져 나왔다. 소품이란 달랑 부채 하나, 이 부채가 요술을 부려 많은 사물을 만들어내고, 눈에 보이지 않는 모든 것을 설명하고 지시하였다. 소리꾼의 조심스러운 몇 걸음의 발동작은 오히려 무대를 한없이 넓히고, 몇 마디 춤사위는 무대를 화려하게 장식하였다. 북장단과 대목에 따라 불리는 타령은 배경음악이 되어 한과 흥의 감정을 한껏 돋우곤 하였다. 판소리는 이렇게 한 소리꾼에 의하여 모든 것이 함축되고 절제된 가운데 진행되었다. 이것이 우리의 판소리인가? 한 소리꾼에 의하여 '창'과 '발림'과 '아니리'와 '너름새'라는 소리와 동작이 섞이어, 여러 관객과 더불어 그 장대한 사설을 흐트러짐 없이 엮어나가는 것이 판소리였다. 우리만이 가지고 있는 훌륭한 무대예술의 한 장르임을 새삼 느끼게 하였다. 어느 나라에 이런 무대가 있다 하던가? 이것이 내가 판소리 완창을 들은 첫 경험의 결론이다.

소리꾼의 사설과 동작이 어떻게 엮어져 나가야 하는 것이 판소리다운 것인지에 대하여 초보관객인 나로서는 아직 알지 못한다. '귀 명창'이란 관객의 수준에 오르기에는 많은 학습과 경험의 시간이 필요한 것은 두말할 것도 없다. 그러나 심청전 완창의 무대는 나로 하여금 판소리를 새롭게 인식하는 계기를 마련해 준 셈이다. 장편소설 한 권에 해당하는 많은 분량의 사설을 거침없이 외고 완창 할 수 있기까지의 소리꾼의 노력과, 네 시간동안 관객을 사로잡으며 열창하는 모습에 감동하지 않을 수 없었다. 소리꾼의 창이 아니면 그렇게 긴 사설을 어떻게 우리에게 감동 깊게 전할 수 있을 것이며, 그것을 맛깔나게 전할 수가 없으면 누가 그를 명창이라 부를 것인가? 나는 그 소리꾼에 의하여 네 시간 동안 타임머신을 타고 현실을 떠나 심청전의 사설 속에 존재할 수 있었다. 이러한 판소리의 감동이 세계 속의 문화유산으로 보존된다는 것은 어쩌면 필연의 결과인지 모른다. 우리민족은 예부터 노래를 사랑하는 민족이다. 오늘도 많은 사람들이 노래방을 찾아서 노래로 감정을 발산한다. 이를 어찌 말릴까마는, 우리의 전통문화, 우리의 가락, 우리의 소리가 현대화의 편향된 노래방 기기에 의하여 우리로부터 소외되고 있는 것은 아닌지 다시 한 번 생각하게 한다.

(문학사랑 2010. 겨울호)

패랭이꽃

장마도 지난 팔월의 무더운 여름날이었다. 서울 상암동 한강 둔치에서 모 단체가 주최하는 작은 행사가 있어 그 자리에 참석하게 되었다. 무더운 뙤약볕 아래 행사는 지루하게 이어지고, 그 자리에 모였던 사람들은 각자 더위를 피하여 주변마다 산만하게 흩어져 자리하고 있었다. 나도 그 지루함을 어쩔 수 없었다. 기회를 틈타 강가로 가보기로 작정하고 물가를 따라 하류 쪽으로 계속 걸어갔다. 잘 정비된 둔치공원구역을 벗어나자 자연 생태가 그대로 노출된 지역이 나타났다. 옆으로 유유히 흐르는 강물, 모래와 자갈 그리고 흙, 그 외에 장마가 지난 뒤라 주변에는 훌쩍 자란 잡초가 무성하여 어쩌면 살벌한 감마저 들었다. 잡초를 헤치며 감춰진 기존의 오솔길을 찾아 걷는데 그 짙은 초록색 군락 속에서 군계일학과 같이 빨간 원색의 꽃이 발견되었다. 패랭이꽃이다. 키 큰 잡초 속에서 햇빛도 제대로 받지 못하고 웃자란 줄기에서 어찌 그렇게 아름다운 꽃을 피울 수 있었는지? 어렸을 적에 시골에서 그 흔하게 보던 꽃이었지만 참으로 신기한 정도였다. 어쩌다 하나쯤 피어 있는 것이겠지 여기고 지나는데, 여기저기 풀숲 사이를 비롯하여 주변 모래와 자갈 뜸에서도 발견할 수 있었다. 돌이켜 생각하면 도시생활을 하면서 완전히 잊어버렸던 꽃이다. 그 꽃이 당당히 내 앞에 그 아름다운 모습을 내보이고 있었다. 한편으론 다른 잡초에 밀려 돌 틈이나 모래바닥, 아니면 거친 흙에 자리 잡고 있는 것이 안쓰러우리만큼 가련하게 보이기도 하였지만, 그 앙증맞은 아름다움이란 어디다 비할 수 없을 만큼 고귀함이 느껴졌다. 거친 환경이라서 제대로 자라지 못하여 그런지 줄기와 잎은 웃자라서 여리고 가냘프다. 그럼에도 그가 피운 꽃은 체구보다 크고 화려하였다. 빨강 파랑 하얀, 세 가지 원색의 꽃잎은 단색으로 화장하기도 하고, 두 가지 색을 같이 어울러 화장하기도 하였다. 어떤 것은 세 가지 색이 함께 배합이 되어 또 다른 색을 만들고, 줄무늬 점무늬로 꾸며져 그 화사함이란 절로 감탄할 정도였다. 둥근 모양, 술 모양의 꽃이, 모두가 색이 선명하고 화려하게 보이는 것은 마찬가지다.

꽃이 하도 예쁘고 앙증맞아서 욕심이 절로 났다. 나는 강모래와 함께 몇 그루를 캐서 집으로 가지고 왔다. 알맞은 화분에 심어 아파트 베란다의 탁자 위에 놓으니, 꽃 한 송이 없이 삭막하던 집안 분위기가 한결 밝아졌다. 꽃은 피고 지면서 여러 날을 베란다를 장식하고 나의 마음을 즐겁게 해 주었다. 커다란 잡초들 틈에서, 그리고 거친 곳에서 당당히 피어 있던 패랭이꽃을 생각하고 있노라면, 그 꽃은 마치 무더운 여름철 광장의 뭇사람들 틈에 귀부인이 들고 있는 파라솔 같기도 하고, 그녀와 손잡고 가는 어린 소녀의 레이스 달린 치마가 연상되기도 하였다. 많은 풀숲에 수줍은 듯 숨어 피어난 그 자태가 고귀하리만치 아름다웠기 때문이다.

사실 패랭이꽃이란 그저 우리 주위에 흔한 야생화며, 우리가 어렸을 때

노방에서 많이 보던 꽃에 불과하지만, 그간 도시생활에서 잊어졌던 것에 아쉬움이 남는다. 그 아쉬움 속에 새삼 다가오는 것은 잡초들 속에서도 당당히 아름다움을 보인다는 것이며, 척박한 땅에서도 여린 듯 강인하게 살아간다는 것이다. 그런 꽃이 내 앞에 새롭게 느껴지는 것은 어쩌면 야생화에 대한 새로운 발견인지 모른다. 야생화란 그저 아무데나 볼품없이 피어있는 꽃만은 아니라는 사실이 머리를 스친다. 사실 야생화란 그 꽃이 작고 화려하지 않게 느껴지겠지만, 실은 앙증맞고 예쁜 것이 여간 많은 것이 아니다. 그리고 그 생명력을 잊을 수가 없다. 우리가 흔히 만나는 민들레, 제비꽃, 할미꽃, 채송화, 금잔화, 과꽃, 들국화, 엉겅퀴, 나리꽃 등 그 꽃 하나하나를 보면 그냥 넘길 수 없는 독특한 아름다움이 있듯이, 야생화도 우리의 귀중한 자원이다. 요즘처럼 화훼시장이 활기를 띄고 있는 것에 병행하여 야생화에 대한 인식이 새로워지고 있는 것은 다행한 일이다. 그리고 유전자나 육종을 개발하여 상품가치를 창출하는 사업 또한 활발히 진행되고 있는 것 역시 고무적이라 아니할 수 없다.

언젠가 여름이 되어 시골에 있는 친구를 찾아간 적이 있었다. 버스를 타고 지나는 소도시 길목마다 꾸며진 아담한 화단에는, 패랭이꽃을 비롯한 이름 모를 그만그만한 키 작은 야생화들로 각기 모양과 색깔을 뽐내며 곱게 수놓아 있었다. 각 꽃마다 발산하는 진한 원색의 빛깔은 시골의 풍경을 더욱 화려하게 단장하고 있었다. 시골의 길가는 물론, 집집마다 담장 옆 한편에 심어져 있는 야생화는 시골사람의 소박한 정서를 함께 느끼게 하였다. 더구나 원색의 꽃은 주변의 황토색과 어우러져 시골의 풍경을 더욱 정겹게 만들고 있었다. 보기에는 화려하지 않으나 소박하기 그 지없는 그 모양은 낯선 자의 마음을 포근하게 안아주었다. 진정 이것이 우리들의 가슴 속의 꽃이 아닌가싶고, 우리의 정서며 생명이며, 또한 우리의 생활이며 넋임을 생각지 않을 수가 없었다. — 패랭이꽃, 그 질긴 생명과 아름다운 우리의 꽃이여!

햇볕, 그리고 1℃의 기적

자연현상의 고마움을 모르고 지내는 것이 우리들의 일상이다. 그저 아무렇지도 않게 받아들이는 햇볕 그리고 변하는 기온, 이 외에도 구름, 비, 눈, 공기, 바람 등. 만약에 우리에게 변하는 자연현상을 느끼는 순간이 있다면 그것은 개개인마다 각자의 이해관계에 따라 일어나는 얄팍한 인간 본연의 감정에서일 것이다. 불리하게 작용하면 나쁘다 하고 이롭게 작용하면 좋다 할뿐이며, 이에 감정이 격앙하면 원망 아니면 희열로 바뀔 수 있다. 이와 같은 감정을 떠나 우리가 늘 무의식중에 경험하는 매우 작은 자연현상이라 할지라도, 어느 순간 어느 기회에 그 자연이 주는 위력을 새삼 발견하였다면, 그 별것 같지 않은 자연현상에 감탄과 신비함을 느끼지 않을 수 없다. 다음은 한 겨울의 엷은 햇볕과 미미한 온도 차이가 주는 기적 같은 경험이다.

내가 직장관계로 춘천(春川)에 근무할 무렵, 아직 미취학인 어린 두 아이를 데리고 봉의산(鳳儀山) 밑에 있는 골목집에서 세 들어 산 적이 있었다. 이곳에서 사는 동안 두 아이는 늘 코밑에 콧물을 달고 다녔다. 처음에는 겨울이 되어서 그러려니 하였다. 겨울이 가고 여름이 와도 그 콧물은 마르는 날이 없었다. 골목에 뛰노는 다른 애들도 모두 마찬가지였다. 불결한 것으로 표현되는 누런 콧물을. 바로 우리 아이들도 코 밑에 달고 다닌다는 것에 마음이 늘 못마땅했지만 달리 해결할 방법이 없었다. 병원에 다녀와도 달라질게 없었다. 나는 그저 춘천이란 곳이 역시 추운 곳이라서 그런 줄로만 여겼다. 그 뒤, 2, 3년을 지내고 한겨울이 지나갈 무렵에 다른 곳으로 집을 옮기게 되었다. 새로 옮긴 집은 남향이 되어 오랜 시간동안 햇볕이 테라스에 들었다. 이 집으로 온 지 며칠이 안 되어 기적 같은 일이 일어났다. 애들의 코밑은 모르는 사이에 언제 그랬느냔 듯 깨끗하게 말라 있었다. 아직 쌀쌀한 겨울날씨가 남아있는데도 참으로 신기한 일이었다. 그렇게 걱정스러웠던 일이 한순간에 해소되었다. 햇볕이 내린 기적이었다. 이어 애들의 성격도 매우 밝아졌고, 그 후로도 애들은 아무런 탈 없이 건강하게 잘 자라주었다. 전에 살던 집은 산 밑이라 늘 그늘져 있었고, 그 그늘이 애들에게 콧물을 그칠 날이 없도록 하고 있다는 사실을 전연 알지 못하고 있었다.

새로 온 집 마당에 수도가 있었다. 겨울이 되니 여느 집과 다름없이 수도가 얼지 않도록 수도관을 헝겊으로 싸고 또 쌌다. 그래도 강추위가 와서 어는 날이면 뜨거운 물을 부어 수도관을 녹여서 물을 쓰곤 하였다. 그러나 그 수도관 주변에는 항상 흘린 물이 얼어 얼음이 깔렸고, 하수도 구멍은 얼음으로 막혔다. 이로 인하여 수돗가의 얼음은 점점 두께만 더하여 갔다. 이 하수도 구멍을 뚫기 위하여 가끔 곡괭이로 찍어보고, 뜨거운 물도 부어보나 이미 굳게 얼어붙은 얼음은 꼼짝도 하지 않았다. 이런 작업을 매일처럼 반복하여 보았지만 역시 헛수고에 불과하였다. 부엌의 수도꼭지는 응달진 집 뒤쪽 벽을 타서 설치되어 있어, 겨울이 되면 일찌감치 얼어붙어 사용이 불가능 하였다. 이렇게 꽉 막혔던 수도꼭지도 어느 날 갑자기 터져 물이 쏟아지는 소리를 듣게 되는 날이 있고, 그렇게 꼼작도 하지 않던 수돗가의 얼음도 기적처럼 스스로 지면과 떨어져 나가는 날이 있었다. 날씨가 좀 풀렸다싶으면 사람의 힘으로 도저히 해결할 수 없었던 일들이 이와 같이 스스로 풀려나갔다. 우리의 감각으로서는 느낄 수 없는 빙점(氷點)을 겨우 웃도는 온도가 그 큰 힘을 발휘한다는 것은 정말 감탄할 수밖에 없었다. 대기온도가 영상에 이르면 겨울의 동토에도 새싹이 돋아나고, 두꺼운 얼음장 밑으로 물이 녹아내리는 소리를 듣는 것은 우리가 일찍 보고 느껴온 사실이다.

햇볕 그리고 우리가 느끼지 못하는 가운데 온도의 변화가 주는 자연의 힘. 이는 일상생활에서 우리가 겪는 작은 경이로움의 경험이다. 그러나 이 대수롭지 않다고 생각하는 힘이 지구를 살리고 죽이는 역할을 하고 있다는 사실에 놀라움을 금할 수 없다. 지금 지구는 온난화로 큰 재앙을 예고하고 있다. 지구 평균기온 1℃ 상승의 의미가 무엇인지 우리에게 얼른 다가오지 않지만, 지금 과학자들은 그 1℃ 상승에 문제를 제기하고 있다. 이미 북극과 남극의 얼음이 얼마큼 녹아내리고, 자연 생태계는 어떻게 변하고 있으며, 그 결과는 어떠한 재앙으로 이어져 가고 있다고 예고한다. 우리나라도 연평균기온이 50년 전에 비하여 1℃가 올랐다고 한다. 이로 인해 기후변화는 물론, 해안은 아열대 어족과 해조류의 생식환경으로 변한다 하고, 지상의 기존식물은 분포지역을 북쪽으로 이동함과 동시에 남쪽엔 아열대식물이 잠식하고 있다고 한다. 따라서 토착 동식물은 생태계에 변이를 일으키고, 그 면역체계에도 이상을 예고하고 있다. 기온 1℃의 차이란 이렇게 큰 힘을 발휘하고 있는 것을 우리는 감지하지 못한다. 햇볕도 마찬가지다. 적당히 받아들이는 햇볕은 인간의 건강을 약속하고, 우리에게 열을 공급해 주는 무한한 에너지원임을 알지 못한다.

— 부드럽게 받아들여지는 얇은 햇볕과 대수롭지 않게 느껴지는 기온 변화가 인위적으로는 조정할 수 없는 위력을 일상에서 경험함으로서, 우리에게 자연의 위대함과 그 경이로운 힘을 느끼게 한다. 자연이란 우리가 정복할 대상이 아니라는 것을 안다면, 자연을 경외하고 그에 순응하며 살아가는 것이 인간의 도리가 아닌가 한다.

호칭呼稱에 관하여

고등학교 동기의 모임에서 동기 서로 간의 호칭에 대하여 논의된 적이 있었다. 요지는 다 늙은 나이에 친구라고 이름을 대놓고 부르는 것이 서로 점잖지 못하거니와, 곁에서 듣는 제삼자에게도 노인네들이 경망스럽게 보여 적절치 못하다는 의견에서다. 말하자면 친구지간이라 하지만 서로 존경하여 부르는 것이 좋지 않겠느냐는 의견이다. 각자 아호(雅號)를 가지고 있다면 아호로 호칭하는 것이 무난하겠지만, 아호란 그전처럼 흔히 쓰던 시대에 태어난 연령대가 아니라서 아호를 가진 친구도 거의 없는 형편이다. 그렇다고 아호를 새로 갖자는 것도 그렇고, 또한 가지려는 친구도 없는 터여서 아호문제는 제외하고 각자 적절한 대안을 제시해 보기로 하였다. 사실, 말하면 호칭이라 하면 주어진 이름처럼 좋은 것은 없다. 그러나 이제 나이든 노년의 입장에서 어렸을 때처럼 서로 야 자하는 식의 이름을 부르는 것은 아무리 친구라 하지만 걸맞지 않을 뿐 아니라, 이제 사회적 어른이 되었으니 서로 인격을 존경하여 배려하는 분위기가 필요하므로 그 호칭도 바꿔 쓰는 것이 어쩌면 당연한 것인지도 모른다. 다시 말하면 이 제안은 먼저 친구 간에 서로 존대하는 의미를 가져보자는 것임으로 서로 동의하는데 별로 이의가 없었다.

그러나 존칭을 쓰자면 사회적 직함을 붙이는 것이 일반적인데, 퇴직으로 현 사회적 직함을 가진 자는 거의 없으므로 전직 직위를 쓸 수밖에 없어 법조계 출신 김 누구는 '김 판사'라 하고, 전직 교장인 박 누구는 '박 교장'이라 하고, 군 장성 출신인 이 누구는 '이 장군'이라 하고, 학계의 누구는 '최 박사' 또는 '최 교수'라고 칭하자는 데는 별 의견이 없다. 그리고 현재 미술 하는 누구는 '고 화백', 병원 개업 중인 누구는 '김 원장', 사업하는 누구는 '강 사장' 등으로 호칭하자는 데도 거의 의견이 없는 것으로 나타났다. 그러나 한편에선 뭐니 뭐니 해도 동기동창 서로 간에는 이름을 부르는 것처럼 정이 가는 호칭은 없다고 하는 친구도 없는 것은 아니었다. 서로 이름을 부르는 것이 얼마나 자유롭고 편하냐는 것이다. 학교의 동기동창이란 긴 시간을 보낸 뒤 각자 현재에 살고 있다고는 하지만, 지난날의 학창시절을 함께 안고 지내는 사이에는 변함이 없기 때문에 굳이 존칭을 쓸 필요가 없다는 것이다. 다시 말하면 동기동창이란 항상 수평적 평등한 입장이기에 서로 이름을 부르는 것이 옳다는 것이다. 나의 생각도 별반 다르지 않다. 어정쩡한 존칭을 붙여 손을 내미는 친구보다, "야아, 김상주 오래간 만이다!" 하고 손을 내미는 친구가 더 정겹게 느껴지는 것은 어쩔 수 없다.

다만, 우리나라의 존칭 문화를 생각할 때에, 우리의 호칭이란 직접 상대를 호칭하는 것과 제삼자에게 상대를 일컫는 것이 구분되어 있으므로, 그에 걸맞게 존칭을 붙여 호칭한다면 친구에 대한 예의도 벗어날 일은 없을 것이다. 이는 우리가 제삼자를 일컬을 때 제삼자를 존대하는 문화가 일반화 되어있기 때문이다. 가령 전화를 거는 경우라든지, 댁이나 사무실을 방문하여 친구를 찾을 경우에, "○○ 있습니까?" 보다는 "○○○ 씨 계십니까?"라든지, 아니면 "○○○ 교수님이 지금 계십니까?" 라고 존칭을 붙여 주는 것 따위다. 친구란 어디까지나 상대와 나 사이에 관계일 뿐이지, 제삼자에게도 그렇게 인식될 처지는 아니기 때문에다. 굳이 우리가 친구에 대한 호칭을 논한다면 이 점만을 명심하여야 할 일인 듯싶다. 호칭이란 어디까지나 그에게 주어진 이름인 것은 분명하므로 친구로서 대등한 입장에서는 굳이 존칭을 쓸 필요는 없다고 본다. 다만, 친구를 제삼자에게 말할 때에는 친구에 대한 존경과 예의를 표할 필요가 있다. 친구란 가까우면서도 귀한 존재이기 때문이다.

물론, 누구나 아호를 가지고 있다면, 아호를 사용함으로써 호칭에 큰 문제는 없을 것이다. 아호란 이름 대신에 불러주는 것이므로 부담 없이 부를 수 있어 편하다고 할 수 있다. 그러나 아호에 대하여 익숙지 못한 지금의 시절에서는 아호를 가졌다 하더라도 예술계통의 특수층을 제외하곤 그 사용이 일반적인 것이 되지 못하고 있는 것은 사실이다. 그러다보니 아호도 본명을 대신하는 하나의 이름에 불과할 뿐이라서 누구나 아호를 부르는 것에 거부감을 가지게 되는 경우가 있는 같다. 나는 오래 전부터 '현충(玄沖)'이란 아호를 가지고 있었다. 그러나 별로 쓰는 일은 없었다. 그러던 어느 날, 내가 소속된 한 모임에서 한 동료가 아호를 가지고만 있으면 아무런 의미가 없으니 그것을 알려 자주 사용토록 해야 한다는 것이었다. 그래서 그것을 밝히고 나자, 그 다음 날부터 연령층에 상관없이 모든 동료에 의하여 나의 호칭이 되고 말았다. 그러나 그것이 친숙하게 다가오기 보다는 오히려 불쾌감으로 돌아왔다. 마치 동네 애 이름을 부르는 것과 같이 내 이름을 함부로 부르는 느낌이 들 수밖에 없었다. 아호란 그렇게 노소가 구분 없이 함부로 불러도 괜찮은 것인가? 아호가 나의 이름을 대신하기 보다는 나의 인격을 격하시키는 느낌으로 돌아오는 꼴이 되어 불쾌감을 느끼지 않을 수가 없었다. 아호에도 어떤 직함이나, 아니면 존칭을 붙여 호칭하는 것이 옳을 듯하다. 선배 또는 친구를 제외한 연하이거나 격조한 사이라면 상대의 아호만으로 호칭하는 것은 삼가야 할 일이 아닌가싶다. 호칭의 잘못된 사용으로 서로 오해의 소지를 만드는 경우가 있을 수 있으므로, 결국은 호칭이든 존칭이든 그 사용하는 자와 받아들이는 자가 서로 오해가 없도록 각자 신중을 기하여야 할 문제인 것만은 분명하다.

어쨌거나 지금 나이는 들었지만, 역시 어렸을 적부터 고향에서 같이 자란 친구들이라면 이런저런 생각 없이 옛날처럼 이름을 부르며 마주 대하는 것만큼 반가운 것은 없다고 본다. 이것이 친구간의 수평적 평등한 관계다. 친구 사이에 지나친 존칭을 붙여서 대한다면 그것은 평등한 친구 사이가 아니라, 이해관계가 존재하는 불평등한 관계가 될 수밖에 없기 때문이다.

화롯가의 추억

세월이 흘러 지금은 우리 주변, 즉 도시의 주변에선 화로를 볼 수가 없다. 생각하면 벌써 옛날인가 싶게, 화로는 우리 주변에 흔히 있었던 생활 속의 난방 도구였다. 그 화로가 난로로 변하더니 이젠 보일러로 발전하여, 어느덧 화로는 옛날의 유물이 되고 말았다.

내가 어렸을 그 시절, 겨울이 되면 없어선 안 될 것이 바로 화로였다. 나는 원체 겨울의 추위를 이겨내지 못하는 처지라 바깥나들이를 항상 자제하고 집안에서 화로를 벗할 수밖에 없었다. 지금도 늘 불만스러운 것은 나의 약한 체질이다. 일찍부터 한 가지 운동을 하고자 아니했던 것은 아니나, 그것이 뜻과 같이 몸놀림이 따라 주지 않았다. 유도를 시작해 보았으나 힘을 쓰지 못해 중도에서 포기하고 말았다. 달리기를 했다하면 꼴찌를 못 면했고, 친구들과의 놀이에서도 제외되기 일쑤였다. 이렇듯 운동신경이 둔하고 약골에다가 추위까지 심하게 타니 겨울이 마음에 들 리 없었다. 그래서 나의 화로에 대한 집착은 대단한 편이었다. 화로를 포옹하고 앉아 있노라면, 만사가 편안했다. 화로의 따뜻한 불기운이 온몸을 덮고, 몽롱한 기분이 찾아오면 공상의 세계가 실타래처럼 풀려 나왔다.

공상은 다시 환상의 세계로 이끌고 화려한 꿈을 꾸게 하였다. 그 순간 나는 행복을 느꼈다. 화로와 나, 추위를 피하기 위해서라면 따뜻한 온돌방의 아랫목도 그만이지만, 나는 그 온돌보다 화로를 더 좋아하게 된 것은 나의 정서의 탓인지도 모른 일이었다.

자고로 많은 사람들이 화로에 대하여 글을 쓴 것으로 알고 있으나, 지금도 양주동 선생의 〈노변잡기〉를 읽노라면 농촌의 정취, 향수, 그리고 인간의 정겨움 등이 흠뻑 다가온다. 그러나 나는 그런 인간적인 정취하고도 나만의 화로에 대한 정서를 가지고 있었다. 나는 화로를 마치 애인이라도 포옹한 듯 아주 끼고 돌았다. 다른 사람이 보기엔 지나칠 정도였을는지 모르지만, 그것이 나의 화로에 대한 애착의 표시였다. 추위와 정비례해서 심하면 옷을 태우는 한이 있더라도 화로를 힘껏 껴안는 경우도 있었다. 제 아무리 사랑하는 여인이라 할지언정 이처럼 떨어져 못살지는 않았을 것이다. 화로는 나에게 아무것도 바라지 않으며, 침묵한 가운데 따뜻한 사랑의 온열만을 나에게 안겨줄 뿐이었다. 얼마나 아름다운 품성인가? 그래서 참된 사랑을 주는 것은 화로만이 그 표본이 될 수 있다고 여겼다.

나는 화로 앞에서 혼자 골똘히 생각하기도 하고, 책을 보기도 하고, 때론 누구와 대화를 나누기도 하였다. 그럴 때마다 화로는 아무런 말없이, 나의 행동에 조금도 방해하지 않았다. 그리고 화롯가의 정담은 우리의 마음을 아름답게 정화시켜 주었다. 화로는 둘러앉은 사람을 보면서 대화가 끊기지나 않을는지, 감정이 폭발하는 일은 없을는지, 아니면 화로에 화풀이하는 일은 없는지, 말없이 그저 지켜보고, 못마땅한 일이 생기더라도 불을 재로 삭이는 미덕을 우리에게 보여줄 뿐이었다. 부젓가락과 화롯불 주변에 숯이 다 타고 남긴 회색의 재는 나의 좋은 대화의 매체이며 상대가 되어주었다. 나는 종종 부젓가락으로 희망과 추억을 그 재 가루 위에 그렸다가 지우곤 하면서 사춘기의 마음을 달래었다. 또한 그 재 위의 낙서는 나의 좋은 위안거리이기도 하였다. 그 시절 겨울이었다. 내가 고등학교를 졸업하고 고향을 뜨기 위한 모든 준비를 마쳤을 때, 출발한다던 여객선은 폭풍 때문에 출항하지 못하고 초조한 심경 속에 동행할 친구의 집에서 화로를 사이에 두고 하룻밤을 지낸 적이 있었다. 다다미 석 장의 방은 우리 둘과 화로로 가득했다. 들창 너머엔 아직도 바람이 눈발을 날리고 있었다. 목적지인 희망의 도시로 떠나려는 두 사람은 마음속에 품은 청운을 불화로의 잿더미 위에 말없이 확인하고 있었다. 그 분위기는 말할 수 없는 이상한 감정에 쌓여 있었으나, 벅차고 그 초조한 마음은 달랠 길 없었다. 그 때에 우리는 익숙하지 못한 담배를 피웠다.

지금 그 화로는 골동품으로 둔갑하고 우리 생활의 자리에는 존재하지 않는다. 생각하면 화로를 둘러싸고 정 깊은 교제와 많은 추억을 생산하였던 그 날이 얼마나 소중한 나의 자산인가 싶다. 특히, 나는 이 화로의 포옹에서 사춘기의 육체적 성장과 지식의 확대, 그리고 앞날의 포부를 그리며 자랐다. 앞으로 다가오는 그 많은 세월도 화로를 중심으로 생활하고, 추억을 쌓고, 정을 깊이 뿌리박게 될 것이라고 여겼었지만, 그 생각은 세월과 생활의 변천에 따라 뜻을 같이 해주지 않았다. 그러나 당시의 그 마음만은 잊을 수가 없다. 비록 지금은 나이가 들어 아파트의 보일러 난방

속에 묻혀 추위를 모르고 지내는 행운을 가졌지만, 나는 지금도 그 시절, 그 화로의 온기만은 잊을 수 없다.

활쏘기대회

우리 전통 활쏘기대회인 전국남녀궁도대회가 전국적으로 한 해에 30여 회가 넘게 열린다. 3, 40년 전만 해도 몇 안 되던 대회였다. 이렇게 많은 대회가 열리면서 활을 쏘는 전국 각 사정(射亭)의 활량(궁사;弓士)들은 그 유혹에 너나없이 모여들고, 그 인원이 남녀노소 무려 일천여 명에 이른다. 10대의 젊은이로부터 90대의 노년에 이르는 연령대가 구분 없이 모여드는 데는, 활이라는 매체가 여러 세대를 하나로 묶어주는 공감대를 형성되기 때문이다. 보다도 이렇게 궁사를 결집시키는 데는 우리 활만이 가지고 있는 매력과 소박함이 오랜 전통 속에 살아있기 때문이다. 그러므로 활쏘기대회는 다른 운동경기와는 달리 좀 산만하게 보이기도 하려니와, 어찌 보면 등위를 쟁취하기 위한 격앙된 경기장이라고 하기보다는 오히려 연합수련회 같기도 하고, 한편으론 궁도인의 친목대회와도 같은 인상을 먼저 받는다.

우리나라는 예부터 활의 나라다. 우리민족은 활을 쏘면서 심신을 단련하고 호연지기를 길러왔으며, 외침(外侵)이 있을 때마다 활로써 나라를 구하였다. 그러므로 우리민족은 활에 대한 강한 집념과 활솜씨에 능한 유전자를 가지고 있다. 활의 나라인 만큼 예부터 활 쏘는 자는 각자 활의 솜씨를 서로 견주었음은 당연한 일이며, 그 행사 또한 화려하였음은 각종 기록이나 고분벽화 등에 의하여 짐작되는 바다. 따라서 옛날에는 수렵과 대대적인 군사적 훈련이 있을 때마다 그 기량을 가늠하는 행사가 있었으며, 조선시대 와서는 사례(射禮)란 이름으로 조정(朝廷)은 물론 향리(鄕里)에 이르기까지 활쏘기 경연이 활발하였다. 조정에서 군신(君臣) 간에 예와 화합을 유지하고 학문적 소양과 더불어 무예의 소양을 갖추기 위하여 왕과 신하가 함께 활을 쏘던 행사가 대사례(大射禮)며, 지방 관아에서 궁사들이 편을 갈라 활쏘기를 겨루던 행사가 향사례(鄕射禮)다. 또한 조선의 말기에는 같은 지역의 사정끼리 기량을 겨루는 편사(便射)가 성행하였으며, 이 활쏘기 행사 때마다 특이하게 곁들여진 것은 벌주(罰酒)를 위한 술판과, 흥을 돋우기 위한 기생들의 가무가 한데 어우러져 잔치 분위기를 고조시켰다는 사실이다. 이로 인하여 활쏘기도 하나의 풍류(風流)로 발전하여 왔다. 이와 같은 전통이 이어오는 것이 현금의 전국 활쏘기대회다. 그러나 현재 시행하고 있는 전국규모의 활쏘기대회의 규칙이 잡힌 것은 1928년에 조선궁술협회(朝鮮弓術協會)가 발족하면서부터다. 그 첫 행사가 서울 황학정(黃鶴亭)에서 열린 조선기독교청년회가 주최한 제1회 전조선궁술대회(全朝鮮弓術大會)였으며, 이 대회에 참가하기 위하여 전국의 궁사들이 먼 길을 마다하지 않고 모여들었다. 그리고 본 대회를 구경하기 위한 관람객 또한 많았던 것은 불문가지다. 그 후 일제(日帝)가 우리의 민족문화를 말살하면서 각 사정은 폐쇄되어 활쏘기 풍습이 사라졌다가, 광복 후 다시 소생한 것이 우리의 활이며 그 활성화를 부른 것이 또한 전국남녀궁도대회, 다시 말해 전국 활쏘기대회다. 특히 근래에 들어 지방자치제의 시행과 국민생활체육의 활성화로 궁도인구가 증가하고, 이어 각 지방마다 전국규모의 문화행사 유치에 열을 올리는 가운데 활쏘기대회가 중요행사로 자리 잡고 있다. 이는 우리문화를 사랑하고 전통무예의 계승발전에 매우 고무적인 현상이다.

위와 같은 전통에서 유래되어서 그런지 어느 대회를 막론하고 많은 궁사들이 모여들어 어찌 보면 시골의 오일장과 같은 북새통을 이룬다. 사대(射臺)에선 활을 쏘느라 선수들이 과녁과의 진지한 투쟁의 순간이 이어지는 가운데, 다른 한편에선 난전이 벌어져 떠들썩하다. 옛날과 같은 풍류는 사라졌다고는 하지만, 천막 친 간이식당에서는 오랜만에 만난 얼굴과 마주하여 술잔을 기울이는 양상은 마치 시골의 정겨운 오일장 풍경과 다를 바 없다. 물론 입상자(入賞者)에게는 상장과 부상이 따르기 마련이지만, 생각해 보면 불과 몇 안 되는 입상을 위하여 천여 명이란 남녀노소의 궁사들이 모여들었다고 하기엔 쉽게 납득되지 않는 대목이다. 입상을 바라고 참가하는 자가 없을 리 없겠지만 그 수는 몇몇에 불과하며, 그저 삼순(三巡)에 열다섯 발의 화살을 과녁만을 향해 쏘기 위하여 모여들었다는 인상만이 앞설 뿐이다. 사대를 내려오는 궁사들의 모습을 보면, 활을 쏠 때의 그 진지하던 표정은 간데온데없고, 과녁에 몇 발의 화살을 맞혔든 그저 담담한 자세다. 본인의 경기결과에 아랑곳하지 않으며 아무런 아쉬움도 관심도 두지 않는다. 구경하던 사람들은 칭송과 격려로 대하나, 활을 쏜 자의 빈 마음은 한마디 웃음으로 마감한다. 활은 마음으로 쏜다하였던가, 마음을 쏜다 하였던가? 아니면 무심무욕의 마음에서 쏜다 하였던가?

대회장에서 만나는 궁사들이라면 모두가 선후배요 사제지간이다. 그리고 동료다. 활량은 활 쏘는 곳에서 만나고 배우며 늙어간다. 그래서 남녀노소가 활터에서 만나서 얼굴을 익히고 궁술을 이야기하며 우의를 다져간다. 그러므로 대회장에선 남녀노소가 따로 없고 서로 모르는 이가 거의 없을 정도다. 만나면 서로 반가워하고, 보이지 않는 이가 있으면 안부를 걱정한다. 이래서 활 쏘는 사람은 대회가 열린다 하면 활과 화살을 들메고 대회장에 모여든다. 대회에 참가하는 것만으로도 보람이며 큰 수확으로 여긴다. 8, 90세의 노궁사가 노구에도 불구하고 대회에 참가하는 것은 젊은이와 경쟁하고자 하는 것도 아니요, 입상을 바라는 것도 아니다. 다만 그 곳에 과녁이 있고, 활량들이 있고, 궁사들의 끈끈한 정리가 있기 때문이다. 그리고 자신의 건강이 살아있기 때문이다. 이래서 활량은 활 쏘는 곳에 늘 마음을 빼앗겨 그저 그곳으로 끌려갈 뿐이다. 우리민족의 심성이 고스라니 묻어나는 시골의 오일장과 같은 따뜻한 정이 넘쳐나는 대회가 바로 활쏘기 전국대회다. 이 대회가 항상 궁사들의 마음을 들뜨게 하고, 궁사들을 그곳으로 집결케 한다. 따라서 기량이 부족한 나도 그 곳으로 자연스럽게 끌리는 것을 어쩔 수 없다.

1950년대, 그 겨울을 생각하며

근래의 기상정보를 보면 화석연료의 과다 사용으로 대기는 심하게 오염되고, 따라서 평균기온의 상승과 더불어 세상은 이상기온으로 몸살을 앓고 있다. 특히 겨울 날씨는 변덕이 심하여 예상 밖의 봄 같은 날이 계속되는가 하면, 갑자기 추위가 찾아와 몇 년 만에 찾아온 추위라 하고, 어느 때는 전국이 눈에 덮여 그 피해가 사상 최고라 한다. 하지만 예나 지금이나 갑자기 찾아오는 추위에는 모두가 어쩌지 못하여 꽤 추운 겨울임을 실감하기는 마찬가지다. 앞으로 다가올 겨울도 우리에게 어떠한 추위를 몰고 올는지 짐작하기 어렵다. 하지만, 1950년대, 해방과 6·25전쟁을 전후하여 겨울을 경험한 사람들은 그 때의 엄동설한을 아직도 잊지를 못한다. 그럼에도 그 추위를 모르고 지냈다고들 한다. 어쩌면 그 추위를 몸소 견디고 이겨낸 기억인지도 모른다.

당시, 대부분의 집 구조라곤 외부와 방 사이에 홑 창호가 유일한 경계다 보니, 그 창문 사이로 스며드는 차가운 외기는 방으로 그냥 전달되었다. 온돌방은 불을 지피나 그 온기는 아랫목 방바닥 한 부분에 불과하고, 위로는 늘 외풍이 가득하였다. 이 추위를 견디기 위하여 방바닥에는 항상 이불이 깔려있고, 식구들은 이불 밑으로 몸을 집어놓고 지내야만 했다. 밤에는 두꺼운 솜이불을 머리까지 뒤집어쓰고 잠을 청하지만, 창틈으로 스며드는 찬 공기는 항상 이마와 코끝을 찌릿하게 자극해 왔다. 바람이 부는 날이면 스며드는 찬바람을 차단하기 위하여 붙여놓은 문풍지도 신음하며 바르르 떨었다. 밤이면 잉크가 얼어 공부하는데 지장을 주었고, 손은 항상 곱아 몇 번이고 입으로 더운 김을 불어넣어야 했다. 아버지의 머리맡에 놓인 자리끼는 마시기도 전에 꽁꽁 얼었다. 아침에 보면 요강의 오줌마저 살얼음이 끼어있는 날이 하루 이틀이 아니었으니 얼마나 추웠는지 실감이 난다. 이불을 후닥닥 걷어치우고 마당으로 나와, 그래도 따뜻하게 느껴지는 수돗물에 세수하고 머리를 감으면 어느새 물기는 얼어붙고, 그 얼어붙은 얼음조각을 수건으로 탁탁 털면 이내 머리는 말라 있었다. 재래식 화장실의 엉성한 문짝에 달린 문고리를 잡으면 손은 문고리에 달라붙었고, 송곳처럼 얼어붙은 오물은 화장실 위로 솟아올라 항문을 찌를 듯하였다. 이렇듯 사람들은 그때를 상상하며 참으로 추웠다고 기억하고, 지금보다도 기온이 훨씬 내려가 있었다고 생각한다.

그때가 정말 추웠을까? 되새겨보면 그 때나 지금이나 추위는 별 차이가 없는 듯하다. 비록 화석연료를 많이 써서 지구온난화현상이 있다고 하지만, 겨울의 평균기온은 약간의 상승차이는 있을지언정 별 차이가 없는 것으로 되어있다. 자연현상이란 그렇게 쉽게 급변하는 것이 아니기 때문이다. 그래도 그때가 지금보다도 기온이 훨씬 더 내려가 있었다고 생각하는 것은 지금의 생활과 비교해서 그때가 더 춥게 느껴졌기 때문이기도 하지만, 그때의 겨울이 겨울다웠다는데 있다. 당시에는 서울의 한

강이 겨우내 얼어있었던 것 같은데 근래에는 강물이 얼어 있는 기간이 며칠이 되지 않거나, 얼지 않는 해도 있는 것을 보면 차이는 분명히 있는 듯 싶다. 그리고 삼한사온(三寒四溫)현상도 뚜렷했었는데 지금은 생소한 말이 되고 말았다.

비단 추위란 온도 감각에서 느끼는 것만도 아니라서, 당시의 시대적 상황이 마음마저 더욱 춥게 하였는지 모른다. 한옥의 구조도 그러려니와 해방과 6·25전쟁의 소용돌이 속에서 궁핍한 생활이 우리의 몸을 따뜻하게 추슬러주지 못하였다. 집도 없이 귀국한 가족, 38선을 넘은 월남가족, 전쟁을 피하여 남하한 피난민, 전쟁으로 집을 잃은 사람, 그리고 서울수복과 더불어 도시로 모여든 많은 사람들이 모두 집 없이 추위 속에 던져진 사람들이었다. 기존의 가옥도 그러려니와 새로이 집을 짓는다 해도 난방이란 엄두도 내지 못할 사치여서 날림 집이 보통이고, 집 없는 사람들은 그 엉성한 날림 집에서 방 한 칸을 빌어 살아야 했다. 판잣집과 연탄, 어디 그뿐이던가. 전후의 모든 사람들이 모자라는 생필품에 내복 한 벌 제대로 사 입지 못하였으며, 영양가 있는 따뜻한 음식 한번 제대로 먹을 수 없던 시대였다. 옷만 하더라도 그렇다. 옷이 없어 면내의가 고작이며 그것도 낡을 때까지 기워 입어서 몸이 보온이 될 리가 없었다. 밖에 나가면 대중교통수단인 전차(電車)와 버스는 난방은커녕 깨어진 유리창을 그냥 달고 달렸다. 이 모든 것이 우리의 살갗은 물론 마음까지 춥게 하였던 시대였다. 그래서 그 시대를 겪은 사람들은 그때의 추위를 잊을 수가 없다.

지금의 집 구조나 난방은 당시와는 비교되지 않을 만큼 잘 되어있어 추위를 느끼지 못한다. 건축기술의 발달로 좋은 자재에 의한 방한 방음 방습과 난방시설이 잘된 건물이 많아 아파트와 단독주택, 그리고 어떤 건물에 들어가도 추위에 대한 걱정은 없다. 그래서 그런지 겨울에도 내복을 입지 않는 사람이 많다. 어디 건축물뿐이던가. 대중교통수단에도 난방이 잘 되어있어 밖에 나서도 추운 줄을 모른다. 의류만 해도 그렇다. 원단이 하도 좋아 얇고도 따습고, 또한 추위를 느낄 수 없는 방한복이 흔하게 나오니 겨울걱정이 없다. 이러하니 아무리 바깥 온도가 내려갔다 해도 그다지 춥게 느껴지지가 않는다. 추위는 그제나 이제나 마찬가지인데 말이다. 생각하면 격세지감이 이만저만이 아니다. 세상살이가 이렇게 변할 수 있다는 것이 기적이라 아니할 수 없다. 그러나 아이러니 하게도 최근에는 에너지 절약을 위한 지나친 난방의 자제와 더불어 내복 입기를 권장하는 캠페인이 전개되고 있으니, 한 세대를 겪는 사람으로서 느끼는 감정이 착잡하기만 하다.

(문학사랑 2008. 겨울호)

비오는 날의 감상(感想)

김상주 수필집

발 행 일 | 2013년 10월 15일
지 은 이 | 김상주
발 행 인 | 李憲錫
발 행 처 | 오늘의문학사
출판등록 | 제55호(1993년 6월 23일)
주 소 | 대전광역시 동구 삼성1동 125-6 한밭오피스텔 401호
전화번호 | (042)624-2980
팩시밀리 | (042)628-2983
홈페이지 | http://www.lito77.co.kr(홈페이지)
전자우편 | hs2980@hanmail.net

공 급 처 | 한국출판협동조합
주문전화 | (070)7119-1741~2
팩시밀리 | (031)944-8234~6

ISBN 978-89-5669-574-7 (03810)
값 12,000원